除了資本主義，
我們有更好的方法
解決當前的
經濟危機嗎？

我們可以從史密斯、馬克思
和凱因斯學到什麼？

烏麗克·赫爾曼——著　賴雅靜——譯
Ulrike Herrmann

Kein Kapitalismus
ist auch keine Lösung

Die Krise der heutigen Ökonomie
oder Was wir von Smith,
Marx und Keynes lernen können

目次

營造私產資本主義的
自由市場經濟社會

吳惠林（中華經濟研究院特約研究員）

　　繼2013年出版的《資本的世界歷史：財富哪裡來？經濟成長、貨幣與危機的歷史》（*Der Sieg des Kapitals*）三年之後，德國財經記者烏麗克・赫爾曼（Ulrike Herrmann）接續出版這本《除了資本主義，我們有更好的方法解決當前的經濟危機嗎？：我們可以從史密斯、馬克思和凱因斯學到什麼？》。前一本書探索財富和經濟成長這個很根本、很重要的大課題，發現「資本」是很關鍵的因素，而資本和貨幣之間關係密切，在長期發展演變過程中，不但金融危機不斷出現，失業問題成為棘手課題，而貧富懸殊且愈來愈嚴重。為什麼會這樣？問題何在？有何靈丹妙藥？資本主義會走向滅亡嗎？經過三年的研究思索後，赫爾曼在這本新書中提出了答案。

當今經濟學家無用乎？

本書開宗明義就舉英國女王伊莉莎白二世在2008年全球金融海嘯肆虐之際，提出「怎麼可能沒有人預見這場危機？」這個疑問，而英國經濟學家回覆一封長達三頁的信表示：「陛下，簡單來說，許多聰明人士的集體想像力在這裡出了狀況。」證明當今經濟學家無法提出更好的理論。作者再以德國總理梅克爾雖獲得經濟學家的諸多建議，但這些建議卻派不上用場。2014年夏，梅克爾受邀參加一場諾貝爾經濟學獎得主的聚會，在會上客氣卻堅定地指責他們荒謬地認為自己絕對沒有錯，她認為身為經濟學家，應該「在不確實了解時，坦白說明錯誤率或不明確之處」，這凸顯了經濟學家的夜郎自大和不真誠。

作者進一步指出，經濟學家並非在象牙塔中遠離人群，就不會造成任何災難，而是經濟學家擔任最高階政策顧問，也是各種專家小組的成員，「經濟學家的錯誤，代價不僅高達數十億歐元，甚至是人命。」作者又說，如今連一些著名的經濟學家也認為他們的學科不再是一門理性的科學，而是橫遭拆解，變成近乎傳播宗教信條的教派，而2018年諾貝爾經濟學獎得主保羅・羅默（Paul Romer）就曾表示：「經濟學不再以一門科學專業該有的方式運作，這個問題似乎變得更嚴峻了。」羅默譴責同行：「彷彿參加一場宗教間的聚會」，純粹只是「誦念教義」，期待別人「肅穆聆聽」。

本書所譴責的主流經濟學家及其學派，也就是「主要以數學模型為基礎，所謂的『新古典學派』」，此學派主導經濟學教科書市場，確保自己不受任何批判：只要在前學期深深影響學生，就不愁沒有追隨者，也就能在理論戰場上大獲全勝。作者指出，「主流經濟學

死守教條的一項作法，就是斷然漠視本行的重要理論家。」而亞當・史密斯（Adam Smith, 1723-1790）、卡爾・馬克思（Karl Max, 1818-1883）和約翰・梅爾德・凱因斯（John Maynard Keynes, 1883-1946）這三位理論家被忽視，其學說在大學中鮮少探討，遭到曲解，甚至完全不教是最嚴重的。

赫爾曼強調，其實創建、革新經濟學的，正是這三位理論家，只有他們三人才重新為經濟學列定座標，沒有他們，便不會有現代經濟學理論。赫爾曼指出，主流新古典學派所建構的模型，彷彿工業化進程從未發生過，經濟純粹由物物交易構成，對於生活在一個發展已經成熟、大集團主控而銀行「無中生有」創造貨幣的資本主義社會中，究竟意味著什麼？現代主流經濟學家大多一無所知，難怪每當金融危機出現，這些經濟學家總是目瞪口呆又無能為力。

重新重視史密斯、馬克思和凱因斯

到底主流經濟學家錯在哪裡？赫爾曼認為，必須先認識主流經濟學以外的其他理論，也就是史密斯、馬克思和凱因斯等人的思想。她說這三人一如其他理論家，都是時代的產物，他們的某些想法縱然已經被歷史發展反駁，但他們不同於今日的經濟學家，他們提出了根本問題，並且審視真實世界，直到今日，他們的分析依然歷久彌新，就連他們的錯誤也比主流經濟學家的理論，更能呈現資本主義的樣貌及其動態演變。資本主義是一種總體制度，它不只是深入經濟，更滲透到所有的生活領域，而在認識史密斯、馬克思和凱因斯這三位最睿智的資本主義理論家之後，我們才能深刻體驗「資本主義」的冒險旅程。

基於這樣的認知，赫爾曼於是身體力行，將史密斯、馬克思和凱因斯這三位各引領十八、十九和二十世紀的名家，以九章的篇幅寫成本書。前二章介紹亞當‧史密斯和其1776年的經典名著《原富》（*An Inquiry into the Nature and Causes of the Wealth of Nations*，簡稱 *The Wealth of Nations*，本文作者按：中文譯名較為人熟知的是「國富論」，但此譯名易被導向「經濟國家主義」，與史密斯的本意正好相反，而嚴復最先的譯名「原富」較合適）；第三和第四章則簡述馬克思的生平及其1867年的名著《資本論》、第五章插入赫爾曼所認知的新古典經濟學派；第六和第七章分別介紹凱因斯的多采多姿生平以及其1936年的巨著《就業、利息和貨幣的一般理論》（*The General Theory of Employment, Interest, and Money*，簡稱《一般理論》）；第八章陳述作者認為的今天主流觀點，主要是所謂的「新自由主義學派」；第九章以「我們可以從史密斯、馬克思與凱因斯學到什麼？」作結論。

這本德文原版書出版後，在德國得到不少專家名嘴及媒體的好評。譯筆流暢的中文版想必也會受華語世界讀者的青睞，為使讀者獲取有益的知識，筆者對書中提及的幾個重要的觀念，提出個人的三點認識供讀者比較參考。

數理化、模型化主流經濟學的演化

首先，作者對主流經濟學的批評，在數理化、模型化以至於與現實社會脫節上，早已不是新鮮事。早在1949年，奧國學派（Austrian School）第三代掌門人米塞斯（Ludwig von Mises, 1881-1973）在他的巨著《人的行為》（*Human Action*）第235頁裡，有這麼一句話：「當

今大多數大學裡，以『經濟學』為名所傳授的東西，實際上是在否定經濟學。」轉眼70年過去，如今重讀這句話，不但不覺得失效，反而更凸顯其真確性。正如自由經濟前輩夏道平先生（1907-1995）所言：「這幾十年通用的經濟學教科書，屬於技術層面的分析工具，確是愈來愈多，但在這門學科的認識上，始終欠缺清醒的社會哲學作基礎。說得具體一點，即對人性以及人的社會始終欠缺基本的正確認識。」

經濟學在亞當‧史密斯和《原富》（編按：本文採用《原富》之譯名，在本書其他章節則沿用《國富論》）的開創下，古典經濟學派於焉誕生，先歷經李嘉圖（D. Ricardo, 1772-1824）、馬爾薩斯（T. Malths, 1766-1834），以及密爾（J. S. Mill, 1806-1873）等幾位名家的發揚光大，繼而在馬夏爾（A. Marshall, 1842-1924）的手上演化為「新古典學派」。由於馬夏爾的《經濟學原理》（*Principles of Economics*）一書提出了供需圖形、均衡、長短期、效用等分析工具和觀念，讓經濟學的教學講授更為方便，而經濟學這門學問也就粲然大備了。

1930年代，經濟學有了重大變革。主要因為1929年美國華爾街股市崩盤，引發迄今世人還聞風喪膽的「全球經濟大恐慌」，一時經濟蕭條、失業者遍布，直到凱因斯的巨著《就業、利息和貨幣的一般理論》（*The General Theory of Employment, Interest, and Money*）問世，才提出「創造有效需求」的解藥。從此，政府能以總體經濟政策對整體經濟體系做「精密調節」的干預，就普遍被接受，也開啟了「總體經濟學」的大門。而「國民所得和會計帳」在1940年代被有「國民所得之父」之稱的1971年諾貝爾經濟學獎得主顧志耐（S. Kuznets, 1901-1985），以及有「國民會計之父」之稱、1984年諾貝爾經濟學獎得主李察‧史東（Richard Stone, 1913-1991）發展成形，

更成為政府能以政策促進「物質性」國民所得（GDP）成長的依據，也助長凱因斯理論的普及。如今，我們在日常生活中接收的財經消息報導，幾乎都是總體經濟的範疇；而經濟學也的確在總體經濟學誕生之後，才成為顯學。

　　亞當・史密斯的《原富》雖是好書，但講授不易。真正被世人普遍接受的經濟學教科書是在 1948 年面世的，就是 1970 年諾貝爾經濟學獎得主薩繆爾遜（P. A. Samuelson, 1915-2009）花了三年才完成的《經濟學》（*Economics*）。該書出版後洛陽紙貴，曾有一段不短的時間，其在全球的銷售量被認為僅次於《聖經》。這本基本經濟學教科書之所以暢銷，天時、地利、人和齊備。一來當時第二次世界大戰結束，新的問題一籮筐，經濟學面臨一種動態階段的挑戰，「馬歇爾計畫」所揭示的政府強力策略抬頭，而學生普遍渴望能有密切連結時勢的入門教科書；二來薩繆爾遜在當時已有顯赫的學術地位，可以全力撰寫教科書；三來薩繆爾遜精通數理，有充分能力在教科書中以簡單明瞭的「數理模式」搭配撰文，讓學習者更易於研讀。就在此種環境下，薩繆爾遜撰寫的基本經濟學教本轟動全球，不但讓經濟學普及成為顯學，也奠定經濟學在不久之後列入諾貝爾獎頒授學門的基礎。

　　也就是薩繆爾遜的這本教科書，以及他在 1947 年出版的《經濟分析基礎》（*Foundation of Economic Analysis*），讓數理分析工具逐漸導入經濟學，而且將凱因斯理論透過此一工具傳達給世人。經過半個世紀的演化，經濟學數理化已然喧賓奪主，成為主流。同時，「計量方法」也相應蓬勃開展，使得經濟學可以從事實證，讓「數量化」的結果足以「提出證據」、大聲說話；尤其重要的是，能評估政府公共政策之影響效果，得到數字答案。怪不得 1982 年諾貝爾經濟學

獎得主史蒂格勒（G. J. Stigler, 1911-1991）早在1964年第77屆美國經濟學會（AEA）年會上，以會長身分演說時興奮地說道：「數理分析新技巧之威力，就像是用先進的大砲代替了傳統的弓箭手。……這是一場非常重要的科學革命。事實上我認為，比起數量化愈來愈強大的勢力及牽連之廣，所謂的李嘉圖、傑逢斯（W. S. Jevons, 1835-1882）或凱因斯的理論革命，只能算是小小改革罷了。我認為，經濟學終於要踏進它黃金時代的門檻了。不！我們已經一腳踏入門內了。」史蒂格勒在演說辭的文末還篤定表示，經濟學家將會變成民主社會的中堅人物、經濟政策的意見領袖！

隨後，歷史的發展可說完全符合史蒂格勒的預期。在1970年代末期「停滯膨脹」（stagflation）來臨之前，經濟學的發展的確達到頂峰。在此黃金時代，甚至出現「從此經濟學家和政府（客）之密切合作，能使經濟體系維持繁榮，不景氣將永不再來」的豪語。而諾貝爾經濟學獎在1969年首次頒發，得主就是兩位著名的「經濟計量學家」；隔年第二屆得主公布，又由薩繆爾遜這位「數理經濟名家」獲得。這更印證：經濟學成為顯學，是因具備了「實證經濟學」的特色。而2000年諾貝爾經濟學獎得主之一的黑克曼（James J. Heckman）更堅信：「將經濟學置於可供實證的基礎上……，如此一來，經濟學就可能會有所進展。」

當然，讓政府扮演經濟舞臺要角的總體經濟學，加上數量方法日新月異促使實證經濟學發揮重大影響，是經濟學能夠取得如日中天般地位的重大要因。在政府扮演干預經濟主角這件大事上，庇古（A. C. Pigou, 1877-1959）的貢獻，就不能略而不提。他在1920年出版《福利經濟學》（*Welfare Economics*），提出外部性、社會成本的概念，以及「市場失靈」因而產生，必須由政府出面校正來達到福

利最大的論述，也對政府干預政策和數理分析、實證技巧的重要性提供了更大、更有力的基礎。當「賽局理論」興起，數理化又更進一步加深了！這種趨勢看似沛然莫之能禦，不過一直以來，反省的聲音還是不時出現，屢見不鮮。

由上文簡要分析，可知當今主流經濟學係由史密斯的古典經濟學演進而來，在數理工具輔助下由不同的經濟名家接棒改進，而史密斯和凱因斯兩位大師的理念最具分量，尤其凱因斯的總體經濟學更是當今的主流，所以說主流新古典經濟學派忽視史密斯和凱因斯，那是大大地誤解了。至於說當今教科書上的分析工具和模型，雖然不是真實世界，但以完全競爭市場導出的簡單供需模型，來解析實際社會的諸多問題，卻是威力強大，尤其對政府的物價管制及干預市場政策，更可證明其錯誤並有「愛之適足以害之」不幸後果。

其次，關於史密斯·馬克思和凱因斯三位大師的思想和著作被忽視的問題。其實這三位大師雖然都已作古，但對當今世人而言，仍然如雷貫耳，尤其史密斯和馬克思，不只名聞經濟學界，對其他各領域人士也是一樣，凱因斯則有「經濟學界的愛因斯坦」、「資本主義的救星」、「戰後繁榮之父」、「最偉大的經濟學家」之美稱。三人的代表作《原富》、《資本論》、《一般理論》被列為「經典」。正如哈利·強森（H. G. Johnson）所言：「大凡被稱為經典名著，就是每一個人都聽過，卻沒人真正看過的書。」「現代人」真的對這三本書名琅琅上口，卻很少有人真正讀過。

馬克思理論

馬克思的《資本論》連恩格斯都認為艱澀難讀，遑論一般人！

奇怪的是，該書卻暢銷全球，自十九世紀迄今，該書仍一直在各個社會流傳。而馬克思提出共產主義，是要打擊資本主義並取代之。由於工業革命讓全球生產、所得、財富暴增，人類雖跳出貧窮陷阱，卻又出現「貧富不均」，因此資本家被認為剝削勞工，勞工不但領低薪還在不良的工作環境中煎熬，而且童工更是到處都是，大文豪們將這些情況擴大渲染，於是「悲慘世界」的景象深印人心。馬克思以《資本論》吹起鬥爭資本家的號角，甚至演變成窮人翻身的流血「革命」。資本主義和市場經濟受到指責、撻伐，政府中央計畫，集權獨裁、保護主義、管制和干預市場成為主流。

到了二十和二十一世紀，同樣的故事再度重演，金融風暴、金錢遊戲、房地產炒作、中產階級消失、M型社會等鮮活貧富懸殊兩極化事實，興起一波波全球化的尋找病因好對症下藥熱潮。2014年出版的《二十一世紀資本論》這本全球暢銷書可說為此作了總結。

那是法國經濟學家湯馬斯‧皮凱提（Thomas Piketty）的作品，他被稱為「馬克思還魂」，其著作更明說是「二十一世紀資本論」，意即「資本論的新世紀版本」。該書認為資本主義是造成收入與財產持續分配不均的主因，皮凱提根據三百年的具體數據，提出兩大論點：一、除非有大規模戰爭和政府的介入，資本的年報酬率約4%至5%，而經濟成長率僅1.5%左右；二、如果「資本的年報酬率一直大於經濟成長率」，貧富差距將繼續擴大，致富者愈富貧者愈貧。於是，皮凱提建議政府應對富人「課80%重稅」，以消弭所得分配的不均。

這本書的暢銷顯示其論點獲得認同，而國際貨幣基金（IMF）建議，中國和印度要加稅與提升基本工資，以便創造貧富均霑的發展模式，遏止貧富差距的擴大，世界銀行資深總監也呼籲，各國政

府要創造工作機會並改善勞工待遇，都顯示了全球輿論傾向主張政府出面強力干預市場，以課重稅和強制加薪等方式來解決問題。

事實上，自十九世紀以來，這些說法與作法一直存在，就是指責資本主義、市場經濟，譴責自由市場，期待大有為的政府馴服可惡的資本家、大企業，並以重稅方式懲罰可惡的剝削者，終而達成公平正義的社會。

這些說法與作法都高舉「公平正義」的大纛，以抗爭方式要求政府大力保護弱勢者，結果勞資對立、階級對立、世代對立等爭議愈演愈烈，使社會永無寧日，爭鬥不已幾近「人人為近敵」。1974年諾貝爾經濟學獎得主海耶克（F. A. Hayek, 1899-1992）早已說過「走向奴役之路」，這些將政府「神化」（具無所不能神力），認為人間「對立、衝突」是常態的主張是社會主義左派的思維，其實骨子裡是道道地地的共產主義。即使共產極權社會已證明是「生靈塗炭」，而社會主義、社會福利制度也被證明是「包著糖衣的毒藥」，為何依然被世人、尤其是知識份子崇奉呢？原來它們被認為是一種學說（思想）、一種主張、一種信仰，畢竟「主義」被詮釋為「思想」、「信仰」、「力量」，不至於有致命的危險。不過，實情並非如此。

當今這些以「社會主義」為代表的各種學說，都充斥共產主義的基因，不只是「包著糖衣的毒藥」，其本質是一個「邪靈」（〈共產黨宣言〉第一句話），它由「恨」及低層宇宙中的敗物所構成，仇恨而且想毀滅人類。它不以殺死人的肉身為滿足，還要讓人的道德敗壞到無可救藥的地步，使生命真正地死亡。「共產邪靈」就是要使全人類都跌入萬劫不復的深淵中，並走向毀滅。從它出現迄今一百年已造成上億人的死亡，如今更隱匿在社會主義之下，由共產中國經濟的發展來荼毒全人類，刻正處於毀滅的懸崖，除非世人能

趕緊覺醒，剷除邪靈，否則人類將面臨滅亡的危機。

　　儘管共產主義被共產黨實施，以「假、惡、鬥」暴力革命流血方式荼毒人類，於是馬克思被視為罪魁禍首。但馬克思也被認為是史上最具原創性的理論家，著名的美籍經濟學家約翰·肯尼斯·高伯瑞（John Kenneth Galbraith, 1908-2006）曾說：「假使馬克思基本上錯了，他的影響力便會迅速消散，而數以千計熱切想證明他錯了的人，就得另找別的事做。」而迄今馬克思一直在各個社會得到廣大的迴響和關注，也可見一斑。

　　馬克思是史上第一位正確描述資本主義動能的人。在馬克思的時代，現代資本主義尚未完全開展，但他已然理解，資本主義趨向於集中化。日漸成長的大集團不斷排擠小型公司，甚至取而代之，直到絕大多數的競爭消失。他意識到，資本主義並非眾多公司彼此競爭的市場經濟，而是寡頭壟斷盛行，到最後，重要的領域將會掌握在少數幾家大型企業集團手中。

　　馬克思也是第一位了解「技術」重要性的人。機器不僅是輔助生產的工具，技術創新更定義了資本主義。企業家若想存活並提高利潤，就必須持續投資新的生產方式與新產品。由他的書名「資本論」，便可顧名思義其對「資本」的重視。

　　馬克思對技術的先驅性見解，甚至成就了約瑟夫·熊彼得（Joseph Schumpeter, 1883-1950）這位經濟學家的名聲：直至今日，事實依然證明熊彼得提供了一種「最具影響力的資本主義詮釋」。其實熊彼得只是為馬克思的理論添枝加葉，加上好記的比喻，捨棄剩餘價值說，並帶領一位新的主角上場──企業家。

　　馬克思只是扼要地表示，資本家努力改善產品與生產方式；熊彼得則明確指出創新的五大要素：產品創新、技術創新、市場創新、

資源配置創新與組織創新。這些創新為企業家創造額外的利潤；這種額外利潤，馬克思稱之為「超額剩餘價值」，熊彼得則稱之為「超額利潤」。

熊彼得與馬克思同樣認為，企業家享受壟斷性利潤的時間並不長久，因為很快就會出現「成群」的模仿者，他們也開始採用這些創新發明，致使超額利潤萎縮。二者的歧異在「人」。馬克思認為，資本家將社會制度的固有勢力人格化，他們不過是「角色面具」；熊彼得則推崇企業家為富創造力的「菁英」，他所說的「企業家」是發明家、富有創意的人物、精力充沛的領導者，矢志創建「一個私人王國」。企業家充滿鬥志，致力證明自己的優越性，擁有「必勝的決心」，「勇於開創」。企業家不墨守成規，能掀起「創造性破壞的風暴」，不斷翻攪資本主義，並推動資本主義向前。我們或可這樣說，沒有馬克思的理論在先，或許不可能出現熊彼得的觀點。不過，熊彼得做了一項非常重要的補充：他正確說明了信貸的角色，並探究得出，唯有貨幣能「無中生有」，才可能出現經濟成長。只是熊彼得雖耗費數年的光陰撰寫一部探討貨幣的書，卻未能發展出一套全面性的信貸理論，這本書也從未出版。

熊彼得從不諱言，他的核心觀點承襲自馬克思，並大力讚揚：「馬克思這位經濟學理論家學養淵博……他總是手不釋卷，並且勤奮不懈。他極少遺漏任何重要的資料文章……對資料總是探究到底……馬克思對工業變革過程的闡述，以及他對其核心意義的理解，都要比他同時代的其他經濟學家來得清晰多了。」

凱因斯理論所向批靡

凱因斯的《一般理論》一問世，立即風靡全球，尤其在美國更是掀起狂潮，學術圈爭相閱讀研究，不但產生了不少博士論文和經濟博士，也掀起凱因斯革命，凱因斯學派因而出現。雖然海耶克曾對凱因斯提出強烈批評，而1976年諾貝爾經濟學獎得主弗利曼（M. Friedman, 1912-2006）更有「凱因斯革命的反革命」，1970年代「停滯膨脹」的出現也讓凱因斯理論受到打擊，但凱因斯理念不僅未消失，反而在二十一世紀持續大放光彩，由2008年諾貝爾經學獎得主克魯曼（P. Krugman）有「凱因斯還魂，比凱因斯更凱因斯」的稱號，可知凱因斯從未沒被遺忘，其理論還是被普遍認可並得到運用。

凱因斯寫作《一般理論》，是為了探索經濟蕭條的成因及解決之道。他認為當時世界經濟之所以蕭條、失業之所以眾多，基本上是由於社會中總合需要的不足；而所謂總合需要之不足，則由工人於充分就業時按當時之工資率所收到的工資總額來決定，若總合需要不如工資總額多，就是總合需要的不足。這將使社會可能製成的產量不能全部銷售，結果會引起經濟衰退，以至蕭條。這時唯有由政府採取通貨膨脹政策，才能將這種逆勢扭轉過來。

海耶克卻不以為然，他認為眾多失業之所以產生，是由於勞動（以及其他生產要素）在各業（及各地）之間的分配與對其產品之需要的分配間不能協調。這種不能相互協調的現象，是因「相對」價格與工資之體系受到扭曲所引起的。只有將它們之間的這種關係加以調整，才能改正。也就是說，在各經濟部門中，所有價格與工資都須遵照由供給與需要相等的原則來決定。換言之，失業之所以發生，是因為各種在自由市場與穩定貨幣下，所自行產生的均衡價

格與工資發生偏差。而這種偏差無法以通貨膨脹來改正，相反地，運用通貨膨脹只會使失業更為增多。

為何我們不能運用通貨膨脹來減少失業呢？原因有二：第一、為了達成這種目的，通貨膨脹必須經常迅速進行；通貨膨脹一旦加速推行，最後必然會到達一種程度，使價格經濟制度無法有秩序地運作下去。第二、最重要的，在長期間這種膨脹使失業不得不大量增加，以致超過了通貨膨脹原來所欲消除的數量。一般的論調是，通貨膨脹只是將社會生產數量重新分配，而失業則會減少社會生產的數量，所以害處較輕。海耶克認為這種論調是錯誤的，因為失業增加是通貨膨脹所造成的。

通貨膨脹讓有些工作暫時具有吸引力。當通貨膨脹停止時，或甚至當其進行的速度降低時，這些吸引力就會消失。這是因為通貨膨脹會發生兩種變動：第一、貨幣數量在各生產部門與各生產階段之間的分配變動了；第二、物價將會再上漲的預期形成了。

一般對貨幣之充分就業政策表示支持的人，通常認為只要總合需要能增加一次，就足以在相當期間保持充分就業。此一論據卻忽視了這種政策帶動在各產業間的分配所發生的影響，也忽視了其對於各種工會之工資政策所發生的影響。

只要政府不管工會要求多少工資，都一律負起維持充分就業的責任，工會自然沒有理由考慮它們這種工資要求會對失業發生任何影響。在這種情形之下，每次工資的增加若超過勞動生產力的增加，那麼就必須增加總合需要，不然就會引起失業。這種新增的貨幣供給，一定會引起對各種貨物與勞務之需要的相對數量的變動。這些相對需要數量上所引發的變動，一定會進而引起相對價格的變動，最後自然會引起生產方向與生產要素（包括勞動）之配置上的變動。

海耶克認為通貨膨脹進行愈久，則依賴通貨膨脹之繼續才能找到工作的人就愈多，這些人甚至還依賴這種通貨膨脹能加速地繼續下去。這不是因為他們如無通貨膨脹就找不到工作，而是因為他們已暫時被通貨膨脹所吸引，而參加一些非常吸引人的工作，現在這些工作卻在通貨膨脹緩和或停止以後而又告消失了。

當時海耶克的這種論斷固然沒有人聽信，在第二次大戰後世界經濟正值25年史無前例的大繁榮的期間，他仍不斷地提醒世人這種依賴通貨膨脹所形成的繁榮無法持久；為防止經濟蕭條之來臨，就須趁經濟正旺盛時立即採取行動，停止通貨膨脹，但當時無人相信他的看法。結果是，1970年代通貨膨脹與失業同時併發的病魔終於來臨，產生了可怕而難解的「停滯膨脹」。

事實上，海耶克曾經懷疑凱因斯是否真的會同意以他的名義，提出這種通貨膨脹政策。凱因斯早在1919年就告訴我們：「要摧毀社會存在的基礎，沒有一種方法比傷害其通貨更巧妙、更有效的了。在這過程中，經濟法則所蘊藏的所有力量就被運用於破壞上，其進行的情形是一百萬人中不會有一人能覺察。」

凱因斯還指出，列寧曾提出這樣的論調：「摧毀資本主義制度最好的方法是破壞它的通貨。」

凱因斯對於通貨膨脹之為患既有如此深切體認，又怎能提出以通貨膨脹解決失業問題的政策？

1984年海耶克曾說：「在這一緊急的時期，我曾密切注意這種發展，有時也曾與凱因斯討論一些重大問題。在許多方面，我對他都是很敬仰的，我一直就認為他是我所認識的最傑出的人物之一。無疑的，他是他所處的時代中最有力量的思想家與宣導者之一。但是，聽起來也許矛盾，他實在不是一位受過高度嚴格訓練的經濟學

家，他甚至也未曾關懷經濟學之成為一種科學的發展。到最後，他甚至並不考慮要使經濟成為一種科學，而只是想利用他的卓越才能，對於一些他的靈感為當時切需的政策，提出一些理論上的根據，以使大眾信服。」

凱因斯從不承認，為了增加貨幣需要以促進就業永久的增加，就必須以不斷增加的通貨膨脹來予以支持。但後來他徹底體察到，對貨幣需要的不斷增加，最後必然會引起通貨膨脹的危機。到了晚年，他對這問題之發生甚為憂慮。然而，並非活著的凱因斯，而是他的理論，繼續享有影響力，而且決定了之後事態的發展。

海耶克曾以其經驗加以證明。當他在1946年最後一次與凱因斯討論這些問題時，凱因斯對於一些與他最接近的同仁不斷極力主張信用擴張感到驚慌。凱因斯甚至誠摯地對海耶克保證，當那些他為1930年代通貨緊縮所設計的理論有了危險的影響，他將會立即挺身而出，設法改變輿論，使之步上正確的方向。不幸的是，三個月以後他就逝世了。即使凱因斯真能公開承認他的理論有問題，然後回收，各國政府還是會繼續使用，因為它與權力密切結合，實在是太好用了，這可以從二十一世紀OE（量化寬鬆或貨幣數量寬鬆）政策到處氾濫得到證明。

海耶克與凱因斯對1930年代大恐慌南轅北轍的看法，牽扯到彼此貨幣理論的差異，在1930、1940年代中，凱因斯與海耶克是最受矚目的貨幣理論家，然而他們的主張往往呈正對角的相反。譬如：關於不景氣的原因，根據凱因斯說法是由於儲蓄過多，投資對資金的需求不足而將其充分吸收利用的緣故。但根據海耶克說法，則是由於儲蓄所提供的資金不足，以致企業家計畫中的投資都必須縮短其生產時間，提前使產品上市，結果一方面是投資總額減少，另一

方面是快速生產的商品在市場上擁塞難銷。

提到儲蓄對社會的效果，凱因斯認為它對社會毫無功效，只會將商品的需求減低，使它們難以出售，而它表面上提供的可投資的資金（Investible Funds）則會落空；因為儲蓄的增加，必然使商品的銷售減少，因此售貨商人本身的儲蓄必將減少。總結起來，整個社會的儲蓄，未必因一部分人儲蓄意願的增加而增加。凱因斯還利用國民所得會計來辯論：由於國民所得一定等於消費加投資，而消費又依定義等於所得減儲蓄，以其代入國民所得之公式，則可獲得「儲蓄與投資必然相等」此驚人的結論。這段詭辯震驚了舉世經濟學者，難道我們真的能不必費吹灰之力，不經由儲蓄就有了巨額資本，使國家富強起來嗎？若是正確的話，世界上就不再有貧窮的國家了。但為何非洲及拉丁美洲、甚至亞洲的貧窮國家，卻愈來愈窮呢？

這個啞謎讓世人絞盡腦汁才得以識破。根據羅柏森（D. H. Robertson, 1890-1963）精心的研究，凱因斯所引用的國民所得會計原理，即「國內生產毛額（GDP）一定等於消費加投資」此一公式，只適用於同一時段中的統計數字。而吾人日常所謂以儲蓄資金融通投資的行為，是指以前一時段中的儲蓄（即上一時段中的所得減去該一時段中預定的消費支出），來融通本時段的投資支出。在考慮這種投資的融通行為時，凱因斯所使用的國民會計公式中的儲蓄，就毫無意義了。但因為凱因斯揪出了這個無實際意義的儲蓄，竟然使得經濟學人困惑了好幾十年，使人將一向被視為一種社會美德的「節約儲蓄」，轉而被視為招致失業與不景氣的自私自利的行為。

其實這是因為他將儲蓄與投資定義為同時的數量，而忽略了實際的動態經濟中，它們在時間上先後順序關係；只有將時間的差別及順序排入，我們才能看出它們的成長與伸縮。由凱因斯的名言「在

長期，我們都死了。」(In the long run, we are all dead.)，可知他只重視短期，即「人只活在當下」。事實上在1937年，也就是他的《一般理論》出版後不到一年，凱因斯就已覺悟到，儲蓄與投資的正確處理必須有時間順序。

凱因斯在與瑞典經濟學者歐林（B. Ohlin, 1899-1979，1977年諾貝爾經濟學獎得主之一）辯論時，他就已了解到，當一個投資計畫到資金市場去尋找融通，這個投資計畫通常尚未開始執行，而它籌措的資金則必須是已經到手的，即已經完成的儲蓄；至於他自己所倡導的所謂「一切投資都會自動的因為『乘數原理』（Multiplier Principle）產生與其等量的儲蓄」之驚人理論，那只是將來可能發生的事情，在籌備資金的當時是借不到手的。因此，當上一期已經完成的儲蓄不足以融通這一期的投資需求時，其差額除了讓利率的上升來消除之外，就只有靠國外資金的流入及由銀行系統製造貨幣，來補充儲蓄者所提供的舊有貨幣了。

這種由銀行系統製造貨幣來補充，就是羅柏森教授依傳統的經濟學所說的銀行界一種「竊盜行為」（Act of Burglary）。因為銀行的正規職務是「仲介行為」（Act of Mediation），亦即將他人委託存放在銀行的貨幣轉貸他人。如果銀行將此正當行為棄而不顧，而以擅自私造的新貨幣，來代替公眾委託存放在它那裡的貨幣轉貸出去，其結果是這些新製的貨幣必然將與舊有的貨幣相競爭，而奪取其未來可能購得一部分的商品。

這就是傳統經濟學所指責的銀行「竊盜行為」或「五鬼搬運法」，但凱因斯學派的信徒卻矢口否認這種「竊盜行為」。在他們看來，貨幣只是一種流動性較高的資產，當別人持有的貨幣增加時，無論如何增加，對我都無損害；同樣的，我所持有的貨幣增加，無

論如何增加，對別人也無妨礙。所以，銀行增發貨幣就會被視為增加全社會的「流動性」的好事，而不再是「竊盜行為」了。於是，在凱因斯學派盛行之後，通貨膨脹的風氣瀰漫全球。尤其在政治道德較差的開發中國家，其當權者都利用銀行信用膨脹貸款給私人親友，以收「五鬼搬運」之實效，而致使財富集中，所得重分配日益不平，老百姓痛苦於通貨膨脹。若追究其學說之正謬，我們能說這是海耶克和羅柏森這些保守派的錯誤嗎？

還有凱因斯學派的金融理論，既然認為不管銀行吸收與否，儲蓄自會與投資相等，因此不著重金融機構應多方努力吸收及鼓勵民間儲蓄的職責；相反的，儲蓄卻被視為自私行為，消費也受到獎勵。

海耶克的嫡傳弟子、已故的台灣中研院蔣碩傑院士，在1940年英國倫敦政經學院大二暑假時，到威爾斯（Wales）逃避轟炸時讀了《一般理論》。起先他對書中低利率、創造需求以刺激景氣的新穎看法，覺得很有興趣且相當認同，因此對凱因斯相當仰慕。當蔣碩傑回到學校上課時，又聽了許多關於凱因斯理論的課，因而一度對海耶克的主張產生懷疑，但在那段等待返回研究生的打工生涯，貨幣貶值造成財產縮水，銀行利用匯兌換利，卻不對「船員」提這種危機，[1]這讓他有所感觸，經過深思熟慮之後，他反而認為凱因斯理論很有問題。

蔣碩傑認為凱因斯是聰明人，總是為了支持辯護他心中的某種政策上的信念而創造出一套理論。《一般理論》即是為了替擴大多少支出以挽救經濟衰退的政策撐腰而產生的；為了籌措戰費，凱因斯又立刻創造出另一套理論，即「如何籌措戰爭經費」中提出的「強制儲蓄」的辦法。在《一般理論》中，凱因斯將儲蓄斥為有害無益的自私行為，但在後者中又將儲蓄視為愛國有益的行為。蔣碩傑對

此感慨地說，聰明人往往可翻雲覆雨地變來變去，但其信徒就只知固執一端！蔣先生甚至公開指出凱因斯充斥著「野狐禪」（妖魔鬼怪）的氣息，對凱因斯理論應時時充滿戒心。

　　至於史密斯的《原富》，文筆流暢易讀，出版後引起大眾廣泛的討論，除了英國本地，連歐洲大陸和美洲也為之瘋狂。首版標誌著「經濟學作為一門獨立學科的誕生」，在資本主義社會的發展方面起了重大的促進作用。在十八世紀以前，《原富》出了九個英文版本。人們以「一鳴驚人」來形容《原富》的出版，並一致公認亞當‧史密斯是新學科——政治經濟學的創始者。他因而聲名顯赫，被譽為「知識淵博的蘇格蘭才子」。

　　據說，當時英國政府許多要人都以當「史密斯的弟子」為榮。國會進行辯論或討論法律草案時，議員常常徵引《原富》的文句，而且一經引證，反對者大都不再反駁。《原富》出版後被翻譯成多國文字，流傳到國外，有些國家在制定政策時都以《原富》的基本觀點為依據。這本書不僅在學術界和政界流傳，也一度成為不少國家社交場合的熱門話題。

　　在史密斯的哲學中，其主要的推動機制是「人性」，他強調「同理心」、「同情」，由自我改善的慾望所驅，由理智指導。這無非希望所有降生在凡間的平常人，都能幸福快樂地過活。推而廣之，其所關切的不只他那一代人，更擴及世世代代無窮盡的未來，而且還希望未來的人生更幸福美滿。因此，真正的經濟學是生活化的，一切都圍繞在活生生的人之中。

　　打從亞當‧史密斯的《原富》開始，就明確點出「分工」、「專業化」是增進財富、促進人的福祉的人際關係，史密斯說：「勞動

分工的發展是所有國家富裕起來的原因，而市場這隻看不見的手是協調和促進分工的有效手段。」如今我們雖強調分工的功能，但分工並非人「刻意」發明的，誠如史密斯所言：「產生上述許多利益的分工形態，原非任何人類智慧的結果，亦即，不是有哪一個人預見並且蓄意追求它所產生的富裕，而才從事分工的……。分工，是人類相互以物易物的行為性向發展的必然結果；人類雖有這種性向，但沒料到分工會有如此廣泛的功效。」這點明了分工不是人類「明顯的主觀意圖」而「人為刻意」造作的東西，而是一種「意想之外的」社會（或互動）行為秩序，亦即，是人類宛如被一隻「看不見的手」引導所促成的。

看不見的手所創造出來的市場，是分工、專業化得以顯現成效的場所，其中必然有「交易行為」的發生。交易進行得愈順利，分工、專業化就會愈縝密，人類的福祉也得以愈精進。交易的順利需靠交易者遵循著交易秩序或規則，由於特質的差異，不同的市場各有其規則，但行為者卻都是「人」。不論是什麼市場的什麼樣的規則，行為人必須具備一種「最起碼」的倫理，這就是「信用」，或者是當前台灣社會慣稱的「信任」、「誠信」。

交易行為人何其多，不論相識或陌生，在互信基礎上才可能順暢地進行交易。試想，在一個人人相互猜疑、互相不信任的社會，怎可能有順暢的交易？又怎可能有縝密頻繁的分工呢？而人民的生活福祉又怎能增進呢？

當今經濟學雖尊崇市場，也強調價格機能，卻將最重要的「誠信」完全拋棄，而被尊為「經濟學始祖」的亞當·史密斯，其實是倫理學的教授，對「誠信」的看重不言而喻。因此，將誠信找回來，作為經濟學的基礎，才可能返還經濟學的本質，讓我們重返亞當·

史密斯的世界吧！

赫爾曼這本書的重點在於「資本主義是解決當前經濟危機的靈丹妙藥」，她認為將史密斯、馬克思和凱因斯的理念再找回是非常必要的。不過，在此必須將「資本主義」說清楚、講明白。

被誣衊的資本主義

已故自由經濟前輩、曾對台灣民主具引導作用的《自由中國》半月刊主筆夏道平先生，在1988年曾經說過：「『資本主義』這個名詞，是馬克思創造出來，用以概括工業革命初期一切叫人厭惡的現象，作為攻擊的總目標。從此以後，『資本主義』就在一般人的心目中成為剝削制度的代名詞，一般人不懂得經濟學，也不熟悉經濟學，遇到訴諸於感官情緒的反資本主義的宣傳，他們就毫無批判地一概接受。」

無獨有偶，產權名家張五常教授早在1981年就將類似夏先生的說法行諸文字，那是他應英國倫敦經濟事務學社邀請所寫的《中國會走向「資本主義」的道路嗎？》這本小書前兩章的重點。他在回顧1958年開始的大躍進，繼之1966年席捲全中國十年之久的文化大革命共二十年的悲慘歲月裡，一切被稱為「資本主義」的東西，都被前所未有的殘酷手段徹底地剷除掉，那段期間增訂的中文字典甚至將「資本」一詞以整段文字界定為含有邪惡的意思，這與夏先生所言馬克思將一切令人厭惡的現象都稱為資本主義，簡直如出一轍。張五常再舉出中國共產黨時常將1946至1948年間蔣介石當權時代的中國，比喻為資本主義的典例，當時不斷傳出的各種恐怖劣行，是有事實根據的；信手拈來，腐敗的官員為搾取人民擁有的黃金和白

銀，而不斷印鈔票，導致須以千元的鈔票才能買到一瓶汽水，沒有人願意接受面值少於百萬圓的鈔票；在鄉間，很多年裡，農民以木薯為主食，為了較易下嚥，得將它長期浸在水中；在城市，警察時常夥同扒手一起活動。種種罄竹難書的事例俯拾皆是，之後就被繼而掌權的共產政權，不斷向學生灌輸諸如此類的例子，做為「資本主義」制度下生活的寫照，由此引伸出的資本主義定義，便成為「在資本主義制度下，假若一個人有適當的關係，就可以任意斂財」，在此定義下的「資本主義」，當然就出現各種可怕又可惡的弊端。

從馬克思創始到毛澤東共產政權，他們對資本主義的描述，就是貪汙舞弊、官商勾結、特權橫行，弱勢者永遠受到欺凌而無法翻身。連已故的偉大奧國學派經濟學者熊彼得在 1942 年寫的《資本主義、社會主義和民主》（*Capitalism, Socialism and Democracy*）名著中，也有類似的描述，而顯著的差別在於熊彼得所預言的，資本主義崩潰不在於像馬克思所預言的它的缺點，而在於其優點。說得明白一點，資本主義的種子會帶來高度的經濟富裕，也會產生一個官僚和行政人員充斥的年代，以取代使這些美夢成真的改革者和企業家。而這又會破壞資本主義所倚賴的社會結構：對私有財產的廣泛接受和尊敬。言下之意即資本主義終究仍會崩盤。這樣子的認知，直至今日仍然深印在世人腦海裡，尤其不少知識份子更深信不疑，如今各國普遍出現的「泡沫經濟」、金錢遊戲，也多被視為資本主義社會的現象。古今對比，可知「資本主義」已被劃歸為偏向邪惡的一邊，而值得憂慮的是，此種認知的資本主義還與「自由市場」幾乎劃上等號呢！

資本主義被含混定義

　　在今天，全球輿論提出的資本主義種種論調同樣也模糊、含混，各人口中的資本主義都缺乏明確的定義。正如張五常所言：「共產主義、社會主義、毛澤東思想，甚至資本主義，它們的定義，含糊不清。甚至在以嚴謹見稱的經濟學的範疇裡，替這些名詞所下的任何定義，也大有問題。」雖然充斥著各種對資本主義的批判，但我們看不到清晰的資本主義輪廓，似乎每位批判者都樹立一個稻草人來予以撻伐。那麼，既然「資本主義」這麼模糊，何不設法將之定義清楚，或者乾脆放棄不用，將之徹底埋葬算了。

　　張五常贊成第二種處理方式，從他多次表示對各種「主義」的現有定義一概不滿，尤其對資本主義更認為不必再提及，就連「資本」兩個字也應免除，便可以得知。不過，上文提及他那篇文章，其題目為何又白紙黑字地出現資本主義一詞呢？原來這是英國倫敦經濟事務學社編輯的堅持，基於「吸引力」的考量，預期在冠上「資本主義」的題目之後，一定會引人注意，爭相一睹的人就會大量增加。而在幾次電報來回折衝下，張五常最後掙得的只是在「資本主義」一詞加上括號，藉以表示括號內的字眼另有別意。由此一端可知，資本主義這個詞是不可能丟棄的，因為有市場。那麼，既然無法放棄資本主義這個詞，為避免大家各說各話，還是應將其明確定義。在歷年來對於資本主義種種的辯證過程中，有專家做了此項工作，其中以夏道平先生和張五常教授兩人最具代表。

資本主義就是私產經濟、市場經濟

夏先生說：「正確地講，資本主義是一種經濟秩序。這種經濟秩序，是以私有財產為基礎；生產與分配則由市場運作，透過價格體系來決定；政府的經濟功能，只限於提供某些必要的法制架構，使市場能自由順暢地運作而不加干擾。所以我們也把資本主義叫做市場經濟。」夏先生接著說：「市場經濟不是什麼偉大人物的精心設計，它是芸芸眾生個別行為的互動中慢慢自然形成的；高明的社會哲學家只是發現它，瞭解它的優越性、並進而發展出一套自由經濟的理論體系。」

張五常在1987年12月15日發表的〈可怕的資本主義〉這篇反諷式文章裡，劈頭就說：「在主觀的、價值觀的經濟學上，我一向推舉的是私有產權—即在資產上有明確的個人權利界定的制度，但卻從來沒有擁護過那人云亦云的『資本主義』。……私有產權當然可說是資本主義的一種制度。但私有產權—有清楚界定的私人使用權利、轉讓權利，及收入的享受權利—是一個很清楚的概念。」這已非常明確地點出，他心目中的真正資本主義就是私產制度。

市場經濟是最好的制度

既然「資本主義」這個迷人的名詞不可能被丟棄，我們就將其真義做明確的定義和說明，而「私產制度」或「市場經濟」便是最好的代名詞。市場經濟是一種經濟秩序，是以私產為基礎，生產與分配則由市場運作，透過價格體系來決定，政府的經濟功能，只是在於提供某些必要的法制架構，使市場能自由順暢地運作而不加以

干擾。因此，市場經濟的主體是千千萬萬活生生、有靈魂、會思考的「個人」，而在人類有人與人之間互動開始以來，為了追求生活的最大滿足，讓「治理這地、生養眾多、遍滿地面」的境界得以達成和維繫，而發現了市場經濟是最好的制度。

當然，市場經濟充滿了人際間必須遵循的「準則」，我們姑且稱之為「市場規則」或「市場倫理」，而各個行為人也應該具備身為人的基本修養，如誠信倫理，至於政府這個組織，在市場經濟也扮演著極其重要角色，簡單來說就是「維護芸芸眾生的生命財產安全」。但是，實際生活在「所謂的」市場經濟的人所看到的社會現象，令人厭惡或苦惱的卻愈來愈多。該怎麼解釋呢？實情是，這不是市場經濟的結果，而是市場運作受到許多違反經濟法則的干擾使然，而這種干擾的源頭卻弔詭的總是原本該擔任去除阻礙市場運作障礙任務的政府。

人間沒有天堂，但依市場自然演化而成的規則，讓參與各市場的交易者依「自由意志」充分且彈性地運作，是迄今為止「比較符合人類福祉」的體制，這些也就是現今所謂的「民主政治」之主幹，如果要這種體制運作得更為良善，各個市場中的每一個活生生的人都必須擁有起碼的「誠信」這些倫理道德。這樣的境界雖屬於烏托邦的理想，但積極的作法是尋找比較能接近的路。如此一來，演化而出的自由市場經濟是正路，而返回史密斯的世界不就是正路嗎？

赫爾曼的這本書格局頗大，解讀三個世紀的三大代表性人物，並對經濟學的發展和經濟學人作針砭，從而引導出解決當前經濟危機的方法，此中文譯本文筆流暢，知識含金量很高。不過，誠如古人所說的：「盡信書，不如無書。」讀者們也要以此心態來閱讀這本書。

華裔國際著名的產權經濟學家張五常教授曾說：「一千本書裡難得找到一本值得讀的書，……找書的時間往往比讀書的時間來得多。……一本書裡如果沒有啟發力，便是沒有用的書；不幸，大部分的書便屬於此類。……大凡一本值得讀的書，內容是否正確並不打緊，最重要的就是它有沒有啟發力。」此話很有道理，那麼本書是否具有啟發力，讀者好好讀就知道了！

註釋

1　1941年蔣碩傑大學畢業，因戰事無法回國，於是到利物浦的中國領事館打工，當一名小小的主事，其中一項工作是幫離家在外的船員翻譯，並協助船員將薪水兌換成戰時強勢的貨幣。當時的船員普遍認為一戰時英鎊貶值很多，中國未參戰又實施銀本位制度，加上戰後美國為救經濟收購白銀，而導致白銀大漲，中國貨幣也大為值錢。因此在二戰期間，船員都認為中國貨幣會升值，英鎊會貶值。1935年起，中國發行新貨幣「法幣」，船員相信法幣會像一戰時中國貨幣一樣強勢，故要求船公司改發中國貨幣，但船公司只管發英鎊，拒絕幫船員換錢。於是船員向中國領事館求助，希望至少換成中國當時通用的法幣。

事實上，二戰的情況與一戰時大不相同。國民政府發行國家信用法定貨幣，使貨幣和貴金屬脫鉤，結束長達近百年的銀本位幣制。蔣碩傑認為在戰爭期間，中國法幣因過度發行而快速貶值，將英鎊換成法幣一定吃虧。但船員們堅持要兌換，蔣碩傑只好轉告給倫敦大使館，由大使館委託倫敦的中國銀行協助船員換錢。中國銀行馬上派人來辦理，生意大好，一天內就收兌一萬多英鎊的工資。

這件事對蔣碩傑的衝擊極大，他認為收購這些船員的英鎊兌換為法幣是極不道德的，他希望未來有機會寫文章批評，而凱因斯正是建議法國財長狂發貨幣讓其貶值來還戰費的人，當然蔣碩傑要大力批評了！1982年「蔣（碩傑）王（作榮）論戰」時，蔣碩傑終於在文章中用了「五鬼搬運法」這個詞，後來人們對此琅琅上口。

當前的經濟危機

　　為何富人有錢而窮人貧窮？貨幣是如何運作的？成長從何而來？經濟危機何時出現？為何出現失業問題？這些孩子會提出的問題，經濟學家卻無法給出明確的答案，甚至經常漠視這些問題，寧可操弄脫離現實的數學模型。

　　經濟學已然陷入危機，就連外行人都發現，當前流行的經濟理論大有問題。英國女王伊莉莎白二世（Elizabeth II）在位六十多年間，不曾發表足以傳世的言論，但在2008年金融危機之際，她倒是提出一個令人難忘的疑問：「怎麼可能沒有人預見這場危機？」

　　而英國經濟學家對此的回覆也同樣出名，他們在一封長達三頁的信中表示：「陛下，簡單來說：許多聰明人士的集體想像力在這裡出了狀況。」[1]

　　不僅英國女王不解，為何「許多聰明人士」無法提出更好的理論，雖然德國總理安格拉・梅克爾（Angela Merkel）獲得經濟學家的諸多建議，但這些建議卻同樣派不上用場。2014年夏天，她受邀前往林道（Lindau）參加一場諾貝爾經濟學獎得主的聚會，會中她的態度客氣，但堅定地指責他們荒謬地認為自己絕對沒錯。她認為身

為經濟學家「若不確實了解」，應該「坦白說明錯誤率或不明確之處」[2]。

不幸的是，經濟學家並非在象牙塔中遠離人群，不會造成任何災難；事實正好相反，他們的影響力遠比其他學科來得巨大。他們是最高階政策顧問，也是各種專家小組的成員。「經濟學家的錯誤，代價不僅高達數十億（歐元），甚至是人命」的說法並不誇張。

如今連一些著名的經濟學家也認為，他們的學科不再是一門理性的科學，而是被分解為近乎傳播宗教信條的教派了。之前美國經濟學者保羅·羅默（Paul Romer）便曾表示：「經濟學不再以一門科學專業該有的方式運作，這個問題似乎變得更嚴峻了。」他譴責同行「彷彿參加一場宗教間的聚會」，純粹只是「背誦教義」，並期待別人「照單全收」[3]。

而他們的傳人也大感失望，許多學生察覺，經濟學教導他們的是遭到扭曲的事實。他們串連起「多元經濟學網絡」（Netzwerk Plurale Ökonomik），矢志改革片面的學說，因為在他們的課程上並未觸及重要的議題，他們沒有學到貨幣體系、經濟史；唯一學到的是主要以數學模型為基礎，所謂的「新古典經濟學派」（Neoklassik）。

儘管多次的金融危機顯示這些模型荒腔走板，他們卻仍死抱著自己的教條，堪稱主流經濟學的一大奇蹟。新古典經濟學派主導經濟學教科書市場，讓自己無懈可擊：只要在最初幾個學期影響學生，就不愁沒有追隨者，並在理論戰場上大獲全勝。

主流經濟學死守教條的一項作法，便是斷然漠視本行的重要理論家。亞當·史密斯（Adam Smith）、卡爾·馬克思（Karl Marx）與約翰·梅納德·凱因斯（John Maynard Keynes）等大家的學說，在大學中要不是鮮少探討，就是遭到曲解，甚至完全不教。事實上，

創建、革新經濟學的正是這三位理論家。其他經濟學家自然也相當重要，但只有他們三人才重新為經濟學劃定座標。沒有了他們，就根本不會有現代經濟學理論。

然而，主流經濟學家的作法，卻彷彿史密斯、馬克思與凱因斯已經「過時」，成了歷史幽魂。他們的慣用手法是，舉凡成於「當前」的著作便是「現代」的；今天就是今天正在興起的。但是這種換個手法重複相同內容的「套套邏輯」（Tautologie）伎倆，卻遮掩了一項當前經濟學界史無前例的弊端：經濟學理論家大都直接返回某種杜撰出來的中世紀。當今經濟學界的作法，就彷彿史密斯、馬克思和凱因斯是已經屬於「昨日」的，其實他們自己才活在「前日」。

在某個經濟學界佔上風的學派所建構的模型中，彷彿工業化進程從未發生過，經濟純粹由以物易物的交易所構成。或許有人會認為我言過其實，但對於生活在發展已臻成熟，大集團主控、而銀行「無中生有」創造貨幣的資本主義社會中，這究竟意味著什麼？其實經濟學家大都一無所知。難怪每當金融危機一出現，這些經濟學家總是目瞪口呆又無能為力。

欲了解主流經濟學家錯在哪哩，就必須先認識主流經濟學以外的其他理論，也就是史密斯、馬克思與凱因斯等人的思想。這三人一如其他理論家，都是時代的產物，他們的某些想法已經被歷史發展所反駁。但是不同於今日的經濟學家的是，他們提出了根本問題，並且審視真實的世界，所以直到今日，他們的分析依然歷久彌新；就連他們的錯誤也比主流經濟學家的理論，更能呈現資本主義的樣貌及其動態演變。

本書的標題相當諷刺：Kein Kapitalismus ist auch keine Lösung（沒有資本主義也不是解決之道）劍指主流經濟學界，他們依舊以為人

們能退回那個僅僅交易蘋果和梨子、一週一次的小型集市美好的世界。

　　當然，這個標題同樣意味著，擺脫資本主義並不容易，而這也正是馬克思所體悟到的經驗。資本主義是一種總體制度，它不只深入經濟，更滲透到所有的生活領域，也正因為如此，它才如此精彩有趣。而深度體驗「資本主義」冒險旅程的最好方法，就是認識史密斯、馬克思與凱因斯這三位最睿智的資本主義理論家。[4]

註釋

1　提姆・貝斯利（Tim Besley）、彼得・亨尼西（Peter Hennessy），〈全球金融危機：為何沒有人注意到？致女王的一封信〉（The Global Financial Crisis – Why didn't Anybody Notice? A Letter to the Queen），2009年7月22日。

2　安格拉・梅克爾，第五屆林道經濟學會議上德國總理的演說，2014年8月20日

3　保羅・羅默，〈數學濫用與學術同一性〉（Mathiness and Academic Identity），部落格文章，2015年5月27日。

4　這個標題也是對我在《日報》（Die Tageszeitung）過世的同事克里斯提安・塞姆勒（Christian Semler）的沉痛追念。他的報導在2013年集結發表，標題是《沒有共產主義也不是解決之道》（Kein Kommunismus ist auch keine Lösung）。

第一章

發現經濟的哲學家：亞當・史密斯

　　直到今天，人們對亞當・史密斯的評價仍然相當兩極：許多人認為他是個極端自由主義者，為了「自由市場」、「自由的個體」與廢除國家權力而熱情奮鬥。1977年，有人甚至特別在英國成立一所亞當・史密斯研究所（Adam Smith Institute），鼓吹後來的女首相瑪格麗特・柴契爾（Margaret Thatcher）心愛的議題：國有財產私有化、政府不干預金融業、降低富人稅等等。[1]

　　然而，這種看待史密斯的觀點不僅狹隘，而且是奠基在一個誤解之上。史密斯其實是社會改革者，他為反對富人特權而抗爭。他雖贊成競爭與自由市場，目標卻不在此，而是為了限縮地主與富商的特權。設使史密斯生活在今日，他或許會是個社會民主黨人。

　　史密斯的同時代人對此深有了解，十九世紀初，抨擊史密斯的是保守派，而非左派人士。[2]馬克思也是史密斯的重要擁護者，他不僅深入探究史密斯的學說，也接收了他的核心觀念。

　　史密斯堪稱史上第一位偉大的經濟理論家。在他之前，主要是盛行於十六至十八世紀的「家政文學」（Hausväterliteratur），這種生活類書籍內容包羅萬象，從畜牧到兒童教養，舉凡當時一家之長

的必備知識等全都應有盡有，甚至也包括食譜。

前現代時期的經濟學並沒有自成一門學科，而是（如果有的話）附屬於倫理學。史密斯最重要的師長法蘭西斯·哈奇森（Francis Hutcheson）去世之後，在1753年出版了《道德哲學入門》（*A Short Introduction to Moral Philosophy*）從這本書便可見出兩人的關聯。在本書第三卷，這位來自格拉斯哥（Glasgow）的哲學教授主要探討《經濟與政治原則》（*The Principles of Oeconomicks and Politicks*），但其內容卻與我們今日對經濟的理解毫不相干：只探討父母與子女、主人與僕人的義務，至於財產、繼承權、契約或金錢等議題，卻擺在第二卷《自然法原理》（*Elements of the Law of Nature*），可見當時尚未將金錢、貨幣視為「經濟」的一部分，而他的議題分類直接沿襲古希臘、羅馬的傳統。[3]

兩千多年來，歐洲人一直以相當「非經濟」的方式思考，要到史密斯才有了大翻轉。他的《國富論》（*The Wealth of Nations*，編按：翻譯大師嚴復最先使用的書名為《原富》）在1776年出版，距離哈奇森的遺作相隔只有23年，但二書的結構卻截然不同：哈奇森依然本著身分社會的觀念思考，史密斯描述的卻是資本主義的開端。

史密斯與這位師長天人永隔不過數年，史密斯卻已活在另一個時代。最晚自1760年起，英國便展開一項人類史上史無前例、後來被稱為「工業革命」的歷程。新時代需要新理論，而率先提出重要論述的人便是史密斯。

史密斯以哲學家自居，因為當時經濟學尚未自成一門學科，而最初的經濟學理論家身分還相當歧異，從作家、法學家、股市投機者、行政管理人員、數學家到醫生等都有。直到1903年劍橋大學（University of Cambridge）將經濟學納入考試科目，這種現象才出現

大轉折，從此經濟學才成為一門正式學科。

史密斯並不因此而感到自卑，他勇於向全世界說明，並立志創立一種嶄新、包羅萬象的哲學體系。他的興趣從美學到天文學，從知識論到法理論。他的總體綱要始終沒有完成，原因之一是史密斯的工作速度非常緩慢，在他的論述中探討道德與經濟的只有兩部書。史密斯認為他的《道德情操論》（*The Theory of Moral Sentiments*, 1759）較佳，然而《國富論》（1776年）才是使他聲名持久不墜的鉅著。

《國富論》的文筆詼諧優美，讀來卻不輕鬆。蘇格蘭哲學家大衛・休謨（David Hume）便曾指出，閱讀這部作品「需要高度專注」，難以吸引較廣大的讀者。但相較於馬克思和凱因斯的作品，史密斯的《國富論》可謂相當平易近人；要消化另外兩人的代表作，難度就高多了。

若想了解這三位理論家的思想，最好的辦法便是從他們的生平入手，因為他們的理論與他們的人生經歷密不可分。馬克思與凱因斯為後世留下豐富的資料，每一種介紹都只能勾勒出其梗概。史密斯則相反，他極力避免自己的私人生活曝光，臨終前甚至幾乎將所有的草稿與信件焚毀。[4]光是這些斷簡殘篇，也有助於我們理解這位理論家。

一生中最重要的人：母親

亞當・史密斯在1723年生於蘇格蘭的柯科迪（Kirkcaldy），這座海港小鎮位於福斯灣（Firth of Forth）北岸，距離愛丁堡（Edinburg）約18公里。史密斯是遺腹子，在他出生前六個月，與他同名亞當的父親便過世了。[5]

「史密斯」這個姓氏看似平凡無奇，但史密斯的父母卻都出身蘇格蘭上流社會，屬於「minor gentry」（較低階的鄉村貴族）。英國人對一個人的出身地位嗅覺向來敏銳，但社會階級不一定表現在貴族頭銜或姓氏上的綴語。

　　我們對史密斯的祖先所知甚少，他的父親顯然出自深具影響力的家族，家族中曾有人擔任行政部門的要職。[6]史密斯的父親也同樣養尊處優，他曾於亞伯丁（Aberdeen）、愛丁堡攻讀法律，26歲時出任勞登伯爵三世（The 3rd Earl of Loudoun）休·坎佩爾（Hugh Campbell）的私人秘書，後來並在伯爵的提攜下升任柯科迪最高階的海關官員，在他過世前不久，年薪更高達300英鎊。這在當時算是相當高薪：當時蘇格蘭工人的平均年收入可能頂多只有30英鎊。[7]

　　史密斯父親的婚姻也顯示他屬於上流社會：第一任妻子莉莉亞絲（Lilias）是米爾納爵士喬治·德拉蒙德（Sir George Drummond of Milnab）的長女。德拉蒙德爵士曾擔任愛丁堡市長與蘇格蘭議員。莉莉亞絲早逝，因此史密斯的父親在1720年再婚，第二任妻子瑪格麗特·道格拉斯（Margaret Douglas）父親是一名富有的地主，也是第三代伯雷爾的巴爾佛勳爵（Lord Balfour of Burleigh）之孫。

　　史密斯的父親在1723年1月過世，得年43歲，死因不詳，但至少就當時情況而言，他仍可確保自己的遺孀生活無虞。就史密斯父親的遺產清單來看，相較於現今的標準，當時上流社會生活依然相當清苦，因此連衣物都相當珍貴，需要一一登錄：史密斯父親擁有的衣物包括一件藍色亞麻外套、一件猩紅外套、一套絲質睡衣和一套白色亞麻料西裝等。[8]

　　亞當·史密斯出生時的宅邸早已拆除，但在他父親的遺產清單中則詳細登錄屋內的安排與布置：餐廳中擺放著一張橢圓形大桌、

十五把柳條椅，牆上掛著聖母瑪麗亞與東方三博士等畫像。此外，史密斯家還擁有銀製餐具，部分砵碗也是銀器。臥室中擺放著一張藍色天篷床，而在一間儲藏室裡則存放著史密斯父親的騎士用品：兩副馬鞍、馬靴、馬刺、一支獵槍與幾把手槍。從這些武器可以看出，當時在海關工作必須打擊猖獗的走私者，並非只是在辦公室納涼。

瑪格麗特・史密斯在29歲時成為未亡人，在六個月後產下亞當後，終生未再結婚，全心全意撫養這個獨子。而對史密斯來說，母親同樣也是他一生中最重要的人。史密斯終生未娶，而且幾乎一生都與母親同住。瑪格麗特一直到將近90歲才過世，而六年後，史密斯也撒手人寰。

史密斯母子如此親密的關係，在當時令人頗不諒解，史密斯的首位傳記作者鐸加・史都華（Dugald Stewart）曾極其委婉地表示：「他自嬰兒時期便體弱多病，需要母親的呵護與關愛。有人批評她對他過度縱容，但這對他的性格或稟性並未造成負面影響。」[9]

史密斯最初幾年在柯科迪就學，一名他的同學後來表示，那時史密斯熱愛閱讀，並擁有過人的記憶力。此外，當時他已出現後來持續終生的特質：「他獨自一人時會自言自語，跟他人一起時則心不在焉。」[10]

柯科迪當時約有居民1,500人，史密斯在那裡也見識到了中古封建時期的餘毒：鹽場勞工仍受到近似奴隸的對待，他們有如家奴般被拘管在勞動場所，不得自由行動。一旦有鹽場出讓或變賣，當地的勞工也會跟著出售。[11]因此，後來史密斯在他的《國富論》中特別指出，奴隸制度並不省錢，自由反倒划算。

菁英大學令人失望：亞當‧史密斯對牛津大學感到厭煩

史密斯在14歲時於格拉斯哥大學註冊入學，就今日的標準來看相當早，但這在當時並不罕見。蘇格蘭哲學家大衛‧休謨年方12歲便已在愛丁堡大學就讀。

格拉斯哥的教育還相當傳統，前兩年必須學習拉丁文與希臘文。由於史密斯當時已精通這兩種語言，因此得以直升三年級，除了每日兩小時的邏輯學，另外還有幾何學、希臘文、形上學以及一門名為「空氣動力學」（Pneumatik）或「聖靈學」（Pneumatologie）的學科。

這門名稱古怪的學科，教授的是上帝與其他聖靈屬性，但這種論點在較年輕的教授間名聲不佳，因此負責這門學科的講師法蘭西斯‧哈奇森將內容限縮在「幾種簡單且幾乎顯而易見的真理」，其他聖靈學的內容則交由當時尚被稱為「實驗哲學家」（Experimentelle Philosophen）的物理學家負責。

課程直接更動，取消「舊」聖靈學，改上「新」課程；不再探討聖靈屬性，改而探討空氣、液體與氣體的力學作用，測量壓力、密度或彈力等世俗的物質特性。為此，格拉斯哥大學還購置了氣泵、氣壓計、天平與「馬德堡半球」（Magdeburger Halbkugeln），證明地球大氣確實存在。

儘管如此，史密斯受「舊」聖靈學煎熬的時數還是夠多，後來他曾表示抱怨：「我們所知甚少的聖靈論，與人們可多方證實的人體理論，兩者佔有同樣的分量。」

17歲時，史密斯轉往牛津大學的貝利奧爾學院（Balliol College）繼續鑽研哲學，並獲得斯內爾獎學金（Snell Exhibition）。這項獎學

金至今依然存在，旨在獎助來自格拉斯哥的學生。原本規定，獲得該獎學金的學生未來必須在教堂服務，但在史密斯當時，這項規定已不被遵守。

史密斯之所以獲得這項獎學金，或許純粹基於他個人的優異表現，但也不排除親友提攜的助力：他的堂兄弟威廉·史密斯（William Smith）擔任蘇格蘭阿蓋爾公爵（Duke of Argyll）的私人秘書，阿蓋爾公爵是蘇格蘭的大地主，可以決定格拉斯哥大學的事務。[12]

斯內爾獎學金生一年可得40英鎊，但這筆錢尚不足以提供史密斯過著符合他身分的生活。此外，史密斯在一封寫給堂兄威廉·史密斯的信中曾抱怨，牛津大學還額外要求「古裡古怪又極其高昂的費用。」[13]除此之外，貝利奧爾學院還經常減少斯內爾獎學金生名額，將獎學金挪為己用。可想而知，蘇格蘭獎學金生與學院的關係相當惡劣。不僅如此，貝利奧爾學院的蘇格蘭學生總覺得自己受到無禮的對待，「總是分到最差的房間。」1744年，這些斯內爾獎學金生再也忍無可忍，群起寄了一封申訴函給格拉斯哥的校務委員會，但貝利奧爾學院當局仍不為所動：既然這些蘇格蘭人「對學院極度憎惡」，他們最好到別的地方去。至於基金會的錢，貝利奧爾學院自然是要留下來的。

牛津大學對蘇格蘭人如此不友善，這令史密斯大受震撼。更重要的是，這名17歲的學生發現，這所號稱菁英大學的學校，教育品質竟然其差無比。史密斯在貝利奧爾學院七週後，便頗為自負地寫信給堂兄威廉說：「假使有人因為牛津大學課業繁重而傷害了身體健康，那是他自己的錯：我們唯一的功課是一天祈禱兩回，一週聽課兩次。」

牛津大學享有對基金會的額外贊助與教會捐款，是非常富有的

大學。此外，牛津與劍橋大學都不愁招不到學生，因為直到十九世紀，英格蘭僅有這兩所大學，但財富與缺乏競爭也帶來問題：牛津大學成了供養未婚神職人員的慈善機構，這些人利用教席坐領薪俸，安安穩穩地等待更理想的職位降臨。史密斯後來曾經不滿表示：「多年來，牛津大學的教授大都連做做授課的模樣都省了。」

這些教師只是把牛津大學當成教會升遷之路的跳板。研究員（Fellows）是不許結婚的，因此當他們想建立家庭時，便須另謀他職，難怪他們無心教學與研究。聖經學者喬治‧史丹利‧費伯（George Stanley Faber）說得好：在牛津大學獲得職位意味著：「一頓豐盛的早餐，中等的午餐以及一頓極為簡陋的晚餐。」[14]

究竟史密斯在牛津大學都做些什麼？我們並不清楚，但他的傳記作者大都揣測，他時時勤於閱讀，而且在這段歲月中，他很可能也讀過大衛‧休謨的著作，後來更與這位長他12歲的哲學家成為終生摯友。

休謨是重要的英國哲學家，他探討倫理學與知識論的作品直到今日依舊廣受討論，但他的聲名起步較晚，史密斯在牛津大學時，休謨幾乎還沒沒無聞。他在27歲時已發表其代表作《人性論》（*A Treatise of Human Nature*, 1739-40），但起初並未受到注意。日後休謨曾語帶嘲諷地寫道：「從印刷機出生就是個死胎，甚至連在狂熱的人當中激起一絲怨言的關注都闕如。」[15]

短暫的六年過去，史密斯也受夠了牛津大學。雖然斯內爾獎學金最長可領取11年，史密斯卻在1746年便返回蘇格蘭。此時他23歲，同時面臨當時眾多大學畢業生面對的問題：找不到工作，基本上失業了。史密斯拒絕走當時最普遍的職業道路，他絕對不想為教會工作，於是他又回到母親身邊，繼續博覽群書。

這一次，史密斯在柯科迪待了兩年，他的第一位傳記作者史都華如此描述：他「沒有具體的未來規劃」。隨後，他在牛津的生涯倒是為他創造了收入：史密斯在英格蘭的歲月改掉了他的蘇格蘭腔，而這也是許多愛丁堡嶄露頭角的後生晚輩們所追求的目標，因為1707年英格蘭與蘇格蘭合併為大不列顛王國，能與英格蘭人溝通的蘇格蘭人，有機會在南部獲得新的工作機會。[16]

史密斯的任務在協助他們學會說高雅的英文：他以自由業者的身分擔任演講嘉賓，講述演說技巧與文學。從休謨寫給史密斯的一封信中我們得知，史密斯一年約可從課程進帳100英鎊。休謨在信上打趣地告訴史密斯，有個叫約翰・史蒂文生（John Stevenson）的甚至可賺到將近150英鎊。

總之，這些演講收入頗豐，足以支持史密斯三年的生活，直到1751年，他獲聘成為格拉斯哥大學的教授，教授邏輯學與形而上學，這種生活才告終結。一年後，他便獲得了眾人渴求的道德哲學教席，年薪高達300英鎊，因而有餘力將母親與表姐妹珍妮特・道格拉斯（Janet Douglas）接到格拉斯哥為他管理家務，並照顧那些支付相當高的租金、與史密斯同住的學生。

學生是史密斯最重要的收入來源：雖然他也支領薪水，主要卻是仰賴學生們為了聽他授課繳納的學費維生。根據後來的估算，史密斯的課程極受學生歡迎，1759年他有一班公開課程，學生人數在80-90人之間；另外還有一堂私人課程另外吸引了20名學生——當時格拉斯哥大學註冊生也不過只300名。據說，當地書店還販售史密斯的半身石膏像，供學生擺放在房間呢！

史密斯的口才並沒有特別好，但他的熱情富有感染力，因此課程相當受學生歡迎。此外，他也總是努力把課程講解得有趣又能理

解，首先他會提出想證明的論點，接著運用大量的生活實例加以說明。他幽默風趣又善用荒謬，並且不畏批評權貴。身為他的聽眾不僅能習得知識，更是一大享受。這些他重視的演說原則後來也影響到了他的《國富論》。《國富論》之所以能夠成為經濟學經典，原因之一是它反映了真實的生活。

在此之前，史密斯的《道德情操論》率先於1759年出版，為他帶來一大突破，第一刷即搶購一空。這次的成功休謨也是一大功臣，他不僅賣力宣傳此書，更將書寄給所有他認識的有力人士。《道德情操論》出版時，休謨人在倫敦，他在一封致史密斯的信上對上流社會的反應有過逗趣的描述：「真遺憾，您的書似乎大受讀者讚揚」，甚至有三名主教也購買此書，還詢問作者是誰呢！阿蓋爾公爵對這本書也深感興趣，這顯示「他要不是覺得這本書新奇，就是認為作者對格拉斯哥的選戰大有助益。」

從休謨的來信顯示，他有意與史密斯建立更緊密的友誼，但史密斯的反應卻不乾不脆。史密斯懶於提筆，不到萬不得已絕不輕易寫信，也不喜歡踏出書房。儘管他對休謨極為敬重、欣賞，卻更愛平靜度日。

史密斯的《道德情操論》已顯示他渴望了解事實。他不是那種想以抽象方式導出道德體系的哲學家，他關注的是道德行為如何在實務上運作。《道德情操論》主要環繞一個人人在生活中所經歷的矛盾：人類的行為往往是自私自利的，但與此同時，周遭的人過得好，對人們又極其重要。他人幸福，自己也會開心；而聽聞有人受虐，自己也會感到痛苦。史密斯認為，人類具有「同感」的能力，對他人的遭遇能感同身受，因而有道德情操。後來的發現也證實史密斯這番見解是對的：1990年代發現人腦中存在著鏡像神經元。[17]

格拉斯哥的經濟實況：壟斷與奴隸買賣

在闡述自己的道德觀點後，史密斯便著手進行他的第二項重大計畫：闡明經濟。雖然《國富論》要到1776年才出版，史密斯卻早已開始探究各種經濟問題。1752年他在格拉斯哥一個名為「文學會」（德文：Literarische Gesellschaft）的俱樂部中演說，談的是休謨的《論商業》。此外，史密斯也加入格拉斯哥最具影響力的商人聚會「政治經濟俱樂部」（Political Economy Club）。

格拉斯哥主要仰賴菸草進口業，此外當地也有製糖與蘭姆酒釀造蒸餾、亞麻布、肥皂與纜繩製造等產業。依據史密斯在現場的第一手觀察，這些產業與典型的市場經濟並無關聯。恰好相反：當地的大商行利用巧妙的聯姻策略，發展成強有力的企業聯合組織「辛迪加」（Sydikat），掌控所有進口業務，其中最大的三個辛迪加便分瓜了一半的菸草進口事業。史密斯自然不會天真到認為這純粹是市場機制的結果。他很清楚商人最愛壟斷，並且在《國富論》中一再對此加以嘲諷。

此外，史密斯在格拉斯哥時可能已觸及「奴隸制度與財富有何關聯」這個議題。雖然蘇格蘭商人沒有直接參與奴隸買賣，卻有許多人因持有登記在利物浦的奴隸船隻的股份而間接受益。此外，他們的商業模式都以強迫勞動為基礎：格拉斯哥因菸草而致富，而種植這些菸草的是美國維吉尼亞（Virginia）的30萬名奴隸。

史密斯不僅深入觀察這些經濟活動，他平日也需要處理經濟方面的問題。儘管在他的畫像或漫畫中，他大都被描繪成茫然恍惚的模樣，[18] 實際上他擁有傑出的行政管理能力；對此，他在格拉斯哥大學的同事們也很快就發現。他們不僅委派他處理棘手的對外交涉事

務，還將他送進管理委員會，為大學協商捐款事宜，改善簿記方式，並負責校務委員會建築與解剖學研究所的修繕，購置新的化學實驗器材及購買德尼・狄德羅（Denis Diderot）《百科全書》（*Encyclopédie*）等；這部百科也是第一個將當時各種知識匯集並分條羅列的書籍。

此外，史密斯還無意間參與了一項改變世界的發展：他必須為詹姆斯・瓦特（James Watt）籌措實驗室。此時21歲的瓦特正在等待格拉斯哥大學的科學器材，以便在這間實驗室改善蒸汽力，如果沒有這個設備，就無法促成後來的工業革命。

瓦特獲得化學家約瑟夫・布拉克（Joseph Black）的支持與部分贊助，布拉克是史密斯的摯友，[19] 儘管二人交情密切，史密斯卻未發現科技對經濟成長的重要性。史密斯見證了工業革命的初始階段，但在他的作品中卻未曾提及工業革命。對他而言，機器並不那麼重要，他主要聚焦在勞動分工。

經濟學家與傳記作者都渴望知道，史密斯在何時發展出哪些觀點，還有，他的代表作是如何誕生的，可惜他的課程幾乎沒有留下任何筆記。史密斯深恐自己的好點子會遭人剽竊，因此反對學生作筆記。在悼詞中有人表示：「博士向來滿懷妒恨地監管自己的授課內容……擔心會遭人改頭換面後發表。當他見到有人做筆記時，總會一再重申，說『他痛恨塗寫的人』。」

但仍有些學生大膽做了筆記，在1895與1958年時各有一份筆記曝光，其中記錄了史密斯1762與1763年的授課內容。這些資料雖然不完整，卻顯示了史密斯在格拉斯哥時已經發展出後來貫穿他《國富論》的中心思想。在這些課程最後，史密斯以一個直到今日經濟學家依舊苦心探究的問題挑戰學生：經濟成長何以那麼晚才出現？為何要遲至十八世紀的英國，而非早在古羅馬時期？

史密斯來不及在格拉斯哥大學提出他的解答，因為史密斯的教授生涯突然在1764年告終。他的《道德情操論》深得查爾斯·湯森（Charles Townshend）賞識，而湯森這位政治權貴同時也是年輕的巴克盧公爵（Duke of Buccleuch）的繼父及監護人。當時十八歲的巴克盧公爵不僅是蘇格蘭最富有的地主之一，在英格蘭也擁有龐大的領地。為了使他的教育畫下完美句點，他還必須遊歷歐洲大陸，而湯森則極力爭取史密斯與繼子同行。為了使史密斯這位哲學家無法拒絕，湯森開出遠遠高出行情的薪水吸引他：擔任公爵的教師，史密斯一年可得500英鎊，之後終其一生，每年可領300英鎊。這代表史密斯從此無需再工作，可以潛心從事研究；史密斯一口答應了。

當時貴族子弟盛行「壯遊」（Grand Tour）之舉，在歐洲各地遊歷數年，其中威尼斯、羅馬、那不勒斯等城市向來不可或缺，但湯森對繼子的壯遊另有自己的想法：法國是巴克盧公爵的必要一站。

有個史學家至今依然關注的問題，在當時也令湯森苦思不解：在英、法兩國的戰爭中，法國何以每戰必敗？這個歐陸最大國何以屢戰屢敗？此外，當時法國人口將近2,100萬，英國則僅約700萬，相較之下，法國的挫敗更加令人費解。

自1689年起，英法兩國間戰爭頻仍，幾乎未曾間斷，而歐洲各國都捲入其中的七年戰爭（Siebenjähriger Krieg）則要到1763年才結束。這場戰爭令德國人印象最深刻的是，普魯士國王腓特烈二世（Friedrich II）終於兼併了長久屬於奧地利的西里西亞（Schlesien）；但七年戰爭同時也是史上第一場真正的世界大戰，戰火幾乎遍及全球各大洲，更讓殖民帝國重新洗牌。法國在印度與北美洲的領土泰半拱手讓給勝利的英國，英國於是一躍成為公認的世界霸權。

湯森深信，若要分析軍事力量的基礎，就必須先了解法國的弱

點。他在一封致繼子與史密斯的信中再三叮囑兩人在法國考察的重點：為何「這個狡詐又龐大的君主國家，幅員如此之廣……武器如此精良，其海軍與繁榮的經濟令人生畏……卻因某種在現代形成，不為人知的體質缺陷，成為無論陸上或海上最無能的國家。」

史密斯即將陪同年輕公爵前往法國一事，立刻成為愛丁堡最熱門的話題。史學家大衛·道林波（David Dalrymple）便在寫給作家霍勒斯·渥波爾（Horace Walpole）的信中譏諷地表示：「恐怕查爾斯·湯森先生會將一位極其優秀的倫理學教授變成極其平庸的伴遊。史密斯先生知識固然淵博卻……笨手笨腳又欠缺語言天分，無論他怎麼學，他的法語都讓人聽不懂。」這種懷疑其實毫無根據，儘管我們不清楚史密斯的語言能力如何，但要以法語討論非常複雜的經濟關聯，他都足以應付。

與競爭對手相遇：重農學派

1764年春，史密斯與年輕的公爵抵達巴黎，在當地受到當時在巴黎擔任英國駐法大使秘書的休謨熱烈歡迎。但史密斯一行人無法在巴黎久留，十天後，他們便動身前往土魯斯（Toulouse），顯然是因為湯森擔心繼子太容易受到巴黎的五光十色誘惑。史密斯與巴克盧公爵在土魯斯待了18個月，土魯斯雖然是當時法國的第二大城，卻死氣沉沉，史密斯在當地深感無聊。他在1764年7月致函休謨時寫道：「我開始寫一本書來打發時間。」研究史密斯作品的學者因此懷疑，這本書是否便是《國富論》。答案並不確定，史密斯開始撰寫的也可能是另一部終生未完成，並且是在過世前不久被銷燬的作品。[20]

直到1765年秋，史密斯和巴克盧公爵才得以離開土魯斯，在耶誕節期間抵達巴黎；這一次，他們在巴黎停留九個月。[21] 此時休謨已前往英國，而留下致所有重要沙龍的推薦函。史密斯努力想讓自己的儀容符合優雅巴黎人的標準，他一口氣添置了好幾套小禮服，但他予人的第一印象卻不一定迷人。瑪麗—珍・里柯博尼（Marie-Jeanne Riccoboni）曾經因為他的大板牙和粗糙的嗓音，而以「醜如惡魔」描述過他。

　　史密斯在巴黎的沙龍中也結識了一群自稱「經濟學家」的知識份子，此事對他影響至大，後來史密斯形容這些人是「法國最聰明的男人」。這群經濟學家以宮廷御醫法蘭索瓦・奎納（François Quesnay）為中心，此人在1758年發表《經濟表》（Tableau économique），是最早呈現國民經濟週期循環的模型。「某人的支出是另一人的收入」這個想法雖簡單，卻深具革命性。國民經濟的任何領域都與其他領域環環相扣，國家應該儘少干預這種週期循環。「任其所為，任其所行」（Laissez faire et laissez passer）也成了這群法國經濟學家的座右銘。

　　史密斯在1766年結識這些法國經濟學家時，他們正努力在理論與實務上拓展奎納的模型，於是出現了一種奇特的景象：在史密斯的時代形成，而且是唯一一個與史密斯的模型互相競爭的重要經濟理論草創時，史密斯本人便在現場躬逢其盛。

　　奎納念茲在茲的問題，也正是湯森致力探究的：法國經濟何以如此孱弱？奎納這位宮廷御醫的答案是，傳統的封建結構剝削農村人口，使他們陷入貧困。對此奎納提出一個著名的說法：「農貧則國貧，國貧則王貧。」（Pauvres paysans, pauvre royaume; pauvre royaume, pauvre roi）

　　此一析論至今仍深受史學家認同，但奎納由此得出的反向推論

卻過於激進。他認定，唯有大自然才能創造價值，也唯有農業才能富國，工匠與手工作坊無法對社會的富裕做出貢獻，商人與手工業者屬於「不生產階級」（sterile Klasse）。此一理論認為農業的重要性包山包海，因此被稱為重農學派（Physiokratie）。Physiokratie一詞源自希臘文，意思是「大自然的治理」。

史密斯認為，視商業與工業無法產生價值，這是一種「致命的錯誤」，並稱奎納是個「胡亂診斷的醫生」。史密斯以他慣常的自負語調表示，幸虧這種錯誤的學說「沒有在任何地方造成損害」，因為世上沒有任何經濟體系是單獨建立在農業之上的，這種觀點僅只在「法國幾位學識淵博又深具洞察力的男士」想法中作怪。史密斯堅信，工商業能創造價值，是因為財富乃由勞動而生，而非來自大自然的恩賜。儘管彼此存在這種思想內容上的歧異，但史密斯倒是相當賞識奎納。若非《國富論》出版前奎納便已過世，史密斯甚至會將這本書敬獻給他。[22]

1766年秋，巴克盧公爵的壯遊之行突然中斷，公爵一行人本應前往德國，但十月時，幾乎一路陪伴的公爵之弟坎貝爾・史考特（Campbell Scott）染病，即使是法王的御醫也無力回天，最後史考特死於急性高燒，史密斯與公爵不得不帶著他的遺體踏上歸途。

退休者的鉅著：《國富論》

現在史密斯可坐領終生退休金，於是他又返回出生地柯科迪，此後到1773年他都與母親與表姐妹同在這座小省城居住，專心撰寫《國富論》。先前他已預先將四箱書冊從法國寄來，為了這些他珍視的書籍，他甚至付了200英鎊的保險費；幾乎用掉一年的薪水。

撰寫《國富論》的過程緩慢而艱辛，但史密斯對自己選擇的孤獨生活似乎不以為苦。他在一封致休謨的信上表示：「我消磨時光的方法便是在沙灘上獨自漫步一大段路……我深感愉快、滿足，我這一生中或許從未如此過。」

儘管《國富論》在1773年完成，但史密斯又耗費三年時間反覆修改。將作品終結並交出，在史密斯一生中都是件難事，但這一次有個大好理由敦促他：美國展開革命，這場革命更在1776年7月4日美國發表獨立宣言時達到顛峰。

史密斯決意要將北美洲此一事件寫進書中，因為這些英國殖民地為他提供了一個絕佳的社會發展範例：一個不識封建制度為何物，直接進入資本主義時代的社會。為了能好好關注好好觀察這場政治行動的動向，史密斯甚至捨棄在柯科迪的孤獨生活前往倫敦，準備在那裡把書完成。

1776年3月9日《國富論》終於問世，直到今天依然傳言，有人說市場對這本書的反應起初相當冷淡，[23] 但其實第一刷搶購一空，而史密斯也獲利頗豐：年底時他的版稅已高達300英鎊。

休謨對《國富論》期待已久，但這部鉅作出版時他已生命垂危。書甫問世，休謨便立即拜讀，並且在1776年4月1日寫給史密斯的信中，精闢地點出這部著作的優點與少數缺失：「親愛的史密斯先生：大作令我極為嘆服，而原先的莫大憂慮在我拜讀之後也終於消除了。這部作品受到您本人、您的友人與大眾等多方期待，以致我在它出版前惴惴不安，但如今我終於放心了。只不過閱讀這本書必須極為專注，偏偏這往往是大眾所欠缺的，因此我暫時認為，一開始這本書或許無法廣受歡迎。然而，大作如此具有深度、可信度與洞察力，又佐以豐富的重要事證，最終定能獲得大眾矚目……倘使此刻您就

坐在我的壁爐旁，我定然會就您某些論點提出不同的看法。我無法想像田地租金是影響農產品價格的部分因素，但價格是僅由供需決定的……可惜這一點以及其他眾多觀點只能在對談中才能詳細討論。我由衷期盼，這一天很快到來，因為此刻我的健康狀況極差，已經無法久待了。」1776年8月休謨過世，死因可能是腸癌。

休謨特別提出價格這個議題，委婉表示他的批判並非偶然，因為價格是如何形成的這一謎團，是經濟學家長久以來無法解決的難題；無論史密斯或後來的卡爾‧馬克思都未能成功破解。

史密斯要求自由貿易，但他卻成為海關官員

《國富論》成了史密斯的最後論著，此後直到過世，他未曾再發表其他作品，其中一個原因是他不再擔任自由學者：1778年1月，英國首相任命他為蘇格蘭最高海關主管，這項職務要感謝他昔日的弟子巴克盧公爵，至少薪資也讓史密斯無可抱怨——他的年薪高達600英鎊。[24] 不過，這可不是一份讓他安享晚年的花瓶職位，為了這份薪水，他也必須真正做事。

在當時，關稅是國家最重要的收入來源，而在英國，與關稅相關的法律多達近800條。此外，海關主管尚需監督執法人員，業務範圍極為廣泛，以致監管小組一週內有四天必須會面，而且全年如此，史密斯很快便抱怨：「根本不可能做別的事。」

直到今天，史密斯的傳記作者依然不解，為何他沒有捨棄這份辛苦的職務，重新投入寫作。無論如何，史密斯擔任海關主管是一大諷刺，因為他在《國富論》中極力主張自由貿易。

1784年5月，史密斯的母親過世，享年近90歲，而史密斯幾乎

終其一生與母親同住。數年後，最晚自1787年1月開始，史密斯本人的健康也開始惡化，他把最後的力氣都投注於再次修訂他的兩部鉅作：「在我看來，我能做的最好的事，就是使我發表過的（書），以最佳且最完美的狀態傳世。」

史密斯是個完美主義者，想到自己未完成的作品可能在身後問世，他就感到難以承受，因此在他臨終前六天，他便安排將所有手稿幾乎悉數焚毀。在自己的文章焚毀後，史密斯終於放下心頭重擔，能夠最後一次接見友人。不過，他撐不了太久便須再度臥床休息。臨走時他說：「各位紳士，感謝大家的陪伴，只是我現在必須離開各位，前往另一個世界了。」

我們不清楚史密斯究竟命令人燒了哪些文章，不過在一封史密斯於1785年致拉羅什富科公爵（Duc de la Rochefoucauld）的信中倒是提供了些許蛛絲馬跡。史密斯在信上提到自己：「另有兩部重要作品正在進行。」「其一是各種文學分支、哲學、詩歌與修辭法等的某種哲學史；另一部則是某種關於法律與國家權力的理論及歷史。這兩部書的材料已經整理好，但儘管我極力奮鬥，卻依然感到年事已高而力不從心。我是否能完成其中一部，實在萬分不確定。」

史密斯於1790年7月17日辭世，他的病在當時稱為「腸阻塞」（obstruction of the bowels），或許他和休謨同樣得了腸癌。史密斯向他自小相識的知名建築師羅伯特·亞當（Robert Adam）預訂墓碑，[25]墓碑相當素樸，上頭寫著：「《道德情操論》與《國富論》的作者亞當·史密斯長眠於此。」

十八世紀時流行請人為自己繪製肖像，亞當·史密斯雖與同齡的肖像畫家約書亞·雷諾茲（Joshua Reynolds）是好友，卻沒有這麼做。[26]史密斯希望憑藉畢生反覆修訂潤飾的這兩部書，便能名垂千古。

註釋

1 歐文·瓊斯（Owen Jones），《權勢集團》（*The Establishment*），第22頁以下。

2 克里斯托佛·貝里（Christopher Berry）、瑪麗亞·碧雅·帕加內利（Maria Pia Paganelli）、克雷格·史密斯（Craig Smith）編，《牛津大學亞當·史密斯手冊》（*The Oxford Handbook of Adam Smith*），第15頁。

3 摩西·伊薩克·芬利（Moses Isaac Finlay），《古代經濟》（*The Ancient Economy*），第17頁以下。

4 凱因斯作品集共30卷，但這僅是他生平資料的一小部分。他的編輯唐納·摩格理吉（Donald Moggridge）估計，若將所有信函與文獻資料包括在內，凱因斯的作品集大約高達一百卷。〔摩格理吉，《梅納德·凱因斯：一位經濟學家的傳記》（*Maynard Keynes. An Economist's Biography*），第XV頁〕。《馬克思恩格斯全集》（*Marx-Engels-Gesamtausgabe*，簡稱MEGA）的編纂工作至今尚未結束，預計於2025年完成，共114卷。反觀史密斯則僅留下193封他的親筆信函與129封他人寫給他的信件，而且這些資料泰半出自他生平最後幾年，至於他的青年時期以及他在格拉斯哥擔任教授時的經歷，我們幾乎一無所悉。

5 有關史密斯的生平記事除非特別說明，否則本書的資料主要出自伊恩·辛普森·羅斯（Ian Simpson Ross）撰寫的《亞當·史密斯的一生》（*The Life of Adam Smith*，2010年）與尼古拉斯·菲利普森（Nicholas Phillipson）的《亞當·史密斯：啟蒙人生》（*Adam Smith: An Enlightened Life*, 2011）。書中引文出處亦同。

6 亞當·史密斯的父親有一兄弟名為亞歷山大（Alexander），此人先是在蘇格蘭擔任最高階的稅吏，自1699年起更出任蘇格蘭郵務總局局長。

7 英格蘭北部工人的年收入約30英磅，大致相當於蘇格蘭的工資。倫敦工人的年收入約60英磅，但當地物價也較高。參見羅伯特·艾倫（Robert C. Allen）《全球視角下的英國工業革命》（*The British Industrial Revolutionin Global Perspective*）第43頁。根據英國國家檔案館（The National Archives）提供的換算表（www.nationalarchives.gov.uk/currency/results2.asp#mid），當時300英鎊的購買力大約相當於今日的25,000英鎊，這個數字仍低於英國目前的平均收入。

8 遺產清單上也詳細登錄了史密斯父親的藏書，約80冊。值得一提的是，史密斯父親雖是法學家，擁有的法律書籍卻極少，清單上反倒登錄了32篇宗教論文、24冊文學書籍與10篇歷史著作。當時文化階層普遍喜愛閱讀喬納森·斯威夫特（Jonathan Swift）與亞歷山大·波普（Alexander Pope）的作品，但史密斯的父親並未擁有此二人的著作。

9 鐸加・史都華，《亞當・史密斯的生平與著作》（*Account of the Life and Writings of Adam Smith LL.D.*, 1793）。史都華係蘇格蘭重要的哲學家與數學家，他曾執教於愛丁堡並與史密斯結為好友。史密斯過後，史都華接受愛丁堡皇家學會（Royal Society of Edinburgh）委託，為史密斯立傳。由於史密斯已將私人資料銷毀殆盡，史都華於是轉而向史密斯當時還在世的同事與友人探詢；史氏的傳記是了解史密斯生平的重要來源。

10 同前註。

11 對於昔日的柯科迪鹽場我們所知不少，原因之一是瑞典密探亨利克・卡密特（Henric Kalmeter）在1719-1720年間奉瑞典當局之命前往英國，調查英國的工業設備；當時工業間諜已非新鮮事（羅斯，《亞當・史密斯的一生》，第9頁）。

12 阻止休謨在格拉斯哥大學擔任哲學教授的也是阿蓋爾公爵，在他眼中，休謨簡直是個無神論者。（羅斯，《亞當・史密斯的一生》，第112-113頁）。

13 從1742年起，史密斯的日子較好過：他另外獲得華納獎學金（Warner Exhibition），每年可得8英鎊5先令。

14 女性原本不得進入禁欲的牛津大學就讀，要到1920年牛津大學才招收女學生，但當時仍嚴守性別隔離政策，女學生只能在其他學院就學，要到1974年才真正實施男女同校。

15 休謨在過世前不久為自己的人生寫了一篇簡短的介紹，內容風趣又自我諷刺：大衛・休謨，《我的人生》（*My Own Life*, 1776年4月18日）。

16 愛丁堡一帶的蘇格蘭語聽在英格蘭人聽來陌生難懂，幾乎自成另一種語言。《國富論》出版一百週年時，英國財經記者白芝浩（Walter Bagehot）於1876年寫了一篇關於史密斯的簡短傳記，其中他特別強調，史密斯的英文雖不特別優美，卻正確無誤。反之，休謨卻「經常用錯」慣用語：「他許多最佳的片段因此顯得不流暢且令人困惑。這些說法感覺上相當接近英格蘭人的說法，但英格蘭人卻不會這麼說。」白芝浩認為，這種令人困惑的偏差，在於休謨從未在英格蘭就讀，而是一直在愛丁堡接受教育。〔白芝浩，〈亞當・史密斯其人〉（Adam Smith as a Person），第296-297頁〕

17 鏡像神經元是一種人腦的共振系統。在我們旁觀某項行為時，這種神經細胞傳送的訊息會使我們有如親身經歷該事件。鏡像神經元使人類具備同理、同感的能力。

18 史密斯的友人亞歷山大・卡萊（Alexander Carlyle）在自傳中曾經寫道：「在社交場合他是我見過最漫不經心的人。他雙唇歡動，自言自語。一旦有人將他從幻夢中喚醒，強迫他加入談話，他便會滔滔不絕，知無不言，而且富有高度的

哲學洞察力。」（羅斯，《亞當·史密斯的一生》，第143頁）

19 後來史密斯的遺囑執行人有兩人，布拉克是其中之一。

20 雖然我們不清楚史密斯在何時開始撰寫《國富論》的，但他許多思想上的準備工作顯然來自在格拉斯哥大學任教期間。

21 史密斯與他的門生巴克盧公爵在前往巴黎途中特別繞道日內瓦。當時日內瓦是一個獨立的共和國，擁有史密斯尚未見識過的政府型態。此外，藉由此行，史密斯終於有機會與哲學家伏爾泰（Voltaire）相識。史密斯對伏爾泰極為欽仰，甚至擁有伏爾泰的胸像。不過，此行收穫並不豐，無論是日內瓦或伏爾泰，都沒有出現在他的《國富論》中。

22 史密斯對歷史與政治的關聯嗅覺敏銳，因此他將重農主義的形成歸因於法國的特殊情況。巴黎一如其他歐洲宮廷，盛行重商主義：鼓勵出口與手工業，阻撓進口，並認為農業無關緊要。其中法國農業受創最為嚴重，因為法國並沒有全國市場，穀物無法銷往他省。史密斯指出，在這種情況下，重農學說是一種法國典型的嘗試，目的在為農業平反，並促使農業擺脫行政管理的桎梏。史密斯不吝表示，在這一點上，重農學派確實辦到了。儘管史密斯的觀點與重農學派存在根本上的歧異，二者在內容上依然有著共通之處：重農學派與史密斯同樣認為，金幣無法奠定國家財富，只是一種支付工具。此外，無論奎納或史密斯都提倡盡可能不受限的自由貿易。另請參考本書下一章。

23 參見薇拉·林斯（Vera Linß），《最重要的經濟思想家》（*Die wichtigsten Wirtschafts-denker*），第26頁。

24 除此之外，史密斯因為從前陪伴巴克盧公爵壯遊，每年另外獲得300英鎊。史密斯本想推辭這筆錢，但公爵執意要給：他不希望別人認為他之所以促成史密斯擔任稅務員，是為了減輕自己的財務負擔。

25 羅伯特·亞當建築師與史密斯同為柯科迪人，他小史密斯五歲。如今在坐落於愛丁堡的坎農給特（Canongate）墓園中依然可以見到這塊墓碑。

26 在一片小小的橢圓形玻璃雕飾上保留了史密斯的人像。這片雕飾於1787年出自寶石匠詹姆斯·塔西（James Tassie）之手，高僅7.3公分。史都華保證，該人像呈現了史密斯側面的「精準印象」。

第二章

從麵包師傅到自由貿易：
《國富論》（1776年）

「市場這隻看不見的手」這句堪稱經濟學上最著名的譬喻，出自亞當・史密斯。即使沒聽過史密斯這號人物的人，通常也聽過這句可以總結他作品內容的簡潔說法。這個說法似乎在暗示，史密斯曾經表示國家只會礙事，自由市場則做了一切，因為他神奇地創造了財富。[1]

其實這種詮釋是個誤解。在整本書中，這隻「看不見的手」只出現一次，而且在相當後面；就連「市場」一詞在史密斯的觀念中，也不像現在新自由主義者所宣揚的那麼重要。史密斯在《國富論》的序言中說明此書的篇章結構，但並未提及「市場」一詞。[2]

史密斯希望說明，財富與成長從何而來，在其中市場雖也扮演一定的角色，但史密斯認為，市場僅具有輔助功能。史密斯將他的著作命名為《國富論》，而非《市場自由》等名稱，可謂其來有自。[3]

史密斯想藉此闡示，勞動才是一切財富的來源，而非如重商主義（Merkantilismus）者所言，在於金幣與銀幣的積累。若想對史密斯的《國富論》給予適當的評價，我們需要先了解他想擊敗何種學說；因此，我們有必要先簡短介紹何謂重商主義。

重商主義者的謬誤：黃金無法致富

　　儘管許多歐洲人未意識到，歐洲是極為獨特的大陸，世界上再也找不到其他地方，能在如此狹小的面積上聚集這麼多國家。羅馬帝國崩解後戰爭頻仍，唯有支付得起大批雇傭兵的國家才能存活。因此，各地軍閥都需要黃金與白銀支付軍隊酬勞。

　　很早以前，各地王侯必須處理如何增加自己國庫貴金屬數量的問題，而他們想到的辦法是現代經濟學中所謂的「經常帳盈餘」（Leistungsbilanzüberschuss），也就是必須讓出口大於進口，以便將黃金與白銀流入國內。

　　因此，各地王侯總是處心積慮地提倡本國的手工業與壟斷性工場，以生產出口商品。反之，進口商品則遭到禁止並課以高額關稅，這種種舉措後來被稱為「重商主義」[4]。

　　重商主義者並非理論家，而是實踐者。他們大抵是國王的行政官員或商人，因此他們並未發展出統一的「體系」，但會針對如何增加國家的黃金與白銀庫藏提出諸多建議。在歐洲各國，其重商主義各有自己的樣貌。

　　史上第一位重商主義者或許是英格蘭國王愛德華三世（Edward III），他在1327至1377年執政，而且只穿戴英格蘭毛料裁製的衣物，藉此鼓勵臣民購買國產品，不要買當時最流行的法蘭德斯（Flandern）布料。同時，愛德華三世還將法蘭德斯的織工挖角到英格蘭，為英格蘭商人指導最新技術。由此看來，中世紀時歐洲便已出現抄襲模仿的風氣了。

　　就個別的王侯來看，促進本國的出口業是理所當然的，但重商主義卻存在當時人便已察覺的重大缺點。

第一、不可能每個國家都只出口而不進口，因為如此一來，貿易便陷於停頓。

第二、重商主義雖然於王侯有利，卻不利於消費者。高額的進口關稅屬於國王徵收的特別稅，卻是擾民的舉措。此外，許多手工作坊的所有者利用這種保護傘來對抗外國競爭者，他們提供品質低劣的產品，卻索求過高的價格，堪稱大發壟斷財。

第三、重商主義不斷引發貿易戰，使歐洲動盪不安，並導致爭奪領土的全球性戰爭，因為各地王侯誤解國際貿易是一場零和賽局：有一國贏，就必然有一國輸。史密斯才點出將貿易夥伴視同敵人，是一種荒謬的作法，而殖民地也未能帶來好處。

第四、最重要的是，重商主義的基本假設為，擁有最多黃金與白銀的國家，便是最富有的國家。然而，西班牙的命運卻在當時人心中投下震撼彈：西班牙在南美洲的殖民地發現龐大的黃金，尤其是白銀礦藏；根據重商主義者的邏輯，西班牙應該極為富有。事實卻是，西班牙自十六世紀起便急遽變窮；反觀荷蘭與英國，二者雖無貴金屬可供開採，卻一路崛起，成為貿易大國。由此看來，豐沛的黃金與白銀流入，反倒成了一種詛咒——為何如此？

於是，《國富論》將矛頭對準重商主義，後來史密斯以「剽悍的攻擊」來形容自己這部作品，宣稱他意在「摧毀英國的整體商業體系」。然而，《國富論》不僅提出強而有力的批判，史密斯更希望對財富如何生成提出全新的闡釋。

此時之所以能提出這個問題，是因為有史以來英國的國民收入首度持續增加。自十八世紀起，英國經濟開始出現明顯的成長，英國人也驚喜發現自己變得更有錢了。《國富論》開頭便提到，即使是一般勞工的生活都比他們的祖先好得多。史密斯更詳細列舉，英

國一名日薪工人甚至擁有一件羊毛料外套、一件亞麻襯衫、一張床，刀叉、陶製器皿、錫盤和玻璃窗等。

即使在偏僻的蘇格蘭，財富也同樣增長，而且惠及最貧窮的人家——此時不再有饑荒，這可是前所未有的現象。1695至1699年，五年之間四次歉收，導致一次人口大量死亡，15%的蘇格蘭人在這場災難中喪命。1740-41年，雖然再度出現一次災難性的糧食歉收，但沒有人因此餓死，因為此時交通網已經相當發達，可以從英國其他地區運來糧食。[5]而在平常日子裡，下層階級的生活也比從前過得要好，他們買得起奶油、乳酪和魚，爐灶裡燒的是煤炭而非泥炭。[6]

儘管現在連最窮的人都吃得比以前好，不必擔心餓死，但受惠於新財富的，主要是佔極少數的中、高階層人士。這些人的享受大幅提升，證據之一是更多人有能力購買更多書籍，以致蘇格蘭的紙張產量增為四倍，而馬車、香水等其他消費品或住宿旅店、客棧的需求也同樣增加。[7]

這些新財富若非如同重商主義者的假設，是拜黃金與白銀存量所賜，那麼究竟從何而來？史密斯對此的解答是：創造財富的是人們的勞動；勞動力生產了人們所消費的商品與服務。

沒有勞動力就沒有財富，對今天的人來說，這似乎是理所當然的道理。但在這種理解的背後，其實蘊藏著某種就此翻轉經濟學的理論革命：黃金與白銀都具有資產價值，以德文的經濟學術語稱之，便是「存量」（Bestandsgröße）——要嘛有金幣，要嘛沒有。但史密斯將勞動力擺到中心位置，他將重點移轉到收入，這是一種「流量」（Strömungsgröße）。於是，財富重新受到定義：財富不是存放在保險箱裡的所有物，而是由生產過程創造的。

然而，單單勞動力，仍無法解釋為何突然出現一片榮景？人類

向來必須辛勤勞動，《聖經》已深入描寫人類被逐出伊甸園的故事，藉以彰顯永無止歇的勞動有多辛勞。既然勞動是人類的宿命，又為何使得十八世紀的英國人較前人富裕？史密斯相信自己已經找到解答，這就是「分工原則」。《國富論》始於探討分工，而這個主題也貫穿全書。

主要原則：分工（幾乎）說明一切

《國富論》正文開宗明義便出現「分工」一詞，並以大頭針工廠為例說明，「某人抽鐵線，另一人拉直，第三人切斷，第四人削尖，第五人研磨。」史密斯以數據準確說明，生產一根大頭針，總共需要十八道工序，並且精確計算，分工的結果，十名工人一天能生產48,000根大頭針，如果這些工序全部由一人執行，那麼他一天之內說不定連一根都做不出來，更別說二十根大頭針了。

史密斯翔實的描述，讓人以為這是他實地觀察的結果，但他極可能根本沒這麼做過。雖然他宣稱親自見過大頭針的生產過程：「我見過一家這種工廠，裡頭只雇用十人。」但實際上，無論是生產大頭針或製造其他產品的工廠，史密斯連一家都沒去過。當時全蘇格蘭只有一家真正的工廠——英國海軍製造大炮的鋼鐵廠「卡倫工廠」（Carron Works）[8]。

或許這個大頭針製造廠的例子是史密斯抄來的。1755年，法國啟蒙思想家德尼·狄德羅（Denis Diderot）在他的《百科全書》中便介紹了一篇關於大頭針的文章，文中提到製造大頭針所需的工序，正好也是十八道。[9]

眾所皆知，史密斯總是擔心自己的好點子遭人剽竊；但倒過來

時，他卻毫無顧忌。他老愛採用其他作者的說法，卻不提他們的姓名。反之，馬克思則極端重視註解，他還曾將史密斯揶揄了一番。[10]

不過，狄德羅也不是第一個發現最好以分工方式製造產品的人。早在十七世紀，英國哲學家威廉·配第（William Petty）曾描述採用不同工序組成一只時鐘的方式。[11]

分工的優點顯而易見，因此在古希臘羅馬時代便已開始採用。希臘哲人如亞里斯多德（Aristoteles）、柏拉圖（Platon）與色諾芬（Xenophon）等人都曾提及，古羅馬人更將分工發展到極致：拉丁文中有500多種關於不同行業的說法，[12]而在希臘羅馬時代，製陶、建材、紡織或玻璃業等手工作坊往往好幾道專門工序進行量產。

既然分工已經行之有年並經記載，那麼史密斯的理論究竟新在何處？這個問題已經困擾著當時的人。史密斯的第一位傳記作者史都華認為自己有必要對此提出較詳盡的辯解，而其高潮則是下面一段話：「一部如同史密斯先生這樣的作品，其貢獻比較少是以個別原理的創新之處，較多是以創建這些原理的理據，以及呈現其正確條理與連結之科學方法來加以評斷的。」[13]史都華相當激動地補充道，在史密斯之前的人不過「因為一場幸運的巧合」，「偶遇」這個事實罷了。

現今史密斯專家的看法也與史都華相同：史密斯所談的細節在當時未必都是新知，但他卻以全新的手法將這些知識組織起來。在史密斯之前沒有經濟理論，有的只是對經濟現象的個別觀察，史密斯最早將整體樣貌呈現出來，讓後來的經濟學家得以繼續精進。

由私益而公益：總體經濟學的發現

分工看似高度著重技術，史密斯卻從中創造出一種社會通則，並試圖從這個通則演繹出所有重要的經濟現象。交易幾乎從分工自然而然發生：終日忙於製造大頭針的人無法獨力滿足自己的需求，必須與同樣從事高度專業工作的其他人交換物品。舉凡以分工生產的地方，就必然會形成市場。

對史密斯而言，交易如同語言與理智，是自然而然就有的，人人生而具有「討價還價、交換與交易的傾向」。他提出的證據雖不甚充分，卻相當有趣：「沒有人曾經看過，有哪隻啣著一根骨頭的狗，刻意公平的找另一隻狗交換另一根骨頭。」[14]

人們彼此的交易活動大都能順利進行，這是因為大家可以信賴交易雙方追求私人利益的心態。史密斯以兩句後來堪稱是整部《國富論》最著名的一段話來說明其理由：「我們每天有得吃喝，並非由於肉商、酒商或麵包商的仁心善行，而是由於他們關心自己的利益。我們訴諸他們自利的心態而非人道精神，我們不會向他們訴說我們多麼匱乏得可憐，卻只說他們會獲得什麼好處。」[15]

這兩句話經常遭人誤解，尤其是新自由主義者認為，史密斯想藉此證明，光是利己之心就足以使經濟順利運作。此外，許多讀者也認為，史密斯將肆無忌憚地追求自我利益提升為一種美德。這種錯誤的詮釋一點也不新穎，其實與《國富論》的歷史一樣悠久。史密斯過世僅數星期，就有一位匿名作者在《泰晤士報》（*The Times*）上憤慨地表示，史密斯讓自己成為商人的幫凶，並將「道德哲學的大學教席變成貿易與金融教授」[16]。

但史密斯的本意不在為人類的私利辯解，他關注的是這種非預

期結果所形成的原則。雖然每個參與交易的個人都是為私利著想，但最後受益的卻是所有的人。因此，社會並非其部分的總和，其運作有別於個體內部邏輯的表現。這是劃時代的發現：這是總體經濟學誕生的時刻，它探討的是影響全體國民經濟的機制，而非個別的企業或顧客。[17]

　　不過，史密斯並非第一個注意到個人的惡德可能帶來正面整體效果的人。諷刺作家伯納德‧曼德維爾在1705年發表《蜜蜂的寓言》（ *The Fable of the Bees* ），甫出版就大為暢銷，讓好幾世代的道德哲學家為之驚慌失措。在曼德維爾筆下，蜜蜂是一群品德惡劣的昆蟲，但整體運作極佳。它們生活奢華，即使最窮的蜜蜂也能因為服侍富有的蜜蜂而受惠。儘管蜂群中充斥著欺瞞、嫉妒、虛榮與貪婪，但每隻蜜蜂都能安居樂業。有一天，蜜蜂們突然為了自己不道德的放蕩生活感到羞愧，轉而變成規矩生活的模範生，遵循哲學家的建議度日；結果和他們所所設想的天差地遠：從前富裕，如今窮困。曼德維爾詳細描述，自從蜂群變得誠實正直之後，失業狀況如何愈演愈烈。原本拖欠債務的人如今馬上還清債務，因此律師再也沒有委託人；而打從蜜蜂們變得誠信之後，它們不再需要告解，神父也就無事可做；僕役沒有主人可服侍，監獄管理員沒有盜賊可管，製帽工人也沒了顧客。曼德維爾在本書的標題點出了這則寓言的宗旨在「私人的惡德，公共的利益」[18]，以免寓言的訊息遭人忽視。

　　曼德維爾比重農主義者更早認識到，一個人的支出是另一人的收入。他的《蜜蜂的寓言》主要是在向道德哲學家下戰帖，但其中蘊含了總體經濟循環的觀念。他不滿許多倫理學家和神職人員與現實生活脫節，認為這些人在佈道壇上傲然提出不切實際的要求。史密斯身為道德哲學家，自然也覺得自己受到批評，但他的反應卻與

眾多同業不同，他巧妙回應了對曼德維爾的攻擊：不僅不否認麵包商或酒商的行為是為了追求私利，還將這種觀點融入自己整個體系之中。

史密斯不讚揚自私自利，但只要這種行為不造成傷害，他也不予譴責。畢竟，要不是為了賺錢，肉商就不會賣肉。但是，史密斯也不因此認為市場是最佳的對策。

各位千萬別忘了，在史密斯筆下的時代，到處都可感受到身分社會的殘餘影響：蘇格蘭的鹽場工人為主人所有，英格蘭的村民不得任意遷往都市，各種行會控制了手工業，海外貿易也受到壟斷企業操控。史密斯藉由彰顯這些特權組織不具經濟功能來反對它們。他認為，如果一般國民能自由遷移，不受工會自治法束縛，經濟運作才能更好。

史密斯並不認為應該將國家廢除或大幅縮編，但新自由派人士卻刻意誤解其意。史密斯並非「任其所為」的理論家，他無意將國家改造為「夜警國家」（Nachtwächterstaat），僅負責安全與秩序。史密斯另有目的：他立志將國家從特權的魔爪中解救出來。

疑問至今依然無解：價格與利潤如何形成？

每件商品都有其價格，但價格是如何形成的？購買一棟房屋花費的錢比購買一根大頭針多得多，這是顯而易見的道理。然而，怎樣的交換關係才恰當？直到今天，價格問題依然困擾著經濟學，也是史密斯苦心探究的。

史密斯從一個經濟學史上所謂的「鑽石與水的矛盾」（klassisches Wertparadoxon）著手：沒有水人類就無法存活，但水卻極為便宜，

甚至免費。反之，鑽石幾乎毫無用處，卻異常昂貴。由此觀之，商品價格不一定取決於其實用性，或者套用史密斯的說法：「使用價值與交換價值彼此決裂。」[19]

史密斯並未破解這種矛盾，他只是置之不理，轉而聚焦在交換價值，因為他的目的在於說明，由勞動分工而來的交易是如何運作的；不過，他自己也不怎麼滿意。他隱約察覺，如果無法清楚指明其中的錯誤，他的價格理論勢必無用武之地。史密斯自己也頗為惶恐，因此自覺有必要針對自己的作品提出警告：「我必須鄭重請求讀者諸君的耐心與專注：請求諸君對某些看似無關緊要且無趣的段落，也能耐心細究；請求諸君在或許……依然不詳晰之處也能專注求解。」

史密斯鮮少出現這種猶豫，他向來相當自信，而且自知這部《國富論》將成為劃時代的鉅著。但在面對「價格」現象時，史密斯也遭遇挫折，正如他自己所間接承認的：這個議題「高度抽象」。

儘管史密斯本人如此忐忑不安，但在後來一百年間，他的價格理論獨佔鰲頭，就連馬克思也都以史密斯的理論來建構自己的剩餘價值理論（Mehrwerttheorie）。雖然史密斯的價格理論未必正確，卻碰觸到了經濟學的核心。直到今天，「價格問題」依然是多數經濟政策的論辯核心：什麼是工資，也就是勞動的適當價格？利潤從何而來？還有，利潤可以多高？而借貸的價格，亦即利息，究竟扮演著何種角色？

史密斯是「勞動價值論」的代表，他認為商品的自然交換價值取決於生產該商品需要的勞動量；而勞動價值則是以一名勞工餵養家人所需的工資來衡量。[20]

但史密斯心中的最低生活標準並非只是勉強維生的微薄酬勞，

「貧困理論」（Verelendungstheorie）是由他的追隨者大衛・李嘉圖（David Ricardo），特別是馬克思發展出來的。另一方面，史密斯則認為工人也能受惠於經濟榮景，對此，他還從日常生活中列舉諸多鮮明的例證：「例如馬鈴薯……價格僅為30或40年前的一半，相同的情況也可見於甜菜、胡蘿蔔、甘藍菜等作物。這些農作物從前僅靠鐵鍬種植，如今以犁耕作……亞麻布與毛料生產方式大幅進步，為工人提供了更物美價廉的衣物。」史密斯是樂觀主義者，他對突然出現的經濟成長與技術改良大感驚嘆，而這種驚嘆也貫穿《國富論》全書。

勞動量決定商品價值，這樣的說法看似相當有道理，卻又立即帶出一個重大的問題：一件產品不一定能從外部看出其生產所需的時數，那麼商品的「自然」價值又如何變成最終真正支付的價格呢？

史密斯很狡猾，他並沒有解決這個問題，而是提出兩種不同的價格來迴避這個難題。他表示，除了以勞動量計算的「自然價格」（natürlicher Preis），另有以貨幣表現的「名目價格」（nominaler Preis），史密斯所謂的「名目價格」係由供需形成，因此又稱為「市場價格」（Marktpreis）。如同史密斯的鑽石與水的矛盾所示，他也無法逃避在解釋價格時，商品過多或匱乏是決定性因素的事實。

賦予一件商品兩種價格，這種假設又帶來另一個問題，如此一來，史密斯便須證明「自然價格」與「名目的」市場價格通常相符。在今天看來，史密斯的解決之道並不那麼出人意表，卻絕非理所當然：他發展出一種均衡理論。供需二者會在市場上取得平衡，如此便可符合其「自然」價格。

這種均衡理論具有一大優勢，而且乍聽之下似乎頗為合理：如果供給遠大於需求，市場價格便會低於自然價格，導致勞動費用無

法支應。於是對企業而言，現有商品數量已經過多，生產商品不再划算，供給便會下降，如此則價格開始上揚，直到市場價格再次與自然價格趨於一致。反之，如果需求大於供給，價格便會飆漲，遠高於勞動費用，如此則值得製造更多商品，結果市場價格會逐漸下滑，直到價格趨近成本，從而趨近「自然」價格。

在這種順應趨勢演變的平衡體系中，並未預見廣泛的經濟危機，這與我們今天的經驗不符。不過，在《國富論》的時代，商品數量普遍不足，並不會導致銷售危機。當時每件商品都很稀缺，向來能夠找到買家。此外，當時也沒有任何景氣波動，經濟循環的干擾總是來自外部，特別是戰爭與自然災害推升糧食價格飆漲，而統治者突然身亡也可能打亂價格。史密斯便曾詳細描述，由於市場沒有為長達數月的國喪做準備：「一場國喪使黑色布料價格上揚……彩色絲綢與布料的價格則下滑。」

然而，唯有在價格能自由變動，沒有壟斷時，供需之間才能取得平衡，但在十八世紀的英國，壟斷卻是普遍存在的現象，史密斯曾以好幾頁的篇幅對此表示不滿，其中一段名言便是：「同行者只要聚在一起──即使是在慶典或消遣娛樂的場合上──談論的話題到最後往往是對社會大眾的計謀或提高價格的策略。」

如今許多人往往將史密斯當成擁護企業自由運作的頭號戰士，其實史密斯對商人與工廠主的印象相當負面：「商人的利益……就特定角度而言總是不同於，甚至違反大眾的利益。擴大他們的市場並限制競爭……向來是商人所關注的。」他們靠壟斷價格賺錢，從而向「其他同胞索求荒謬的稅金」。

因此，國家必須透過破除壟斷、刺激競爭，使市場得以運作。但史密斯也深深理解，英國早已成了統治階層的禁臠。自從 1688-89

年的光榮革命（Glorious Revolution）後，英國雖然採行君主立憲制，議會由選舉而來，距離真正的民主卻依然極為遙遠，僅有15%的男性才有選舉權，因為他們收入夠高，得以跨過選舉權的高門檻；至於被選舉權的條件則更加嚴苛，年收入在300至600英鎊間者才能參選國會議員。[21]因此，議會受到商人與較低階貴族的控制，而他們也不吝立法保障一己的商業利益。

英國重商主義更充當這些統治階層的打手，利用高額的進口稅將國外競爭者阻擋在外；與此同時，各種行會又遏制國內的競爭。若是想學習手藝的人，必須跟隨師傅度過七年的學徒生涯，如此則行會不必擔心競爭，可以片面制定自己的價格。

史密斯並未提出政治措施以對抗商人操控的局面，他只是在精神上反對。身為不具權勢的知識分子，史密斯只是試圖啟發大眾，這種作法在被稱為啟蒙時代（Aufklärungszeit）的十八世紀相當常見。史密斯試圖藉由《國富論》說服目光短淺的議員開放競爭；捨棄由壟斷獲取的利潤，其實更符合他們自身的利益。

而反過來，史密斯允諾他們的回報正如《國富論》的標題所示，便是財富與空前的成長。這聽起來或許矛盾，但特權人士唯有先捨棄自己的特權，才能變得真正有錢。在今天，史密斯往往被解讀為經濟遊說團體的代言人，但他真正的目標其實在解放被工作束縛，受到主人剝削的日薪工與工匠。「力氣與雙手的技能是窮人的資產，阻止他們隨自己的心意運用力氣與技能……是對他們最神聖資產的明顯傷害。」

為了終結這種剝削，史密斯必須說服統治階級，對他們來說，剝削並沒有任何好處。史密斯認為，無論是工廠主或工人，都同樣能從自由市場受惠，以現在的話來說，就是「雙贏的局面」。這並

未觸及階級鬥爭的問題，階級鬥爭的概念要到李嘉圖與後來的馬克思才發展出來。

即使史密斯信心滿滿地向眾人許諾財富，但他的價格理論卻存在兩大漏洞，而這兩大問題也令他的追隨者束手無策。

第一，史密斯的概念疊床架屋，這令人高度不贊同。談到價值，就有使用價值與交換價值；論及價格，就有自然價格與市場價格，這種概念與綱領的過度擴張並不符合生活現實，因此顯得相當古怪：在真實的市場上永遠只會形成一種價格，這種價格也定義了商品的價值。

第二，更糟的是，史密斯無法明確解釋，企業利潤是如何形成的，他也沒有跳脫那些顯而易見的論點：有盈餘，才有利潤。如果工人只生產他自己維持生存所需要的，企業就不可能有利潤。唯有當工人的生產多過他自己的需求時，才可能出現利潤。

到目前為止都很清楚，但利潤與交換價值及自然價格之間的關係又如何？對此，史密斯再次語無倫次並且再度祭出相互矛盾、疊床架屋的說法。

第一種論點假設，商品的交換價值純粹取決於製造這件商品所需的勞動量，企業主從商品的整體價值中扣除利潤，工人則僅從扣除後剩餘的獲得足夠他與家人溫飽的部分；這種方法又稱為「減法」（deduktiv）論，因為商人的利潤是從商品的交換價值中扣減得來的。

與此同時，史密斯又發展出第二種論點來解釋企業主的利潤。這一次自然價格是由工資、地租與利潤構成，勞動突然不再是單一要素，取而代之的是日薪工人、地主與商人各自的收入；這種方法又稱為「加法」（additiv）論，因為現在工資、地租與利潤共同構成商品的自然價格與交換價值。[22]

這兩種相互競爭的說法令人困惑，特別是「減法」與「加法」論得到的結果並不一致。對此，史密斯再次選擇他的慣用手法，乾脆無視這個矛盾。

如今回顧，我們或許很容易嘲笑史密斯的價值與價格理論，但這樣對他的成就並不公平。因為儘管存在諸多矛盾，史密斯仍然藉由將地主、工人與企業主視為三種核心群體，而徹底重新安排了經濟學。

從前的理論家完全忽視資本家的重要性，這在今天看來著實令人驚訝。比如法國的重農學派乃以行業而非以社會角色區分，在他們眼中，農業整體是唯一的「生產階級」（produktive Klasse），而這個階級同時包含地主與農工；至於手工作坊老闆、手工業者與工廠工人則同屬「不生產階級」（sterile Klasse）。

直到史密斯才開始將資本家歸為一個階級，工人歸為另一個階級。在史密斯看來，日薪工人究竟是在鄉村或工廠中辛苦勞動並不重要，因為他們的工作都仰賴他人。史密斯雖然沒有定論地解釋，利潤是如何產生的，卻詳細描述了「企業主投資於生產以追求利潤最大化」這個現象。在我們看來，這個發現似乎平淡無奇，實際上卻是理論上的一大革新，因為它認識了資本家在資本主義的核心角色。[23]

工人之福：比「許多非洲國王」更富有

誰會成為資本家，而誰會成為工人？誰將坐擁財富，誰必須勤奮工作？對此，史密斯遠遠領先他的時代，因為他清楚表示：一個人究竟會成為日薪工人或哲學家，與個人天賦完全無關。史密斯既

不自大，也非社會達爾文主義（Sozialdarwinismus）者，他不相信貧富之間存在著智力差別，反倒認為這是一種社會巧合，生於較高階級的人是運氣好。假使史密斯地下有知，或許會認為新自由主義「績效提供者」（Leistungsträger）的說法太過幼稚。

史密斯在《國富論》開章明義寫道：「人類天生的才能差異遠比我們注意到的小多了……哲學家與街頭巷尾的挑夫也許是才能差異最大的兩種人，但他們之間的差異與其說是天生的，倒不如說是個人嗜好、社會習俗與教育的結果。在他們兩人出生時，甚至在六歲或八歲以前，他們也許非常相像，連他們的父母和玩伴都看不出有什麼值得一提的差異……之後不久，他們進入非常不同的職業，人們才注意到他們之間的才能差異。而且這種差異開始逐漸擴大，直到哲學家基於虛榮心而幾乎不願意承認他們之間還有任何相似之處。」（譯按：引用自謝宗林譯，《國富論》，第32頁）

史密斯特別取笑哲學家，這並非巧合。他雖然說得毒辣，但他無意嚇跑那些全屬菁英分子的讀者。他的目的在勸服他們，他們沒有理由享受特權。而想達成這個目標，他便不得不連同自己也一併取笑。史密斯甚至更進一步，以狗和自己及同行相較：「純就天賦來說，哲學家與挑夫的差異，恐怕還不及獒犬與灰狗差異的一半，或灰狗與西班牙獵犬差異的一半。」

儘管史密斯非常清楚，機會的分配是極端不平等的，他卻無意號召革命。對他而言，分工在經濟上是必要的：若要經濟能運作，世上就必須有挑夫也有哲學家。但史密斯要求，即使是下層階級也應能分享日益成長的財富，畢竟主要的工作是由他們執行的。「那些餵養全體社會，提供衣物與住處的人，也能分享他們自己的成果……他們也能吃得好、穿得好、住得好，這是相當合理的。」

在此，史密斯再次提出總體經濟的觀察，並且發現，沒有工資就沒有需求；如果赤貧者太多，沒有能力消費，就會損害整體經濟的發展。「僕人、工人與手工業者……構成社會的最大部分，而多數人的生活情況改善，絕對不會對整體造成損害。」[24]

由是，史密斯再一次度遙遙領先他的時代，因為與他身分地位相當的人大都認為，最好讓窮人繼續窮下去，以免他們造反。英國上流階級擔心，日薪工人的工資若改善，他們就會較少勞動，到時候上流社會就找不到甘心服侍他們的僕人了。史密斯認為故意使下層階級的人挨餓是荒謬之舉，「吃得差而非吃得好，心情鬱悶而非心情愉快，經常生病而非身體健康，這樣的人能把工作做得更好」，這是不可能的。

史密斯非常清楚，企業主與他們的工人之間存在著極大的權力落差，日薪工爭取到應得權益的機會相當渺茫。「雇主人數較少，卻能輕易聯合起來；此外，法律認為……他們組織卡特爾，勞工組織卻遭到禁止。我們沒有法律禁止壓低工資，卻有許多規定禁止爭取較高工資的集結行動。」

十八世紀時尚無工會組織，如果有，想必史密斯會大表贊同。他深知工人需要每天的工資度日，是多麼容易遭到勒索。「發生衝突時，雇主堅持的時間久多了，無論是大地主、租地人、工廠主或商人，他們即使連一個為他們工作的工人都沒有，也能靠著獲得的盈餘度過一、兩年。反之，許多工人沒了工作，連一個星期都活不下去，長期來看，工人之於主人，或許就和主人之於他們同樣重要，只是主人對工人的依賴並非如此緊迫。」

如今許多新自由派人士居然認為，史密斯是無限制擴大利潤的理想見證人，這種想法委實令人不解。企業主最愛提出的理由是，

高薪資意味著高物價，如此會危害經濟；但史密斯並不贊同這種說法，他曾語帶譏諷地寫道：「我們的商人與工廠主經常抱怨高工資的負面後果……對高利潤的負面後果卻絕口不提。」

史密斯對企業主大力批判，對擁有貴族身分的大地主更是嚴厲譴責。畢竟企業主尚須為新產品與新製程進行投資；為了製造利潤，他們必須運用創意。上層貴族則不同，他們對自己的地產往往漠不關心，寧可在倫敦享受奢華的生活，浪擲田租、地租收入。封建大地主「收穫他們未曾播種的」，並賺取「壟斷價格」，因為人們必須倚賴自己在大地主土地上種植的糧食維生。

因此，史密斯認為大可向過分的奢侈品課稅，要求向「富人的懶惰與虛榮」徵稅。此外，他也建議對所得採取累進稅制，使富人繳納的稅多於窮人：「每個國家的國民都有義務為維持政府運作做出貢獻……配合個人的生產能力。」現在看來，這種稅制或許平淡無奇，在當時卻是一大創舉。史密斯率先提出在他的時代還不曾有過的所得稅構想，而這種構想要到1842年後才在英國施行。[25]

稅收的用途之一在為學校提供經費，讓日薪工人的子女至少可學習閱讀、書寫與算術，因為史密斯痛切意識到，只有知識階級的後代才有機會受教育。對此，史密斯再度比今人對他的評價更具革命性：一直要到1871年，亦即將近一百年後，英國才實施全民義務教育。

這也再度顯示，史密斯並不想要新自由派人士的「夜警國家」，只管國內與對外安全，放任自由市場運作。史密斯呼籲建立一個為各階級的安樂擔負責任，積極作為的國家。為了達成這個目標，便需放棄重商主義，國家不提高進口關稅，不支持壟斷性企業，並且該投資基礎建設與教育。在史密斯的時代尚未有全面性社會保險的

構想，否則他一定會大力支持。史密斯深知，唯有下層階級也能受惠，社會方能欣欣向榮。

雖然史密斯認為分工能造福社會，但他並未美化現實。他將分工描述為一種暴力形式，會迫使日薪工人過著一成不變的生活，精神日漸消沉。由於智力長期缺乏挑戰，工人於是變得「愚昧無知」，陷入「萎靡的愚蠢」，既無能力思考、感受，身體也變得孱弱不堪。[26]

史密斯的社會批判精準又犀利，與馬克思相去不遠，但史密斯不是革命家，他採取的是持續不斷的小小進展。他所倡導的學校教育雖不全面，但至少可避免工人變得痴笨。此外，他還支持一種利益均霑論（Trickle-down Theorie），期望國家富裕後，工人也能從中受惠。

就歷史的角度來看，史密斯如此信心滿滿是可以理解的，因為在他撰寫《國富論》時，下層階級也能享有較好的生活。要到他過世後，無產階級才迅速且全面貧困，而這種貧困化正是馬克思鏗鏘有力地譴責的。史密斯不同，他依然樂觀斷言，與上層階級的「過度奢華」的生活相較，窮人儘管窮，但在英國，就連農場工人都住得「比許多非洲國王」還舒適。

當時，日薪工人不僅過得比某些國家的統治者好，甚至也比200多年前的英國國王更好。史密斯頗為自豪地表示，一件從前的皇家家具如今成為一家極其平凡的蘇格蘭客棧的擺設：「英格蘭國王詹姆士一世（James I）大婚時，王后從丹麥帶來的喜床，那是致贈君王的合宜禮物……幾年前成了鄧弗姆林（Dunfermline）一家酒吧的擺設。」可見當時英國生活極其優渥：如果連啤酒下肚，醉醺醺的日薪工人都能躺坐某位國王的龍床，代表英國確實富裕。

全球自由貿易：全球化的開端

史密斯鮮少談酒，卻在一處策略地位相當重要的內容談論這個議題，旨在說明進口稅有多惱人。史密斯深知問題所在，因為他和其他身分地位相同的人士直接受到影響：關稅使廣受大家喜愛的法國酒變得太貴，大家只好改喝較便宜的葡萄牙波特酒——雖然波特酒不特別受歡迎。[27]在此，史密斯借助同胞的怒火大力為自由貿易宣傳。

他揶揄道：「有了玻璃片、陽畦（譯註：防霜害的苗床罩子）和防護隔板，在蘇格蘭也能種出好葡萄，只是如此一來，這些瓊漿玉液的價格就會是法國葡萄酒的三十倍。」此外，史密斯也無懼道德與健康考量，慨然宣揚該自由進口葡萄酒：「較廉價的酒似乎並非酒醉的原因，反倒能令人冷靜。一般來說，葡萄酒生產國的居民是歐洲最理性的人。」[28]

史密斯認為，自由貿易不過是分工的一種特殊表現，各國均應聚焦於它們能做得最好又最便宜的產品；在此，史密斯再次允諾能增進所有國家財富的雙贏局面，只是史密斯的同胞對此深表懷疑。他們雖然不反對便宜的葡萄酒，卻擔心英國如果讓歐洲他國的貨物無限制進口，這些國家也會變得與英國同樣富裕。由此可見，對全球化的恐懼由來已久，只不過當時的人怕的是法國，如今令大家內心百味雜陳的主要是中國的崛起。

史密斯指出一個直到今天依然可見的現象，試圖安撫同胞的情緒：富國往往也和其他富國進行貿易，因為只有富裕的地方才會出現對舶來品的需求。「想透過外貿致富的國家，最能達成願望的條件便是，它的鄰國都富裕、勤奮且擅於經商。一個四方都被居無定

所又貧窮的野蠻人環伺的大國，靠著耕種自己的土地並推動國內貿易，無疑也能致富，卻無法透過出口賺錢。」[29]

因此，出口國之間不應掀起貿易戰或提高關稅，使自己的顧客變窮。針對上述這種荒謬的作法，史密斯創造了一種說法：「使鄰居淪為乞丐」（beggar your neighbour），此一說法在當今的經濟學中依然可見。

自由貿易牽涉到的不僅是貨物，在沒有關稅也沒有資本管制的地方，貨幣就能自由流通，而在史密斯當時人眼中，自由貿易在貨幣上的影響更是加倍危險。他們深恐許多企業會將錢轉到國外投資，不在英國建廠生產。直到今天，這種恐懼依然十分普遍，套用現在的說法是：「資本有如一頭膽怯的鹿。」（Das Kapital ist wie ein scheues Reh.）

史密斯認為這種擔憂是空穴來風，並提出五段式的反駁：

1. 所有企業主都想將自己的利潤最大化。
2. 在自由市場中，競爭能使利潤無論在何處都是相同的。因為利潤若在某國高於其他國家，就會引來許多投資，直到利潤降到平均水準。
3. 然而，在國外投資潛藏著更高的風險，因為他們很難從遠處監控。
4. 這種增加的風險不能被更高的利潤所抵銷。
5. 結果：企業主最愛在本國境內投資。[30]

這番析論出現在《國富論》最後三分之一的部分，這裡史密斯終於提出他那聞名全球的譬喻，而這是他首度，也是唯一一次提到

「看不見的手」，這隻手使企業主不會出走國外，雖然他們唯利是圖，最終卻會振興國內產業。

在此史密斯一如既往，他雖認為企業主的私心有益於國家，但這不是企業主的自由通行證。恰好相反：史密斯想斷絕那些安坐關稅壁壘後方，藉由提高價格獲利的工廠主與商人的權力。他希望人們了解，自由競爭能通行全球，企業主不需特權，國家就能欣欣向榮，而且能夠與其他國家抗衡。

儘管史密斯慷慨陳詞，這番說法卻無法令人真正信服；對此，當時的人也很快就發現。相較於英國，單單是氣候的條件，法國更適合釀造葡萄酒，這是很簡單的道理。但受關稅衝擊的不只葡萄酒，主要是歐洲各地生產的眾多貨物，包括穀物、牛肉、鹽或毛料等。交易這些商品究竟有何益？舉例來說，對紡織業施行自由貿易，使法國布料銷往英國，英國布料銷往法國，這種作法究竟有何意義？此舉似乎頗為荒謬。要到史密斯的後繼者李嘉圖才為這個問題找到解答。

殖民地與奴隸制：剝削造成貧窮

史密斯具有全球性思維，他認為不僅歐洲，最好全世界都施行自由貿易。因此他也不吝高度讚揚美洲與歐亞航道之發現，認為二者是：「人類史上兩項最偉大又最重要的事件。」其意義更甚於文字或輪子的發明。

現在聽起來，這種評價或許令人驚詫，卻同樣與分工原則相關。直到今天，史密斯的創新思維依然是教科書上的內容：並非有市場便會形成分工，市場還須夠大。在一個自給自足的小村莊裡根本不

值得開設大頭針工廠，毋須由一名日薪工人專職研磨或是加上針頭。唯有銷路夠好，分工才能獲利。依照史密斯的說法便是：「分工總是有限制的……受限於市場大小。」[31]

史密斯對技術進步抱持樂觀態度，他樂見連「非洲的國王」、亞洲或美洲原住民都有機會購買英國的工業產品，認為所有地球公民都應該能通過自由貿易致富。史密斯抱持歐洲中心的思想，並期盼將歐洲的啟蒙思想「出口」到全世界。但他並非沙文主義者，他心目中的自由貿易，是彼此對等的夥伴之間的商品交易，至於奴隸制與對殖民地的剝削，則是他大力反對的。

他經常譴責「虐待當地居民」以及對「毫無抵抗力的原住民進行掠奪」。史密斯認為歐洲之所以征服全世界，並非歐洲人智力較優越。他認為自十六世紀起，歐洲軍事優勢日增並創建大帝國，純粹是一種歷史巧合。

史密斯期盼歐洲能盡快失去其霸權優勢，如此一來，「未來，殖民地人民或許能變強，又或者歐洲人變弱，使世界各地居民擁有同等的勇氣與力量，相互敬畏，從而嚇阻那些獨立國家，促使它們至少對其他國家的權利給予最基本的尊重。」

重商主義以為光靠貴金屬便能致富，在史密斯看來，對殖民地的貪欲正是證明此種謬誤觀念有多危險的確鑿證據。西班牙之所以征服南美洲，奴役當地原住民，便是為了滿足自己「對黃金的神聖渴求」。

英國在印度與美洲的殖民地雖然無法提供貴金屬，但英國人也擺脫不了黃金與白銀能致富的想法，只不過他們採取的是間接策略：他們的殖民地必須提供能換取黃金或白銀的昂貴產品供他們販賣。於是乎從美洲運來了菸草、咖啡與糖，從印度運來香料、靛青、棉

布、絲綢、硝石、稻米和茶葉。

十八世紀時，大英帝國還猶如一塊拼織地毯，係由直轄殖民地、私人地產、軍事基地與貿易公司的土地等組成，並未統一治理。當時受英國直接或間接管轄的有加拿大、美洲東海岸、部分西印度群島及印度東北方。此外，英國沿著非洲西岸還擁有一些軍事基地以從事奴隸買賣。[32] 今天我們將這些拼組起來的領地稱為大英第一帝國（Erstes Britisches Weltreich）；至於澳洲、紐西蘭及非洲與近東的殖民地，則是相當久之後才加入的；但英國在今日美國的定居型殖民地於1783年獨立後，英國便喪失這處領地。

殖民地可以種植哪些作物受到嚴格規定，它們的貨物僅能仰賴英國船務人員負責的英國船隻運往英國港口。反之，殖民地的進口貨物都必須向英國母國購買。這些嚴格的管控不僅保障了英國的關稅收入，所謂的航海法案同時也是一種軍事策略，大型商船擁有經驗豐富的海員，也可迅速變身為戰艦。這種重商主義帶來慘痛的後果：爭奪殖民地挑起戰爭，而戰爭費用又由殖民地支付。

貿易與土地掠奪密不可分。英國人對待殖民地極為殘暴，導致數百萬人喪失性命。就在史密斯的《國富論》即將成書之際，孟加拉地區發生嚴重的饑荒，罪魁禍首是英國東印度公司（Britische Ostindien-Kompanie）。

自1769年起，印度恆河平原大乾旱，農作物嚴重歉收，原因是之前當地許多農地必須改種出口型經濟作物：農民不再種植穀物，必須種植罌粟製造鴉片，供英國東印度公司銷往中國牟取暴利。因此一旦旱災降臨，糧倉全空，但英國人並未從印度其他地區運來糧食，他們不在意這種緊急狀況，只關心自己的利益。由於旱災導致他們的貿易商品減少，為了彌補損失，他們反而向當地農民索取更

高的稅額，導致孟加拉地區三分之一的人口餓死。[33]

　　即使遭逢旱災，稅收依舊相當穩定，[34]但在1772年，實際上英國東印度公司已破產，只是它不能倒閉，否則將會在倫敦引發一場金融大地震：非常多商人與銀行業者直接或間接參與英國東印度公司的業務，因此該公司的情況與今天的投資銀行相同，都「大到不能倒」（too big to fail）[35]。英國東印度公司需要拯救，這個事實讓許多英國人大感震撼；殖民地豈不是應該讓國家致富，而非變窮？

　　英國東印度公司是一家私人股份公司，其股東主要是貴族與富商。此外，英國東印度公司的員工嚴重貪汙已非祕密，多數員工只需在印度待上數年，就能在返回英國時成為富豪。英國特使和密使往往投入自己的錢，在亞洲進行賺錢的生意，而這些資金來自盜用部分向印度人榨取的稅收。

　　在英國本土，人們稱這些從印度返鄉的新貴為「納波布」（Nabobs），這個稱呼源自孟加拉地區統治者的頭銜「納瓦布」（Nawab）。納波布普遍遭人鄙視，因為他們利用在印度的不法所得購買貴族的地產，藉此在議會中取得席位，在英國下議院形成自己的利益遊說團體，利用職權確保英國東印度公司的特權。

　　因此，當史密斯譴責英國東印度公司「放任低薪的公務人員從事自己私人生意，聽任貪腐氾濫」時，他大可確定，眾多讀者一定深表贊同。然而，史密斯並不滿足於只提出道德譴責，他更決意要即刻廢除英國東印度公司及其「壟斷貿易」，因為這種貿易型態不僅掠奪印度人，也詐騙了英國本土同胞的財產：「英國居民不僅必須……供養東印度公司的暴利，還必須承擔欺詐與管理不善衍生的極度浪費。」

　　英國佔領他人土地時，帝國的榮光或許令人驕傲，但事實上，

這些遠方土地代價極其高昂：英國必須征服、管理並捍衛殖民地，防止其他歐洲競爭者搶奪。結果，英國政府不僅無法從中獲利，由於戰爭費用飆漲，還必須不斷借款支應。1700年，英國的債務為1,420萬英鎊，1763年達到一億三千萬英鎊，到了1800年更高達四億五千六百萬英鎊。[36]

史密斯認為，只要放棄對殖民地的控管，就能以較低廉的方式進行世界貿易。[37]史密斯的評估沒錯，1776年3月《國富論》出版，同年7月4日美國宣告獨立，結果不同於許多英國人的憂慮，失去對移居當地者的控制後，英國與美洲的貿易不僅未中斷，橫跨大西洋的生意甚至加倍蓬勃發展。

史密斯反對任何型態的壓迫，他不僅反對印度人與美洲原住民無法享有任何權利，也反對北美洲與加勒比（Karibik）大農場的奴隸制度。史密斯並非唯一想廢除英國奴隸買賣的啟蒙思想家，但其他廢奴主義者總是以道德為由，而史密斯雖贊同這種說法，更首度加入經濟因素。

他期盼能讓大家理解，剝奪他人的權利並不划算。「各時代與各國的經驗顯示……表面上看來，奴隸的勞動力只需負擔他們的生活費，實際卻是最貴的。」因為奴隸缺乏動機，不會賣力工作或謹慎使用工具。「一個無法獲取財產的人，除了盡可能多吃少做，其他一概不關心。」

史密斯知道，當時人們無法立即理解奴隸制並不划算的道理，因為在美國南部與加勒比的大農場獲利相當可觀。於是，史密斯直接翻轉理由：高額利潤並非仰賴奴隸制，即使施行奴隸制，獲利依舊高昂。棉花、菸草與糖都是高獲利產物，因此能承受強迫勞動的龐大花費。反之，種植穀物的獲利老早就不豐，因此在康乃狄克州

（Connecticut）和賓夕法尼亞州（Pennsylvania）已捨棄較昂貴的奴隸，改雇一般日薪工。「種植甘蔗或菸草能負擔奴隸經濟的花費⋯⋯在主要作物為小麥的英國殖民地，絕大部分的勞動由自由民擔任。」

史密斯以一種矛盾現象作為論據：奴隸制度若真的划算，便會在北美洲全面推行，因為在當地一般的日薪工人非常昂貴。當地工人隨時能夠以自耕農的身分立足，因此可以此威脅，要求高昂的工資。當時土地夠廣，日薪工人不當自耕農，為他人耕種必定划算。因此，工人雖昂貴，卻仍有條件與奴隸競爭：「到最後，自由民的勞動比奴隸還便宜，這種現象甚至在波士頓、紐約、費城這些一般工人工資極高的地區皆如此。」

奴隸果真比較昂貴嗎？關於奴隸制度在資本主義中究竟扮演何種角色，為何此種強迫勞動的型態在十九世紀遭到廢除等，至今各家意見依然分歧。對此，史密斯提出的一個論點，再次點燃經濟學的戰火。[38]

史密斯生性好挑釁，因此他在《國富論》最後，再度將夢想成為龐大帝國的殖民狂熱者揶揄了一番：「英國的統治者以⋯⋯在大西洋西岸擁有一個龐大帝國的幻象取悅人民，但直到現在，這個帝國只存在幻想中。這個帝國從未存在過，有的只是對帝國的計畫；沒有金礦，有的只是對金礦的計畫；一個從以前到現在都非常昂貴的計畫⋯⋯永遠不可能有利潤。」因此他建議自己的祖國，「調整未來的展望與計畫，使之能配合其真實的平庸狀況。」

真是大膽至極！史密斯先是寫了一本名為《國富論》的書，看似允諾大家發大財——最後卻建議大家接受自己的平庸。但在史密斯看來並不矛盾：唯有鄰人也富有，我們才可能富有；平庸不可怕，平庸是平等的同義詞。史密斯希望自己的同胞能了解，剝削也會使

剝削者變窮。

　　史密斯這部劃時代的作品將永遠受到世人閱讀，而李嘉圖更促使此書成為典範之作。他讓史密斯的理論更加完備，但也加以改變，將史密斯的思想系統化並轉成模型。李嘉圖讓史密斯成為當今所謂「古典經濟學」（klassische Ökonomie）這門學派的創始者；順便一提，「古典經濟學」這個說法出自馬克思。

史密斯到馬克思的橋梁：大衛‧李嘉圖（1772-1823）

　　故事發生在1799年，英國巴斯（Bath）這處療養地的一間租書店。大衛‧李嘉圖無意間在那裡發現了一本《國富論》，他翻了翻，人生從此扭轉。李嘉圖開始對經濟學產生興趣，他反覆研讀史密斯的著作，直到自己清楚了解，何者能、何者不能讓自己信服。

　　在理論史上，李嘉圖可說是前無古人後無來者，因為他同時影響了兩種反向思潮：一是他直接導向馬克思，一是他鼓舞了新自由派人士。

　　1772年李嘉圖生於倫敦，在家中17名子女中排行第三，父親亞伯拉罕（Abraham）出身葡萄牙猶太家庭，其家族經由義大利利佛諾（Livorno）移居荷蘭阿姆斯特丹（Amsterdam）從事證券交易。1760年，為了家族的商業利益，亞伯拉罕奉命前往倫敦，[39]身為其子的李嘉圖很早就接觸證券事務，十四歲時進入父親的公司學習證券與債券交易。

　　但很快，他便必須自力更生。李嘉圖的父母反對當時21歲的他與貴格會（Quäkertum）信徒普利希拉‧安‧魏肯森（Priscilla Ann Wilkinson）結婚，並與他斷絕關係。李嘉圖只好向友人借貸，開設

自己的辦公室。他的證券投資大獲成功，很快就凌駕父親之上。1823年，李嘉圖死於中耳炎，已躋身英國500大富豪的他，身後留下大約70萬英鎊的遺產，這在當時是一筆龐大的財產。[40]

李嘉圖致富的最大關鍵在英國對拿破崙（Napoleon）的戰爭。在他斡旋保證下，英國政府獲得軍備貸款，李嘉圖並於1815年大膽預測滑鐵盧（Waterloo）一役英國將獲得勝利。在這場他生平最大的賭局之後，李嘉圖便在43歲時退休，離開證券交易所，將財產主要投資於地產，從此過著只有貴族才享受得起的生活，隱退到宏偉的蓋特康比莊園（Gatcombe Park），如今這座莊園屬於英國女王伊莉莎白二世之女安妮公主所有。

李嘉圖餘生主要投入經濟學研究，從1819年起也擔任國會議員，因此必須往返莊園與倫敦兩地。但這項職務並非來自於自由、民主的選舉：李嘉圖直接在愛爾蘭買下一個篤定到手的議員席位——儘管他一生中從未踏足那片土地。[41]

李嘉圖是個自學者，父親篤信宗教，認為學會算術、能讀書寫字就綽綽有餘，因此李嘉圖僅就學幾年。[42]李嘉圖對經濟學研究相當謹慎，一開始他只發表自己在金融投機事業的經歷最熟悉的題目：1809年他匿名在報紙上發表一篇名為〈黃金價格〉（The Price of Gold）的文章，立即大受矚目。後來他又陸續發表〈論低價穀物對資本利潤的影響〉（An Essay on the Influence of a low Price of Corn on the Profits of Stock, 1815）、〈一個既經濟又安全的通貨建議〉（Vorschlägen für eine wirtschaftliche und sichere Währung, 1816）等。

若非詹姆斯‧穆勒（James Mill）不斷敦促李嘉圖寫書，李嘉圖的作品可能僅止於這些零星篇章，不會有曠世鉅著問世。穆勒是個平庸的哲學家與經濟學家，他的收入主要仰賴英國東印度公司的工

作，但他洞察友人李嘉圖的傑出能力並無私地讚佩。1815年，穆勒在給李嘉圖的信中寫道：「在政治經濟學領域，您是最優秀的思想家，因此我深信，您必然也會是最優秀的作者。」

雖然穆勒不斷去函鼓勵，但從李嘉圖回覆不同友人的信函中灰心喪志的說法，可知他幾乎毫無進展。[43]1815年8月，他針對這項撰書計畫訴苦道：「這項計畫恐怕超乎我的能力。」同年秋天，他在信中再度沮喪地寫道：「我在難如登天的篇章組織上毫無進展。」1816年2月7日，他更具體指明問題所在：「假設我能克服阻礙，清楚說明相對價值或交換價值的起源及法則，這場戰役我就打贏了一半。」然而，到了1816年4月，這部書依然毫無進展。「幾乎無法克服的障礙阻撓我的進展；即使是最簡單的內容，我都面臨最大的困難與迷惘。」1816年11月，情況似乎也沒有多大改善：「我渴望創造一些值得出版的東西，但這恐怕不是我能掌控的。」李嘉圖對完成後的草稿也不滿意，「如何解釋價格法則，（令他）煩惱到了極點。」[44]

1817年，這部歷經千辛萬苦才完成的著作終於出版了，書名為《政治經濟學及賦稅原理》（*On the Principles of Political Economy and Taxation*）。儘管這部作品艱澀難讀，卻大獲成功，第一刷750冊很快就銷售一空，因此在1819與1821年又分別發行第二、第三刷，各1,000冊。

李嘉圖文筆普通，文句也不流暢，而且經常以「假設……」開頭。李嘉圖的思路比較像數學家，但當時數學尚未成為經濟學中的顯學，也沒有運用圖表與公式闡明各種經濟關聯的風氣，因此李嘉圖經常援引計算實例以為佐證，但有時並未對這些例證提供完備的解釋。

大量的數字讓這部著作晦澀難讀：當李嘉圖在信上抱怨篇章組織不順利時，他並未言過其實，因為他確實不清楚一本書的結構該如何安排，內容也混亂無章，以致為《政治經濟學及賦稅原理》建議更恰當的結構，成了理論史學者之間的全民運動，連馬克思也曾提出種種建議，想讓李嘉圖的表述較容易理解。[45]

李嘉圖犯了新手的典型錯誤：他沒有預先思考結構組織，只是想到什麼就寫什麼，順著自己的思路一段段，一章章地往下寫。一開始他只知道，他想對前輩們予以補充或修正。儘管他非常景仰史密斯與法國經濟學家雅克·杜爾哥（Jacques Turgot），卻發現他們有個大缺漏：二者幾乎未曾探討過國民收入的分配問題。為何企業家富有而工人貧窮？對這些顯而易見又殘酷的問題，李嘉圖一直念念不忘；儘管他的說法較抽象：截至目前為止，經濟學家「對於地租、利潤與工資的自然流動，很少提供令人滿意的資訊」[46]。

然而，在探討利潤、工資與地租收入前，首先李嘉圖必須解釋分配給企業主、工人與地主的財富是如何形成的；如此一來，他又會回到令史密斯傷腦筋的老問題：商品的價值如何形成？從李嘉圖信中的聲聲哀嘆，我們可推知他和這個問題奮戰了一年左右。最後他直接採用史密斯的概念，並將這些概念推演到極致。

史密斯終其一生未能決定，商品的交換價值從何而來，而是任由兩種版本各據山頭。史密斯先是提出「減法」論，認為商品的交換價值純粹取決於其所需的勞動力，企業主的利潤乃由這個總價值中扣除，勞工則僅從剩餘的價值中，獲得僅夠他養活自己與家人的部分。

此外，史密斯還宣揚一種「加法」觀點，而他明顯偏好此一觀點：自然價格，即商品的交換價值係由工資、地租與利潤合組而成。如

此一來，商品價值突然與勞工、地主與企業主的收入有關，但史密斯依然留下一個未解的問題：「減法」與「加法」這兩種論點推導出的數額並不相等。

李嘉圖的思慮遠比史密斯周密，他深受這種亂象所困擾。在他看來，只可能有一個論點，不可能同時有兩種彼此競爭的概念適用。最後，他做了一個重大抉擇：他選擇減法論——而這個論點直接導向馬克思的立論。

李嘉圖認為交換價值純粹取決於生產商品所需的勞動量，但他並未注意到，這種說法多具爭議性：假使社會財富純粹由勞工創造，那麼利潤究竟從何而來？如此則企業主是多餘的，因為他們是靠著剝削勞工創造利潤的。如此顯而易見的結論，注意到的不僅馬克思一人。

如今回顧，李嘉圖這位富豪投機商居然暗示自己的階級一無用處，這著實令人驚訝。為何他會這麼說？第一種解釋聽起來或許了無新意，其實不然，那就是：李嘉圖拿不出更好的理論。面臨這種窘境的不只他一人，至今經濟學家仍無法合理推導，不平等是如何形成的，還有為何富人如此富有。2016年，諾貝爾經濟學獎得主保羅·克魯曼（Paul Krugman）在他的部落格寫道：「我們真的不知道，如何為個人收入分配建立模型——我們頂多有幾項堪稱有說服力的特例假設。」[47] 自李嘉圖起，主流理論儘管不斷改變，但針對人類共同生活的核心問題，經濟學家仍找不到解釋。

且讓我們再回到李嘉圖：他是首度提出後來馬克思也使用的「階級」與「資本家」這兩種詞彙的人。儘管他尚未使用「階級鬥爭」的概念，但這種勢不兩立的新態勢卻貫穿全書。亞當·史密斯處處可見雙贏的情況，並許諾一個更美好的世界；李嘉圖則悲觀多了，

他認為工人必然會陷入貧困的境地。

因為李嘉圖採用了好友、同時也是經濟學家托馬斯·馬爾薩斯的人口論。馬爾薩斯曾經提出一項著名的矛盾理論：經濟成長並不會使群眾變得富有，只會增加需要養活的人數，因為會有更多孩子出生。如此一來，總有一天農業再也無法養活這麼龐大的人口，於是饑饉便出現了，而導致人口數量再度縮減。由此，李嘉圖的推論是，勞工永遠無法脫貧，他們會不斷繁衍，直到食物供應達到極限，最終造成自己的貧困。

但李嘉圖不僅對工人的未來感到悲觀，他對資本家的未來也不看好。他認為一旦人口大幅增長，企業主也將間接受到負面影響。這種因果關係看似令人不解，在李嘉圖看來卻是必然的結果，他並且預告了「利潤率下降趨勢」（Tendenziller Fall der Profitrate）。

在此，我先提出一個小警告。對古典理論種種有趣分枝不感興趣者，可以略過以下七段；完整閱讀的人，就有機會認識經濟學史上最大膽的預測。在李嘉圖看來，矛盾的是，資本主義的未來竟然是一種封建主義，最終只有坐擁土地的上層貴族受益。

這個非凡的預測是李嘉圖直接承襲自馬爾薩斯的理論。後者準確觀察到，人口大幅增長在當時意味著，較貧瘠的土地也必須耕作，但這種地力差的農地需要更多勞動力，農穫也較少，如此一來，穀物價格必須顯著提升，耕種才會划算。穀物價值上漲，受惠的是所有的地主，包括能以少量勞力收穫豐碩的良田所有者，擁有高生產力田地的人等於平白獲得一筆額外收入，馬爾薩斯稱此為「經濟租」（Grundrente）。

李嘉圖將地租說融入自己的勞動價值說。在此我們且先回顧：李嘉圖認為，商品的交換價值純粹取決於生產該商品的勞動量。舉

例來說，如果穀價上揚，而生產鞋子與毛料的勞動量不變，由於穀價變貴，工人勢必需要更多工資，否則他本人和家人便無法生存，其結果是：商品價值不變，勞動力價格上漲，則企業主的利潤下降。

但李嘉圖是個著重現實的人，他很清楚，英國的實際狀況並非如他理論所預告的那般灰暗。英國工人不需辛苦求存，反而過得遠比德國或義大利工人來得好；誠如李嘉圖的描述：「一名英國工人如果除了馬鈴薯買不起其他食物，除了土茅屋住不起更好的屋子……他就會覺得自己的工資……過低……無法養活家人……許多現在英國家庭尋常的舒適設備，在我們歷史上較早的時期可是一種奢侈。」現代史學家計算過，1825年倫敦的實質薪資比維也納高了將近三倍。[48]

當時企業主的獲利也相當可觀。李嘉圖意識到，唯有在人口成長速度過快，以致農業技術改良的腳步追趕不上，無法生產足夠的糧食時，才會出現他所描述的悲觀景象。因此，李嘉圖描述的並非當時的情況，而是有朝一日大地主再次取代企業主地位的可能性。也因此，他並未斷言利潤率必然下降，而是極為謹慎地論及「利潤率下降的趨勢」[49]。

李嘉圖在理論上雖極度謹慎，但他想確保在大地主得到的經濟租不斷增加時，自己不會淪為輸家，因此幾乎將所有的財產投資於農地。他之所以購置蓋特康比莊園，並非純粹出於愛好，而是因為他對自己的理論深信不疑。[50]

李嘉圖過世後不久，人們便發現，「人口爆炸」這項李嘉圖悲觀立論的基礎並未出現。英國人口增加了，原因卻不在出生率攀升，而是因為人們更長壽，尤其是孩童死亡率緩步下降。

此外，李嘉圖還低估了農業生產力：1811年往後數十年，英國

人口從1,250萬增加到1841年的2,670萬，成長了一倍，[51] 主食價格卻穩定不變。由此看來，認為地主的「經濟租」會大幅攀升，致使資本家無利可圖的說法似乎荒誕不經；因此，李嘉圖的後繼者再也沒談過「利潤率下降趨勢」，唯一的例外是卡爾・馬克思。不過，對於資本家何以必然衰敗，馬克思的立論則截然不同。

馬克思將李嘉圖的論點推演到底，從一名百萬富翁的思想創造出無可避免的階級鬥爭。他採納李嘉圖的主要論點，認為唯有勞動才能創造價值，認為社會係由敵對的階級構成，工人必然窮困，資本家卻將不是自己生產的價值據為己有。

李嘉圖不僅啟發了馬克思，他也是自由派人士的祖師爺，而後者關注的主要是他的「比較利益」（komparative Kostenvorteile，英語：comparative advantage）。直到今天，每當要宣揚自由貿易的優點，比較利益便成為經濟學教科書中不可或缺的內容。在經濟學史上，該理論取得史無前例的勝利：過去兩百年來，沒有任何計算實例如此頻繁地被引用。對李嘉圖本人而言，自由貿易並不那麼重要，相形之下，持續了這麼久的巨大影響更值得我們注意。經過一些經濟史學家仔細核算，比較利益僅佔《政治經濟學及賦稅原理》內容的2%，而後來無論在李嘉圖的其他論述或數量龐大的書信中，他都不再談起這個議題。[52]

再一次，李嘉圖從史密斯停止的地方開始著手。史密斯認為自由貿易是分工的另一種樣貌，各國都應專注在自己做得最好、又最能低價生產的產品上。例如法國應種植葡萄釀酒出口，蘇格蘭則供應魚和鹽。這種論點看似非常合理，卻無法解釋實際的貿易關係，因為各國不僅出口自己的優勢產品，也彼此交換各地都能製造的商品，例如歐洲各國無不生產布料，但布料卻在全歐販售。

李嘉圖也和史密斯一樣以酒為例，闡釋自己的比較利益理論。他曾假設葡萄牙與英國都能生產波特酒和紡織品，而且英國能生產較葡萄牙廉價的波特酒與紡織品，而英國本身的紡織品生產力又高於葡萄酒；在此條件下，儘管英國有能力生產比葡萄牙廉價的波特酒，但對英國有利的作法應該是僅生產紡織品，將波特酒的生產拱手讓給葡萄牙，因為專攻自家生產力最高的產業，才能獲取最大利潤。

李嘉圖的比較利益理論在數學上看來似乎無懈可擊，因此深具吸引力，似乎能證明自由貿易可為各國帶來雙贏的局面。然而，儘管有數學加持，我們仍可看出這個理論有問題：早在李嘉圖的時代就有人發現，英國日漸富裕，較貧窮的葡萄牙發展卻停滯不前。

因此，數學與經驗分道揚鑣，這種現象後來在經濟學上仍經常出現。但自由貿易在形式上如此有理，又怎會有害呢？在李嘉圖死後近二世紀，經濟學家才提出有說服力的說法，說明自由貿易並非有利於所有的國家，對發展中與新興工業國家往往有害（參見本書第九章）。

李嘉圖以葡萄酒與紡織品為例，這清楚顯示了他還活在人口主要是「農民、製帽師、織布工與鞋匠」的前工業時代。李嘉圖所說的「資本家」可不是我們現在想像中的實業家。雖然李嘉圖偶爾也會提到「工廠主」，但他們經營的卻是極小型的工場，科技的地位並不重要，只有紡織工廠才會採用蒸汽力推動的紡紗機和織布機；不久後翻轉歐洲經濟的鐵道，在當時也尚未發明。

亞當‧史密斯與李嘉圖所探討的貿易經濟，是由農業主導並供應多數原物料的時代，兩人都認為科技會變得益發重要，卻無法想像當今工業社會的狀況。他們雖撰文探討資本，卻不識現代資本主

義為何物。在此，卡爾・馬克思與他們大不相同。

在馬克思生前，鐵道、火車已被發明，船用螺旋槳、打字機、攝影術、化肥、縫紉機、發電機、電報、腳踏車、白熾燈泡、電話、煉鋼法、輪轉印刷術、乾電池、鐵絲網、人造奶油以及最早的疫苗等也都相繼問世。

不僅產品本身出現變革，工廠也是如此。史密斯與李嘉圖還活在許多小工廠相互競爭的真正市場經濟之下。反之，馬克思已見證到大型康采恩（Konzern）如何形成，並兼併成托拉斯（Trust）與壟斷聯盟（Kartell），昔日的競爭變成了獨佔、壟斷，而馬克思則是第一位探討這種新型現代資本主義的人。

註釋

1　本書援引《國富論》的內容時不特別加註說明，而且其德譯文係由作者譯自英文原文。

2　托尼・艾思普羅瑪格（Tony Aspromourgos），〈亞當・史密斯論勞工與資本〉（*Adam Smith on Labour and Capital*），收錄於克里斯托佛・貝里等人編，《牛津大學亞當・史密斯手冊》，第267-289頁，此處參見第267頁。

3　《國富論》原來的書名更長——關於國富的本質及原因之探究（An Inquiry into the Nature and Causes of the Wealth of Nations），但誠如史密斯墓碑所示，史密斯生前便已採用《國富論》此一較簡短的書名。

4　重商主義者並未自稱是「重商主義者」，此一稱呼源自他們的批評者。1763年，重農主義陣營的米拉波侯爵（Marquis de Mirabeau）首度提到「重商體制」（merkantiles System），後來亞當・史密斯在《國富論》中也採用這種稱呼。

5　湯瑪斯・克里斯多夫・斯莫特（Thomas Christopher Smout），〈十八世紀第三季的蘇格蘭經濟〉（Where had the Scottish Economy got to by the third quarter of the eighteenth century?）收錄於伊斯特凡・洪特（Istvan Hont）、葉禮庭（Michael Ignatieff）編，《財富與美德》（*Wealth and Virtue*），第45-72頁，此處參見參第49頁。

6 同前註，第65頁。

7 同前註，第62頁。由於蘇格蘭政治家，同時也是農業作家烏爾布斯特的約翰‧辛克萊（John Sinclair of Ulbster）的努力，蘇格蘭的經濟生活在特別早時便有了統計資料。辛克萊於1790年將一份問卷寄給900名蘇格蘭牧師，問卷上共提出160個問題，內容涵蓋地理、人口、農業與工業生產等。他以德國的調查統計資料為典範，是率先使用「統計」（Statistik）一詞並用在英語上的英國人。

8 同前註，第63頁。

9 凱西‧薩瑟蘭（Kathryn Sutherland），〈評註〉（Explanatory Notes and Commentary），收錄於史密斯，《國富論》，此處參見第467頁。大頭針的主要生產地在英格蘭的格洛斯特（Gloucester），也是當地最重要的產業。1802年時，當地擁有九家大頭針工廠，雇用約1,500名工人，而格洛斯特居民不過才7,600人左右。格洛斯特緊鄰威爾斯邊境，位置不在倫敦與愛丁堡的旅程之間，史密斯曾經前往格洛斯特的機率微乎其微。

10 其中一例請參考馬克思《資本論》，《馬克思恩格斯著作集》（MEW），第二十三卷，第375頁，註2。馬克思在那裡指出，史密斯有一段話「相當逐字逐句」抄襲諷刺作家伯納德‧曼德維爾（Bernard Mandeville）的作品。

11 凱西‧薩瑟蘭，〈序言〉（Introduction），收錄於史密斯，《國富論》，第XXIII頁。

12 烏利希‧費爾米特（Ulrich Fellmeth），《金錢不臭，古希臘羅馬的經濟》（Pecunia non olet. Die Wirtschaft der antiken Welt），第129頁。

13 鐸加‧史都華，《亞當‧史密斯的生平與著作》，1793年。

14 關於買賣交易是否真如史密斯所言，是如此「自然」的人類天性，社會學家與史學家對此並無定論。卡爾‧波蘭尼（Karl Polanyi）便曾試圖闡明，市場向來是在國家干預之下形成的。

15 如今，一些介紹史密斯的短文總愛將他對麵包商與酒商的言論，直接與「看不見的手」連結。但「看不見的手」是史密斯在相當晚之後，而且是在另一種脈絡下，即探討遠地貿易時首度提出的。波蘭經濟學家奧斯卡‧蘭格（Oskar Lange）似乎是1946年首次將市場變化與看不見的手連結起來。（羅斯，《亞當‧史密斯的一生》，第XXVI頁）

16 羅斯，《亞當‧史密斯的一生》，第439頁。

17 不僅史密斯一人關注非預期性結果，許多與他同時代的蘇格蘭啟蒙思想家也投注心力在這個他們在其他學科領域同樣發現的現象。蘇格蘭史學家亞當‧福格森（Adam Ferguson）便曾表示：「歷史是人類行動的結果，卻非人類計畫地實

踐。」援引自海因茲・庫爾茲（Heinz Kurz）、理查德・史圖恩（Richard Sturn），《人人都看得懂的亞當・史密斯》（*Adam Smith für jedermann*），第120頁。

18 《蜜蜂的寓言》是曼德維爾一再擴充的結果：1705年時他首先發表了諷喻詩《喧囂的蜂群》（*The Grumbling Hive*），分別於1714、1723、1729年加入散文內容拓展，最後這部作品長達933頁；而原先諷喻詩的篇幅則僅佔24頁。凱因斯推崇曼德維爾為他的需求理論的先行者，並詳細徵引曼德維爾的《蜜蜂的寓言》。〔凱因斯，《就業、利息和貨幣的一般理論》（*The General Theory of Employment, Interest, and Money*），第23章，VII〕

19 史密斯並非率先提出「鑽石與水的矛盾」的人，早於1672年，德國哲學家賽繆爾・馮・普芬多夫（Samuel von Pufendorf）便已提出此說（凱西・薩瑟蘭，〈評註〉，收錄於史密斯，《國富論》，第474頁）。

20 勞動價值論也非由史密斯獨立創設，其基本概念早已見於亞里斯多德及英國哲學家如約翰・洛克（John Locke）、伯納德・曼德維爾與大衛・休謨等人（凱西・薩瑟蘭，〈評注〉，收錄於史密斯，《國富論》，第474頁）。

21 漢斯－克里斯多夫・克豪斯（Hans-Christof Kraus），《1689至1789年間舊制度下的英國憲法與政治思想》（*Englische Verfassung und politisches Denken im Ancien Régime 1689-1789*），De Gruyter Oldenbourg出版社），第46-47頁。

22 另請參考耐里奧・納爾迪（Nerio Naldi），〈亞當・史密斯論價值與價格〉（Adam Smith on Value and Prices），收錄於貝里等人編，《牛津大學亞當・史密斯手冊》，第290-307頁。

23 另請參考羅納德・林德利・米克（Ronald Lindley Meek）編，《亞當・史密斯的先行者》（*Precursors of Adam Smith*），第VIII-IX頁。

24 在史密斯的時代，不僅將工資視為支出，也視為需求，這樣的觀點並不常見。早在1726年，丹尼爾・狄福（Daniel Defoe）在他的《道地英國商人》（*The Complete English Tradesman*）中便已提到，日益強大的大眾購買力刺激了消費。參見凱西・薩瑟蘭，〈評註〉，收錄於史密斯，《國富論》，第481頁。

25 史密斯強調，地租、工資與利潤（亦即收入）等均應課稅。當時尚未有所得稅制度，雖然徵收土地稅，效益卻不大，因為土地稅係依據已經過時且不可靠的土地登記冊徵收。因此，國家的的主要收入來源有二：名為「貨物入市稅」（Akzise）的消費稅與進口關稅，二者都屬於間接稅。這種消費稅對下層階級民眾的負擔佔比過大，使他們幾乎花光所有收入，不像富人有餘力儲蓄。〔參見艾卡爾特・施萊姆（Eckart Schremmer），《歐洲工業化時代的賦稅與國家財政：

英、法、普魯士與德意志帝國 1800-1914》（*Steuern und Staatsfinanzen während der Industrialisierung Europas: Enland, Frankreich, Preußen und das Deutsche Reich 1800-1914*，第8頁以下〕。1798年一度徵收所得稅以支付對抗拿破崙（Napoleon）的戰爭，但這種新稅極不得民心，因此在1816年打敗拿破崙時便再度遭到廢除，要到1842年，所得稅才成為國家固定的收入來源。

26 史密斯這種觀點得自亞當‧福格森，後者特別強調分工所帶來的負面影響。不過，此處史密斯一如往常，並沒有加上應有的註解；結果沒有逃過馬克思的法眼。參見馬克思《資本論》，《馬克思恩格斯著作集》，第二十三卷，第383-384頁，註70。

27 英國與葡萄牙早於1703年便簽訂梅休因協議（Methuenvertrag），協議中規定，英國能以優惠關稅出口紡織品到葡萄牙；而葡萄牙則能將波特酒與葡萄酒販售到英國。乍看之下，這項協議似乎相當平等，其實不利於葡萄牙，因為葡萄牙的紡織業在英國廉價布料的傾銷下一蹶不振，但葡萄牙人仰賴英國海軍對抗西班牙以自保，因而別無選擇。

28 休謨已曾批評對法貿易戰：「我們的毛料製品失去了法國市場，如今又從西班牙與葡萄牙進口葡萄酒，以較高的價格購買較低劣的酒。」〔休謨，〈論貿易平衡〉（Of the Balance of Trade），收錄於《論文集》（*Essays*），第315頁〕

29 休謨早於1758年便寫道，以懲罰性關稅破壞鄰國的經濟，這種作法令人遺憾。七年戰爭進行時他曾警告，千萬別把軍事對手也當成貿易對手：「假使我們那狹隘死板又懷抱敵意的政策成功，我們就會迫使所有我們的鄰國退回到與摩洛哥（Marokko）和濱海區柏柏爾人（Berber）國家相同的懶惰與愚昧。結果會如何？他們無法販售貨物給我們，也無法向我們購買貨物……很快，我們也會落入我們強加於他們的相同慘況。因此，我要斗膽陳詞，我不僅以一介之人的身分，也以英國國民的身分請求，我們應大力促進與德國、西班牙、義大利甚至法國的貿易。」〔休謨，〈論權力平衡〉（Of the Balance of Power），收錄於《論文集》，第333頁〕

30 在此之前，休謨提出另一理由以解釋自由貿易何以並不危險：各國的國際收支差額會自動趨向平衡。假使某國經常出口大於進口，錢就會流入，而貨幣供應量變大則會推升價格；價格上揚則出口不再有競爭力，進口商品的吸引力卻增加，於是原先的貿易順差消失，達成新的平衡。諾貝爾經濟學獎得主保羅‧克魯曼（Paul Krugman）稱休謨的理論是「現代經濟學思維的第一例」〔參見其網路部落格「一個自由派的良心」（Conscience of a Liberal），《紐約時報》（*New York Times*），2011年5月8日〕。這個理論史密斯也知悉，但他並未在《國富論》

中提及。

31 藉由重建史密斯在格拉斯哥授課時，學生抄錄的課堂筆記，我們得知史密斯於1763年4月首度提出，廣大的市場是分工的先決條件（菲利普森，《亞當‧史密斯：啟蒙人生》，第178頁）。

32 十八世紀時，非洲的地位相當特殊：英國這個殖民統治者在當地仍無法掌控全局。非洲海岸浪濤洶湧，幾乎處處潛藏著沙洲，不利入侵。歐洲人往往在外海停泊，再由當地船民接送上岸，奴隸買賣也必須當地統治者願意配合才得以進行：先由他們深入內地追捕當地人民再交給歐洲人，以此獲得布料、珠寶首飾——尤其是武器——作為報酬。因此，西非一帶的統治者藉由奴隸買賣獲取軍備，初期自然難以攻佔他們的土地。直到1808年，英國禁止奴隸買賣，不再向非洲提供武器後，當地統治者的軍力才衰退〔約翰‧達爾文（John Darwin），《未竟的帝國》（Unfinished Empire），第43-44頁〕。十九世紀末開始展開非洲殖民地的爭奪賽，1884年歐洲列強更在柏林西非會議（Berliner Konferenz）中瓜分非洲。

33 十八世紀時，印度並非英國的正式殖民地，而是由英國東印度公司控制。該公司屬於私人股份公司，1757年普拉西戰役（Schlacht von Plassey）之後，實際上英國東印度公司已剝奪孟加拉地區統治者的權力，該地區統治者成了英國的傀儡，而英國東印度公司也成了國中之國，不僅在當地徵稅，還擁有自己的軍隊。直到1857年，全印度隸屬英國議院管轄，尊維多利亞女王（Queen Victoria）為元首，印度才真正成為英國的殖民地。

34 伊爾范‧哈比布（Irfan Habib），《1757-1857年英國早期統治下的印度經濟》（Indian Economy Under Early British Rule 1757-1857），第31頁。

35 達爾文，《未竟的帝國》，第77頁。

36 薩瑟蘭，〈序言〉，收錄於史密斯，《國富論》，第558頁。隨著大英帝國版圖擴大，許多英國人開始將英國與古希臘羅馬時代的強權羅馬帝國對照比較，但兩者的相似性也令人不安：與史密斯的《國富論》同時，愛德華‧吉朋（Edward Gibbon）也於1776年發表《羅馬帝國衰亡史》（The History of the Decline and Fall of the Roman Empire）第一卷。吉朋在這部劃時代的鉅著中表示，羅馬帝國的衰亡在於「過度擴張」，而如今英國似乎也在重蹈覆轍。（達爾文，《未竟的帝國》，第272-273頁）。史密斯與吉朋相當熟識，也經常出入倫敦相同的俱樂部。

37 史密斯未必贊成定居型殖民地完全獨立，他傾向於一種聯邦式的聯盟，承認大西洋兩側的英國子民都能享有相同的權利。

38 最近的論戰由德裔美籍史學家斯溫‧貝克特（Sven Beckert）點燃，他在《棉花

帝國：資本主義全球化的過去與未來》（*Empire of cotton: A Global History*, 2014）中提出一種論點，認為工業資本主義之所以形成，是因為先有源自非洲、加勒比與歐洲間三邊貿易的「戰爭資本主義」（Kriegskapitalismus），而奴隸制度必然是其中一環。

39 七年戰爭期間，荷蘭人為了確保錢財安全，並押寶英國能獲勝，將鉅額資金投入英國。為了在當地管理投資事宜，許多荷蘭經紀公司紛紛派遣員工前往倫敦，亞伯拉罕·李嘉圖是其中之一。參見阿諾德·希爾特吉（Arnold Heertje），《猶太銀行背景》（*Jewish Bankground*），收錄於海因茲·庫爾茲（Heinz D. Kurz）、奈里·薩爾瓦多利（Neri Salvadori）編，《埃爾加版大衛·李嘉圖指南》（*The Elgar Companion to David Ricardo*），第216-224頁。

40 十九世紀初，擁有百萬英鎊資產者有179人，財產在50萬英鎊以上者有338人〔約翰·E·金（John E. King），《大衛·李嘉圖》（*David Ricardo*），第16頁〕，換算成今日的購買力，李嘉圖的財產在三億五千萬至四億英鎊之間（同前註，第6頁）。相較之下，李嘉圖父親的遺產便少多了。亞伯拉罕在1812年過世時留下大約45,000英鎊的遺產〔阿諾德·希爾特吉，《猶太銀行背景》，收錄於庫爾茲、薩爾瓦多利編，《埃爾加版大衛·李嘉圖指南》，第219頁〕，相當於今天的兩千三百萬英鎊（約翰·金，《大衛·李嘉圖》，第3頁）。

41 李嘉圖擔任愛爾蘭波塔靈頓（Portarlington）這座城鎮推選的議員，當地登記的選民只有12人，而且這些人無法依從自己的意願決定選誰，必須遵從他們的地主波塔靈頓勳爵的指令，而後者曾從李嘉圖處獲得4,000英鎊的一次性付款與一筆25,000英鎊的借款，利息6%〔參見默里·米爾蓋特（Murray Milgate），〈國會議員〉（Member of Parliament），收錄於庫爾茲、薩爾瓦多利編，《埃爾加版大衛·李嘉圖指南》，第322-331頁〕。1688年「光榮革命」後，英國距真正民主依然有一段遙遠的距離，直到1867年選舉法革新後，才終於廢除國會席次對實質私人財產的規定。李嘉圖育有三子五女，其中二子同為議員。

42 李嘉圖在十一歲時被送往阿姆斯特丹親戚家兩年，在那裡學習荷蘭語、法語與西班牙語。但根據李嘉圖的自述，由於強烈想家，「除了荷蘭語之外，因為這是無可避免的」，他並未學會其他語言。參見阿諾德·希爾特吉，〈生平事蹟〉（Life and Activities），收錄於庫爾茲、薩爾瓦多利編，《埃爾加版大衛·李嘉圖指南》，第264-272頁。

43 李嘉圖的書信往返保留完整，在遺留下來的555封信件中，259封出自李嘉圖之手，296封則是寄給他的。其中與他通信最勤的是經濟學家托馬斯·馬爾薩斯（Thomas Malthus，167封），其次則是穆勒（107封）、證券界友人哈奇斯·

特羅爾（Hutches Trower，99封）、李嘉圖後來的傳記作者約翰・雷姆賽・麥克庫洛赫（John Ramsay McCulloch，76封）與法國經濟學家尚－巴蒂斯特・薩伊（Jean-Baptiste Say，17封）等。參見金，《大衛・李嘉圖》，第53-54頁。

44 舉凡李嘉圖與穆勒之間的書信引文皆出自：皮耶羅・斯拉法（Piero Sraffa），〈李嘉圖之原理介紹〉（Introduction to Ricardo's Principles），收錄於斯拉法編，《李嘉圖著作與通信全集》（*The Works and Correspondence of David Ricardo*），第 XIII-LXV 頁。

45 同前註，第 XXII 頁，註3。更多關於本書結構安排的意見請參考金，《大衛・李嘉圖》，第55頁。《政治經濟學及賦稅原理》不僅整體結構缺乏章法，每章的內容也相當混亂；對於這點，李嘉圖本人也了然於胸，因此1821年發行第三刷時，他大幅修改論「價值」的第一章。雖然他在第三刷的前言中表示，他只是對第一章「做了些許補充」，但正如斯拉法所指陳的，這根本是謊言；有時整個段落從前面往後移，反之亦然。（皮耶羅・斯拉法，〈李嘉圖之原理介紹〉，收錄於斯拉法編，《李嘉圖著作與通信全集》，第 XXXVII 頁以下。）

46 李嘉圖，《政治經濟學及賦稅原理》，1821年（J. M. Dent & Sons, 1911），第1頁。若未特別註明，本書援引的該書內容皆出自此版本，並由作者翻譯英文原文為德文。

47 保羅・克魯曼，〈經濟學家與不平等〉（Economists and Inequality），《紐約時報》，2016年1月8日

48 艾倫，《全球視角下的英國工業革命》，第39頁。

49 李嘉圖的預告有點混亂，他時而談到「利潤普遍比率下降」，時而表示「利潤下降的自然趨勢」。

50 1819年，李嘉圖在地產上投資約275.000英鎊，另外還出借200,000英鎊給地主作為抵押貸款，140,000英鎊投資法國債券。他每年的利息和租金收益約達28,000英鎊，相當於今日的1,500萬英鎊。（金，《大衛・李嘉圖》，第6-7頁）

51 同前註，第108頁以下。李嘉圖犯了典型的思維邏輯謬誤，以自己所處的時代推論未來。李嘉圖生前，人口成長確實較農業進展快速，而自1760年至1820年間，實質薪資也上漲（同前註，第15-16頁）。

52 同前註，第82頁以下。

第三章

一位共產主義者剖析
資本主義：卡爾・馬克思

卡爾・馬克思在家人的呵護下成長。在他年幼時，父親發現兒子的天分，便悉心栽培他。馬克思在家中沒有任何競爭，弟弟海爾曼（Hermann）天資遠不及他，因此父親將一切希望都寄託在馬克思身上。馬克思上大學時，父親來信寫道：「當我想到你和你的未來時，我的內心就充滿喜悅。」他對馬克思弟弟的態度則不同：「我對他的勤勉的期望多於對他的智力的期望⋯⋯這個心地善良的人，卻沒有頭腦，真是遺憾！」[1]

1818年馬克思生於德國特里爾（Trier），[2]在家中九名子女中排行第三，但最大的莫利茲（Moritz）早在1819年三歲時便過世，因此實際上馬克思是家中的長子，而雙親皆出身猶太拉比（Rabbi）[3]家族。[4]

馬克思的父親海因里希（Heinrich）生於1777年，本名為赫歇爾（Heschel）。當時，他有幸獲得一個其他家族成員未曾有過的大好機會——攻讀法律。1794年，特里爾遭法軍佔領，此後《拿破崙法典》（*Code Napoléon*）也適用於該地，而法典中規定猶太人擁有平等的權利。可惜赫歇爾・馬克思執業擔任律師不久，曇花一現的解

放就結束了。在1815年的維也納會議（Wiener Kongress）中，萊茵蘭（Rheinland）劃為普魯士（Preußen）所有，而普魯士禁止猶太人擔任公職，並認為律師也在公職之列。

此時馬克思的父親面臨抉擇，他必須在捨棄律師職業或宗教之間擇一，最後他選擇了接受洗禮，名字也從赫歇爾變成海因里希。這種變化在當時並不少見，為了能參與公眾生活，當時有許多猶太人改信基督教。比較特別的是，海因里希·馬克思並未選擇在特里爾這處主教駐地最主要的宗教，同時也是大多數改變信仰者選擇的天主教，反而成為新教徒，等於是從一個少數族群轉換到另一個少數族群，因為特里爾的新教徒人數幾乎不比猶太教徒來得多。[5]

他深受洛克（John Locke）、牛頓（Isaac Newton）、萊布尼茲（Gottfried Wilhelm Leibniz）等啟蒙思想家影響，因此教區生活雖少，海因里希並不在意。他雖信奉上帝，但他心目中的上帝不是會直接干預塵世命運，憐憫信徒的神。他的上帝是個遙遠而理性的存在，因此特里爾新教徒低調的教區生活正合他的心意。

我們並不清楚海因里希·馬克思究竟在何時受洗，但可以確定的是，他與妻子罕麗達·普雷斯堡（Henriette Presburg）的婚禮依然採用猶太儀式。罕麗達比海因里希小11歲，出身荷蘭奈梅亨（Nimwegen），而她的家族在當地資產頗豐。[6]這是一樁基於金錢考量的包辦婚姻，罕麗達帶了8,100荷蘭盾（Gulden）的嫁妝過來，相當於4,500普魯士塔勒。在此，我們做個比較：一名日薪工人或窮工匠一年的收入約100塔勒。有了妻子這筆錢，海因里希才能讓家人過著符合門第的生活。1819年，他們入住尼格拉城門（Porta Nigra）附近的一棟住宅，有四個房間、兩間貯藏室、兩處壁龕床（Alkoven）、一間廚房和三間斜頂閣樓（Mansardenzimmer）。[7]

然而，馬克思一家人遠遠稱不上富有，當時上流人家生活依然相當簡樸，連每一條餐巾都極為珍惜，因此詳細記載了罕麗達帶著現金入門，嫁妝還包括68條床單、69面桌巾、200條餐巾與118條毛巾。[8]

1824年8月26日卡爾‧馬克思與弟弟和姊妹在家中受洗，母親罕麗達直到1825年才改信新教，因為她父親在奈梅亨的猶太教區擔任詩班長，她必須顧全父親的顏面。

馬克思生長在一座偏僻小鎮，雖然特里爾是昔日羅馬人重要的行政中心，從尼格拉城門與眾多遺跡可見一斑，但在十九世紀初，特里爾不過是座小鎮，面積甚至比中世紀城牆內的範圍還小。當地沒有任何工業活動，要到1860年才出現鐵路。

海因里希是這個悠閒小鎮中極富聲望的士紳，1820年，他獲任命為律師，得以受理能賺錢的民事案件，不再僅限於酬勞遠低的刑事案件。1831年，普魯士政府授與他「御用大律師」（Justizrat）的榮銜，而他也躋身特里爾上流社會士紳才能進入的「名流俱樂部」（Casino-Gesellschaft）。

如同其他有文化的資產階級天分優異的子女，馬克思上的是人文中學（humanistisches Gymnasium）。[9]當大多數同學為了希臘文和拉丁文傷腦筋時，馬克思卻在這些科目取得最佳的成績——並且終其一生都愛在作品中引用這兩種古老語言為作品增色。不過，從他1835年的高中畢業證書看來，他的數學成績並不好。

海因里希不想憑藉運氣，他已為愛子光明的未來做好規劃：他將馬克思送往波昂（Bonn）攻讀法律。波昂大小與特里爾相當，當時擁有13,721名居民，在波昂大學註冊的學生則有700人，其中不少來自特里爾，馬克思的同學中就有八人同樣選擇波昂大學，在更

高年級的學生中，來自特里爾的也夠多，足夠他們成立一個名為「Corps Palatia」的聯誼會。該聯誼會以飲酒狂歡和決鬥聞名，[10] 從海因里希信中我們得知，馬克思至少曾捲入一場決鬥中，而為了平息這場風波，他父親還寄了120塔勒到波昂。

寫詩在當時的大學生中相當普遍，馬克思也嘗試過。他的詩作〈感觸〉（Empfindungen）開頭是這麼寫的：

一旦心中湧起了激情，
我就再也無法從容鎮定，
我永遠不能閒適恬靜，
我要不停地奮勇前進。

德國社會主義者弗蘭茨・梅林（Franz Mehring）在1918年出版的馬克思傳記中評價了這首詩：「他青年時代的詩作普遍瀰漫著平庸的浪漫色彩，鮮少發出真實的心聲。」[11] 父親對他的詩作也不甚欣賞，並曾在一封信中表示：「我毫不掩飾對你說：你的天分著實使我感到高興，我對它寄予很多期望，但如果看到你成了一個平庸的詩人，我會感到傷心的。」

儘管馬克思的詩作不佳，海因里希倒是從未質疑自己的愛子不夠勤奮。他在信中不時諄諄規勸，要兒子別太用功，以免傷害自己的身體健康。他在1835年11月18日寫道：「九門課程，在我看來多了一點。我不希望你學的東西超過你的身體和精力所能支持的限度。」1836年初他表示：「我只是再次勸你要保重身體。再也沒有比一個體弱多病的學者更為可憐的了。」同年11月9日，他再次勸導：「我對你只有一個要求，希望你在學習上不要過於用功。」[12]

對於愛子馬克思的用錢方式，海因里希就沒那麼滿意了。短短五個月，馬克思花了160塔勒，而且不清楚這些錢是怎麼花掉的。「親愛的卡爾，你這份帳單十足是卡爾式的：簡直亂七八糟，沒有結算。要是帳目比較簡短，比較連貫，數字有規則地排成縱行，那麼算起帳來就很簡便。一個學者也需要有條理，一個開業的法學家更需要如此。」

從父親的信我們可以清楚看出，海因里希對愛子的作風深感無奈。他一心希望這個天資聰穎的孩子能上大學，也願意為此砸大錢。但他也希望，愛子能清楚說明，他何時需要多少錢，還有錢用在哪裡。「親愛的卡爾，我再說一遍，我樂意把一切都辦到，我是一個多子女的父親，而你又清楚知道，我並不富裕，所以除了你的健康和前途所需之外，我不想再多給了。」九個月後，父親再次警告：「你應告訴我，我每個月大概應給你多少錢。現在你總該知道這樣或那樣要花多少錢了。」但馬克思從未提出父親希望的估計數字，每次從家裡收到錢，他就隨意花掉，再要求下一筆。

不合常規的婚姻：燕尼年紀較大

在1836年兩個學期之間的假期，馬克思首次從波昂返回特里爾，並私下與燕妮・馮・威斯特法倫（Jenny von Westphalen）訂婚。他與燕妮是青梅竹馬，燕妮的弟弟埃德加（Edgar）是馬克思的同學，燕妮則是馬克思姊姊蘇菲（Sophie）的閨蜜，而雙方父親因同屬特里爾小小的新教教區成員，而且都進出上流社會的「名流俱樂部」，彼此非常熟稔。

路德維希・馮・威斯特法倫（Ludwig von Westphalen）學識淵博

又開明，這位公務人員悉心照顧自己的子女，而他們也經常邀請馬克思到家中，因此對馬克思而言，威斯特法倫就像是他的第二個父親。威斯特法倫經常陪伴子女健行，並且在途中向他們介紹克勞德·昂列·聖西門（Claude Henri de Saint-Simon）的社會主義思想或法國大革命。威斯特法倫擁有一半的蘇格蘭血統，[13]因此說著一口流利的英語，還能閱讀西班牙、義大利或法文原典。

乍看之下，馬克思以普通市民的身分與貴族聯姻，似乎是高攀了，但就當時刻板的階級思維來看，雙方算是門第相當，因為燕妮只屬於所謂的「官僚貴族」（Beamtenadel），並非系出歷史悠久的「世襲貴族」（Uradel）：燕妮的祖先同為市民，要到1764年，其祖父才因七年戰爭的軍功被授以最低階的貴族頭銜。[14]

此外，特里爾人大都知道，燕妮並沒有可觀的嫁妝，她父親投資失利，賠光了微薄的財產，如今只能靠擔任普魯士地方政府科長的收入養家活口。他的年薪1,800塔勒，相當優渥，但從1834年退休後，每年他只領到1,125塔勒，這筆錢夠他們家雇用兩名女傭，卻往往不夠讓他及時還清債務。[15]

貴族與市民階層的婚約並不罕見，但燕妮比馬克思大四歲，而馬克思年方18歲，還沒有自己的收入，這就大大違反了當時的社會常規。一般而言，大學生會在畢業找到第一份工作，有能力養家時才結婚，而且妻子年齡通常比丈夫年輕得多。

馬克思與燕妮雖然自小相識，卻要到1836年才開始相戀；但兩人隨即陷入熱戀。三年後，燕妮在寫給未婚夫的信中曾經憶起這段時光：「卡爾，當你如此吻我，當你緊緊地熱情擁抱我的時候，由於害怕和激動，我的呼吸都停止了。唉，親愛的，你不知道，你常常是用什麼樣的眼神看我的，這種眼神是這樣奇特這樣溫柔……啊，

我的心上人，你第一次這樣看了我一眼，然後急忙把目光移開，然後又看了我一眼，而我也是這樣，最後，我們的目光相遇了，我們長久而深情地互相注視著，竟至沒有力量把目光移開！」直到45年後燕妮過世，天人之隔才將他們分離。

此後又過了七年，他們才結婚，因為馬克思必須先完成學業並找到工作。這一次，他父親又為他做好生涯規劃，規定兒子必須離開波昂，轉往柏林大學繼續攻讀。當時，柏林大學堪稱為一所嚴格的「工作型」大學。[16]

此後到1841年，馬克思都在柏林生活，而在這五年期間，柏林也從一個居民275,202人的城市急遽成長到331,994人，是僅次於維也納的德國第二大城。雖然當時柏林沒有多少工業公司，1830年僅有300名工人從事機械製造，1840年則增為3,000人。[17]

到處可見貧窮與營養不良，就算有工作也難以糊口：1830年，一名成年男性日薪工人的年收入在102至107塔勒之間，但五口之家需要約255-265塔勒才能勉強生活。此外，許多柏林人並沒有穩定收入，日子極為困苦。根據當時的資料，1846年柏林「有10,000名妓女，12,000名罪犯，12,000人向警方隱瞞住居所或住居所不明，18,000名女傭，20,000名織工（工作收入不敷生活），6,000人接受救濟，6,000名貧童，3,000-4,000名乞丐，2,000名監獄與勞改所犯人，1,000人接受勞改，700名市監獄囚犯，2,000名非婚生兒童，2,000名收養兒童，1,500名孤兒」[18]。大約四分之一的柏林人的收入不敷生活，或者根本沒有生活來源。

想必馬克思天天見到這種普遍的貧困景象，但當時身為學生的他對社會或經濟問題還沒有太大興趣，反倒熱中於廣泛吸收法學、哲學與文學知識。1837年11月，他在一封寫給父親的信中總結了他

在柏林大學第一年的心得：他博覽海湟修斯（Heineccius）、蒂博（Thibaut）、費希特（Fichte）等人的著作，並將羅馬法經典《學說彙編》（*Pandekten*）的前兩部譯成德文。此外，他還翻譯了塔西陀（Tacitus）的《日耳曼尼亞誌》（*Germania*）與奧維德（Ovid）的《哀怨集》（*Tristia*），摘錄了萊辛（Lessing）《拉奧孔或：論詩與畫的界線》（*Laokoonoder über die Grenzen der Mahlerey und Poesie*）、索爾格（Solger）的《埃爾溫：關於美與藝術的四問答》（*Erwin. Vier Gespräche über das Schöne und die Kunst*）、溫克爾曼（Winckelmann）的《古代藝術史》（*Geschichte der Kunst des Alterthums*）及魯登（Luden）的《德意志民族史》（*Geschichte des Teutschen Volkes*）；當時剛出版的書籍，例如恩斯特・費迪南德・克萊恩（Ernst Ferdinand Klein）的犯罪法與歷史書籍等也多有涉獵，這些作品部分甚至出現在他的一份法哲學論文中，但最後馬克思因為不滿意而放棄這篇「將近300頁的作品」[19]。

在這封信中，馬克思浪漫且華麗不實的筆調近似他的詩作，某些句子只是為了展現其機智、風趣的華美詞藻。這封信如此開頭：「親愛的父親：生活中往往會有這樣的時機，它像是在表示過去一段時期結束的界標，但同時又明確地指出生活的新方向。在這樣的轉變時機，我們感到必須用思想的銳利目光去觀察今昔，以便認清自己的實際狀況。而世界歷史本身也喜歡把視線投向過去，並回顧自己，這往往使它顯得在倒退和停滯；其實它只是像坐在安樂椅上深思，想了解自己，從精神上了解自己的活動——精神活動。」

短短十年後，馬克思即將寫出〈共產黨宣言〉（Das kommunistische Manifest），這篇馳名全球的宣言簡潔、具體有力，沒有任何空談。青年學子馬克思與這位馬克思的距離還相當遙遠，但某些特徵已然顯

現：他無所不讀，沒有任何典籍篇章會太難、太冷僻。馬克思的好奇永無止境，他不只抄錄，更深入思考。不過，從當時已可看出，他難以將研究做個了結，因為他總是不斷栽進新的文獻中，而且每次思維都極其宏大。這位青年學子立志建立「一個新的形而上學原則的體系」，可惜一如他在寫給父親的信中所表示的，最終「不得不承認它和我以前的全部努力都是不恰當的。」

黑格爾的遺產：過程的辯證法

在這場精神危機中，馬克思有了影響他未來一生的新發現：他「從頭到尾讀完了黑格爾的著作」[20]。在此之前，馬克思對這位哲學家並不感興趣，僅零星讀過些許黑格爾的作品：「我不喜歡它那種離奇古怪的調子。」如今他卻成了黑格爾的信徒。黑格爾在1831年死於霍亂，[21]因此馬克思未曾親炙黑格爾本人，但黑格爾死後，他的學生仍在柏林授課，而當地也形成兩種不同的學派。

保守的黑格爾派擁護他的國家理念：黑格爾認為君主立憲政體是自由的最高型態，展現了「世界精神」（Weltgeist）。當他斬釘截鐵地宣告：「凡是合理的都是真實的，凡是真實的都是合理的」（Was vernünftig ist, das ist wirklich, und was wirklich ist, das ist venünftig.）時，我們也可解讀為他是普魯士王國的辯護士，現存制度的代言人再也無法說得比這個論調更貼切了。

激進的「青年黑格爾派」（Junghegelianer）則主要接收了黑格爾的「辯證法」（dialektische Methode）。此法由「正、反、合」（These, Antithese, und Synthese）三個步驟構成，這三個以希臘文表示的概念往往也以拉丁文的「Affirmation, Negation und Negation der Negation」

來表示。馬克思也加入這些青年黑格爾派，成為他們的「博士俱樂部」（Doktorenclub）一員，經常流連於柏林各個酒館。顯然這些學有所成的哲學家對這位青年學子頗為欣賞，否則他們不會讓他進入圈內的──而馬克思也加入討論。

黑格爾的寫作風格複雜，就連有意閱讀的奧托・馮・俾斯麥（Otto von Bismarck）或作曲家理查德・華格納（Richard Wagner）都很快懊惱投降，並思忖，這些一級又一級的副句究竟是何含意。[22]其實，辯證法的原則相當好懂，尤其黑格爾還以「愛情」這個生動鮮明的例子加以闡釋。

愛情要能形成，首先（了無新意地）必須有一個愛對方的人，必須有個肯定自己的「我」存在。就形式而言，這就是這椿愛情事件的「正題」（These）。但在愛情之中，這個愛對方的人也必須拋開自我，獻身於所愛的對象，忘卻自我，從而產生「異化」（Entfremdung）；這就是「反題」（Antithese），黑格爾認為「反題」必然是一種「自我異化」（Selbstentfremdung）。重要的是，這個愛對方的人在忘情於被愛的對象時，也尋覓到了自我。 這種「合題」（Synthese）泯除矛盾，指向更高層次的意識。[23]在黑格爾眼中，正、反、合的辯證無所不在：無論在大自然或歷史中皆如此，因此他曾經頌揚拿破崙是「馬背上的世界精神」（Weltseele zu Pferde），在拿破崙身上見到世界精神的體現，這種觀點在今天看來或許過於天真，但黑格爾擁有一種罕見的天賦，能夠就過程思考。他強調的是變（Werden），不是存在（Sein），這使他有別於當時其他的哲學家，後者傾向於堅守靜態概念。數十年後，弗里德里希・恩格斯（Friedrich Engels）曾經寫道，「黑格爾體系」最大的貢獻在於「把整個自然的、歷史的與精神的世界描寫為……不斷地運動、變化、轉變和發展

中」[24]。

　　黑格爾是唯心論者：他相信真實世界是由絕對精神所支配的，後來這個理論被馬克思與恩格斯「徹底」顛覆，他們認為具有決定性的不是「精神的上層建築」，而是物質基礎；或者如同馬克思所言：「不是人們的意識決定人們的存在，相反，是人們的社會存在決定人們的意識。」[25]雖然提出這些批判，馬克思與恩格斯卻依然是黑格爾派份子，兩人終其一生都奉行就矛盾和過程來思考的辯證法。

　　馬克思在「博士俱樂部」結識了哲學家布魯諾・鮑威爾（Bruno Bauer），後者將黑格爾的辯證法應用在基督教的研究，推演出的結論是：耶穌不過是文獻上虛構的發明，並未真正存在。鮑威爾採用黑格爾「自我異化」的觀點，認為人類的宗教自我意識創構出一個對立面（Gegenüber），並將此對立面人格化為耶穌基督。[26]不久之後，哲學家路德維希・費爾巴哈（Ludwig Feuerbach）更進一步，他甚至否定上帝的存在，認為不是上帝創造人類，而是人類創造了上帝。

　　愛子居然遵循黑格爾的道路，令海因里希又驚又駭，他批評這是「雜亂無章，漫無頭緒地躑躅於知識的各個領域，在昏暗的油燈下胡思亂想，蓬頭亂髮，穿著學者的睡衣放蕩不羈」。但最讓這位父親惱怒的是，馬克思再次浪擲金錢：「我們可敬的兒子不顧一切協議、不顧一切慣例一年花了七百塔勒，好像我們是闊佬，但即使是最富有的人（學生），花的錢也不超過五百。」

　　海因里希・馬克思年收入將近1,500塔勒，他不僅得靠這筆錢支付兒子馬克思的費用，還必須養育其他子女：五名女兒都需要嫁妝，而表現較不出色的兒子海爾曼也需要接受職業培訓。我們大可假設，馬克思對這種緊張的經濟情況心知肚明，因為父親很理所當然地向

他透露家中較大筆的開銷：「海爾曼今天到布魯塞爾去了，他在那裡進了一家很好的商行，因此要立即交付1,000法郎。」當時的情況有別於今天，學徒不僅拿不到工資，還必須付錢接受職業訓練。

雖然馬克思知道家中經濟拮据，卻絲毫不改其生活方式，令父親倍感無奈，而在1838年2月寫道：「現在才是一個學年的第四個月，而你已經拿了280塔勒。今年冬天我還沒掙到這麼多錢呢。」

馬克思的父親幾乎無法再工作，因此收入減少。他久咳不癒，醫生卻久久未能診斷出病因，最後在1838年5月因肺結核而離開人世，得年61歲。此外，馬克思有四個弟弟、妹妹也同樣死於肺結核：最年幼的弟弟愛德華（Eduard）死時11歲，卡洛琳（Caroline）23歲，海爾曼與罕麗達同為24歲。

父親的過世令馬克思悲痛逾恆，他終其一生都隨身帶著一幀父親的銀版攝影照。反之，他與母親的關係就沒有那麼親密。從母親罕麗達的信中清楚可知，她深愛著這個長子，但她也必須為其他子女著想，因此她不願繼續縱容馬克思揮霍。在1838-39學年度，她僅提供他160塔勒，結果馬克思很快便四處債台高築，[27]母親不得已只好再拿出950塔勒，但這算是馬克思預支未來的遺產。據說，此後母子兩人的相處模式便固定了下來：馬克思總想著如何提前拿到自己的遺產，母親則堅定拒絕。這場拉鋸，要到1863年罕麗達過世後才終止。

後來，馬克思經常貶抑自己的母親，而許多馬克思的傳記作者也採納馬克思對母親的負面觀點，一直要到不久前，這種觀點才有了轉變：罕麗達本是荷蘭人，她的德文書寫能力雖然不佳，對精神層面也不感興趣，卻是個幹練的生意人，透過借貸給人積累自己的財富。[28]

馬克思年輕時想必已曾向母親暗示，論起聰明才智，她和他並不在同一個水平上，因為罕麗達的信函向來顯現卑微、致歉的語氣：「我很想知道你是怎樣安排自己的小家務的，你不應該將此看成是我們女人的弱點。節省不論在大小家務中都是項重要的事情，也是絕對必要的……你的可愛的繆斯總不會因為你母親的這一番平庸之談而感到受屈吧！告訴你的詩神，一切高尚的和美好的東西都是通過平凡的東西而達到的。」

1841年，馬克思提交博士論文，論文的主題是《德謨克利特的自然哲學和伊比鳩魯的自然哲學的差別》（*Differenz der demokritischen und epikureischen Naturphilosophie*）。德謨克利特和伊比鳩魯這兩位希臘哲人早在兩千多年前便提出世界是由原子構成的論點。馬克思這篇博士論文並不重要，不僅在古代文化研究中未受關注，馬克思本人也未曾再提起。

馬克思提交論文，主要是希望藉此取得大學任教的資格，而馬克思採取的方式也相當「經濟」：為了省錢省時，他選擇耶拿大學（Universität Jena）的「遠距博士學位」。該校可授予「in absentia」（意思是：不在場）的博士學位，只需將論文寄交負責的學院，並繳交12枚弗里德里希金幣（Friedrichsdor）的費用，無需口試答辯，便可收到耶拿大學寄來的博士文憑。該校教授必須仰賴這種遠距博士文憑，因為耶拿大學雖歷史悠久，而且席勒（Schiller）、費希特與黑格爾等人都曾在這裡授課，卻是一所窮大學。

究竟耶拿大學有人仔細看過馬克思的論文嗎？這頗令人懷疑，因為馬克思在1841年4月6日將論文從柏林寄出，同月的15日博士文憑便已印妥，還給了「特優」（vorzüglich würdig）的成績。[29]因此，一些簡短的傳記文章中往往樂於宣稱，那是「買來的博士文憑」[30]。

但這種揣測並不公允，因為馬克思花了兩年的時間撰寫論文，篇幅達68印刷頁，參考文獻達46種。[31]

馬克思的友人則對他報以極大的期待，當時29歲的作家莫澤斯・赫斯（Moses Hess）在致好友貝特霍德・奧爾巴赫（Berthold Auerbach）的信上表示：「有一個人你一定會樂意認識的，此人現已是我們的朋友……你認識的將會是一位最偉大的，或許也是目前唯一在世的真正哲學家，此人不久之後一定會在德國大受矚目。這位我如此崇拜的人便是馬克思博士，他還非常年輕（頂多24歲），此人勢必會對中世紀宗教及政治痛下致命的一擊。他結合了最深刻的哲學思辨與最辛辣的幽默。想像一下，盧梭（Rousseau）、伏爾泰（Voltaire）、霍爾巴赫（Holbach）、萊辛、海涅（Heine）與黑格爾同時融合在一個人身上；我說的是融合，可不是隨意混一混——那麼，此人便是馬克思博士。」

原本寄望的大學授課資格卻未能實現。在高度保守的普魯士，馬克思本來就沒有機會獲得教授職位。[32]幸運的是，此刻有個極適合他天賦的機會來敲門：1842年春，馬克思成了位於科隆（Köln）的《萊茵報》（Rheinische Zeitung）員工，自1842年10月起更是實質上的總編輯。這份走自由派路線的報紙是由企業家、醫生、銀行家與律師等「資產階級」（Bourgeoisie）創辦的。不過，此時馬克思尚未成為共產主義者，而且恰好相反，他一擔綱總編輯，便不再採用過度左傾的政治評論家的稿件。

在當時，馬克思還是自由主義者，他之所以剔除共產主義者的文章，是一種策略上的考量：他要避免觸怒普魯士的審查員。在馬克思的領導下，該報營運狀況極佳，訂戶從1,027名增加到3,300名，甚至轉虧為盈。

只是到了1843年4月1日，《萊茵報》依然遭到普魯士政府禁止。該報能夠支撐這麼久，原因之一在於馬克思巧妙規避了嚴格的新聞法：當時的審查員大都是單純的公務員，看不懂馬克思複雜的語言，刪除的往往是無關緊要的段落，卻遺漏那些激烈的言論；這一次，普魯士政府決定要對之前不斷的屈辱斬草除根，立即讓馬克思主掌的《萊茵報》從市場上撤下。

馬克思領導《萊茵報》的時間雖短，但這數月的歷練對他的影響卻極大：馬克思的人生軌道上首次出現「社會問題」，他也開始報導莫澤河（Mosel）流域農民的困境與窮人盜伐等問題。在此之前，他對經濟或貧窮等現象並未特別關注。更重要的是，馬克思的文筆出現了大轉變，從浮華的哲學家轉而成為政治記者。在此之前，馬克思的文風帶有浮誇的虛假浪漫色彩，並模仿黑格爾自我參照式的繁複筆調，如今則一轉成為他那註冊商標的嘲諷、剖析的犀利風格。

馬克思在一夕之間聲名大噪，有三個讀者群同時注意到他：全歐洲的激進知識份子開始看重他；同時，科隆的自由派市民也對他相當傾慕，甚至此後數年對他金援不輟；而普魯士當局也赫然發現，他們不得不害怕此人。

馬克思創造了無產階級

馬克思在普魯士看不到自己的未來，婚後他與燕妮在1843年10月半自願地搬往巴黎，計畫在那裡與哲學家阿諾德・盧格（Arnold Ruge）合編《德法年鑑》（*Französisch-Deutsche Jahrbücher*）。雖然這項計畫很快告吹，但總算在1844年1月間出版了一期合刊，馬克思也為這僅有的一期撰寫一篇標題有點冗長的短文——〈黑格爾法哲學

批判導言〉（Zur Kritik der Hegelschen Rechtsphilosophie. Einleitung）。[33]

這篇短文堪稱馬克思文筆最優美的文章之一，同時標誌了一個急遽的轉變：從科隆到巴黎區區數月，馬克思從自由派人士變成了共產主義者。如今他深信，階級鬥爭必不可免，並意識到無產階級是革命的代理人，要在德國掃蕩君主政體和市民社會（bürgerliche Gesellschaft）。

然而，馬克思並不是從經驗層面觀察資本主義，從而發現無產階級的革命角色，因為當時他並未特別關注工人的實際狀況，[34]他反而選擇哲學推論，希望能提出無產階級革命即將來臨的必要論據。文章一開始，他以慷慨激昂、扣人心弦的論證對宗教展開批判，最後則以一個由某個優秀聯盟所創造、不存在階級差異的社會終結全文：「這個解放的頭腦是哲學，它的心臟是無產階級。」[35]

其中重要的推論步驟值得我們深入理解，因為馬克思年長後依舊信守他早年的信念：「人創造了宗教，而不是宗教創造了人。」然而，為何人類發明上帝？馬克思的回答是：因為現實令人難以忍受。對此，他以後來廣泛流傳的一段話加以描述：「宗教是被壓迫生靈的嘆息……它是人民的鴉片。」[36]因此，革命是必然的結果：「對宗教的批判最後歸結為人是人的最高本質這樣一個學說，從而歸結為這樣一條絕對命令：必須推翻那些使人成為受屈辱、被奴役、被遺棄和被蔑視的東西的一切關係。」

接下來只剩下一個現實問題：馬克思不得不黯然發現，德國的資產階級對革命的反應淡漠。法國早已在1789與1830年經歷過革命洗禮；英國人也成功走上君主立憲制；唯獨普魯士，國王依舊握有絕對且無限的權力。

馬克思不得不認清，單靠哲學是無法促成起義的：「光是思想

竭力體現為現實是不夠的，現實本身應當力求趨向理想。」因此，需要一個激進的階級來促成一場同樣激進的革命。只是，德國的資產階級只知維護他們那「被壓抑的利己主義」和一己的「卑鄙庸俗性」。

因此，革命需要一個生活困頓到別無選擇的階級，一個不會為了拯救自己的小確幸而與統治者達成無恥協議的階級——因為他們沒有什麼可以拯救的。而這個激進的階級便是無產階級，他們必須同樣解放全體社會，才得以自我解放。無產階級是私有財產的受害者，因此人人都必須從私有財產中解放。「在德國，不消滅一切奴役制，任何奴役制都不可能消滅。」

無產階級是馬克思的辯證性創構，是一種唯心的思維產物。對馬克思而言，黑格爾的「世界精神」便是工人階級，是這種被視為是歷史推手的哲學創構。在今天看來，這種推論的過程或許有點令人費解，但可以確定的是：純粹透過對現實的觀察，馬克思是無法在1843年得出無產階級此一構想的，因為當時德國幾乎沒有「真正的」工廠勞工，儘管貧窮是普遍存在的現象，但大多數人依然靠著擔任日薪工人、農業工人或工匠勉強度日。

僅發行一次的《德法年鑑》之所以如此受人矚目，並非單靠馬克思這篇文章；這一期同時也刊登一篇恩格斯的論述，為馬克思的思想指引出新的方向。恩格斯的論述〈政治經濟學批判大綱〉（Umrisse zu einer Kritik der Nationalökonomie），其標題已指出努力的方向。馬克思的代表作《資本論》（Das Kapital）後來的副標題「政治經濟學批判」（Kritik der politischen Ökonomie），與恩格斯的篇名極為類似，並非純屬巧合。

不只是「天才」：弗里德里希‧恩格斯

世人往往將恩格斯視為一個沒有個人意志、僅止於充當馬克思幫手的人，但這種觀點實在低估了他的天分：第一位結合德國哲學與亞當‧史密斯、大衛‧李嘉圖自由經濟理論的人是恩格斯，不是馬克思。馬克思直到讀過恩格斯這篇文章後，才形成將黑格爾的辯證法與資本主義經濟現象貫連起來的想法。馬克思本人一向承認恩格斯對他助益良多，甚至在數年後稱許這篇短文是「批判經濟範疇的傑出綱要」[37]。

恩格斯本人對自己這篇著述也相當得意，為了避免有人會錯失這篇文章的宗旨，他還特別以大寫字母強調，這篇文章旨在否定「私有制的合理性」（BERECHTIGUNG DES PRIVATEIGENTUMS），而他採用的方法則是古典辯證法。他的出發點——亦即正題：恩格斯推崇亞當‧史密斯的成就——認為他是史上第一位建立完整經濟理論的人。「必須使私有制的理論……具有……更為科學的性質。」[38]恩格斯如此敬仰史密斯，甚至稱他是「政治經濟學的路德」（ÖKONOMISCHEN LUTHER）——當然也以大寫字母強調。他認為史密斯的理論核心在於競爭，亦即反獨佔的戰鬥。

接著恩格斯筆鋒一轉，進入反題：想要廢除獨佔壟斷的人，必定無法忍受所有權的存在，因為財產意味著：只有其所有者才有資格支配這件物品，其他人一概不准。恩格斯如此批判自由主義的經濟學家：「你們消滅了小型壟斷，是為了讓一個巨大的根本的壟斷，即所有權，更自由地，更不受限制地起作用。」如是，恩格斯得出的合題便是：無論競爭或壟斷都必須予以殲滅，其方法是徹底廢除財產制。

恩格斯也是信念堅定的共產主義信徒，但當時他擁護的是初期哲學式的社會主義。這種思想源自法國，後來受到愈來愈多的青年黑格爾派人士所採納。不同於馬克思，此時恩格斯沒有討論階級鬥爭與無產階級的概念，而是藉道德與理性來闡明私有財產何以不合理。[39]

　　當時年方23歲的恩格斯不僅熟練地運用史密斯與李嘉圖的學說，更是史上最早

　　描述景氣循環，並發展出一套堪稱初步危機理論觀點的經濟學家之一。[40]此外，恩格斯還大肆嘲諷法國經濟學家尚－巴蒂斯特‧薩伊，後者認為供給會不斷創造需求，因此不可能出現普遍的生產過剩現象。恩格斯以諷刺的口吻寫道：「經濟學家用他那絕妙的供求理論向你們證明『生產永遠不會過多』，而實踐卻用商業危機來回答，這種危機就像彗星一樣定期再現，在我們這裡現在是平均每五年到七年發生一次。」在批評薩伊這點上，恩格斯比凱因斯更早搶得頭香；直到近一百年後，凱因斯才對薩伊提出嘲諷。

　　到了1840年左右，經濟學家才開始思考經濟危機的問題，這並非巧合，因為商品銷路不佳，貨物滯銷等都是全新的現象。在此之前，物資總是嚴重短缺，饑荒頻仍，一有新的商品產出，無論是穀物或服裝，總是能立刻找到買主。要在至少部分社會人士生活富裕，無需購買某些商品時，才可能出現現代型態的經濟危機。商品過剩，會因為商品滯銷而出現景氣循環。十九世紀時，儘管嚴重的貧窮現象仍然存在，但能相對自由地決定是否要消費的人也日漸增加。[41]

　　對身為黑格爾信徒的恩格斯而言，這種新型經濟危機恰好是一種應用辯證法，因為這種危機最終導致了一種驚人的矛盾：恰好是財富形成了巨大的危機，致使「人們純粹由於過剩而餓死。長期以

來，英國就處於這種荒誕的狀況中。」

　　恩格斯本著對細節的熱中，詳細描述了經濟危機下所出現的諸多矛盾現象：「一部分資本以難以置信的速度周轉，而另一部分資本卻閒置在錢櫃裡。一部分工人每天工作14或16小時，而另一部分工人卻無所事事、無活可幹，並且活活餓死。」同樣矛盾的是危機爆發的速度：「今天生意很好，需求很大，這時大家都工作，資本以驚人的速度周轉著，農業欣欣向榮，工人做到累倒了；而明天停滯到來，農業不值得費力經營，大片土地荒蕪，資本在正在流動的時候突然凝滯，工人無事可做，整個國家因財富過剩、人口過剩而備嘗痛苦。」

　　對於導致這些危機的原因，恩格斯還沒發展出完善的理論，但他已注意到股市投機的現象，同時也發現，無論是工廠主或工人，對這些整體情況都看不透，只是作為「沒有意識的分散原子」，隨著自己的期待起舞。後來，凱因斯將這種根本上的不確定性作為理論的核心基礎。

　　我們永遠無法得知，光憑一己之力，馬克思是否能發展出他種種的觀點；或許沒有辦法，因為恩格斯帶來德國哲學家極為罕見的經歷。恩格斯並非來自有文化的資產階級，他從未上過大學，甚至連高中都沒畢業。他的父親是工廠主，恩格斯擔任過商業學徒，並且在當時工業資本主義的中心——英國的曼徹斯特（Manchester）——待過21個月。

　　恩格斯比馬克思小兩歲，1820年生於德國伍珀塔爾市（Wuppertal）的巴門（Barmen），父母育有九名子女，其中以他的年紀最長，而且與父親同名，都叫「弗里德里希」，這清楚透露出父母對他的期待。他們希望他是他們的複製品，希望他們的長子未

來能繼承家族的紡織工廠，在巴門生活並成為敬畏上帝的虔誠教徒。如我們所知，結果與他們的期待大相逕庭。[42]

在當時，巴門與鄰近的艾伯費爾德（Elberfeld）之情況特殊，這兩座城市都是德國最早的工業城，其他地區主要仍以農業與手工業為主。1840年，烏培河（Wupper）區約有70,000名居民，此處山谷非常狹窄，即使工廠主也必須與自己的日薪工人共同生活，因此出現別墅和工人住房比鄰而立的景象，而且到處散發著染料、漂白劑和下水道的臭味。不同於生長在特里爾悠閒環境的馬克思，恩格斯很清楚資本主義早期的樣貌——與氣味。

恩格斯家族一如許多烏培河谷的工廠主，都是非常虔誠的信徒，即使是瑣事，也會與上帝的權柄連結。例如恩格斯的母親在比利時一處海水浴場奧斯坦德（Ostende）停留時，父親就曾在寫給妻子的信中表示：「親愛的愛利莎（Elise），妳那些馬鈴薯看來奇慘無比，它們本來長得那麼好，如今卻染上了這種流行病⋯⋯彷彿上帝要在這個褻瀆神明的時代向世人昭示，人們是多麼仰賴祂且掌握在祂的手中。」[43]恩格斯後來表示，他的家鄉是「蒙昧主義者的錫安」（Zion der Obskuranten）。[44]

恩格斯的父親很早便擔心長子會誤入歧途，在他眼中，就連無關痛癢的通俗小說都非常危險。他曾在寫給妻子的信中警戒地表示：「今天我又在他的書桌裡發現一本從圖書館租借的壞書——一本關於十三世紀的騎士小說。值得注意的是，他滿不在乎地把這類書籍擺在書櫃裡。願上帝保佑他的心靈！我常常為這個總的說來還很不錯的孩子感到擔心。」

恩格斯的父親執意要這個聰穎的兒子進入家族企業，為了阻斷恩格斯的大學之路，他甚至不讓兒子完成高中學業：儘管恩格斯在

校成績優異，他還是不得不提前從高中輟學，並且於1838年在布萊梅（Bremen）一位批發商底下擔任學徒。

這份工作讓恩格斯有機會參與全球化進程。早在十九世紀，全球化便已發展興盛，，並非什麼全新現象。恩格斯的老闆從英國到海地（Haiti）都有商業夥伴，擁有絕佳語言天賦的恩格斯經常協助老闆處理國際通訊，並學會利用不同貨幣進行套利交易及操作進口關稅的手法。

與此同時，他還過著另一種不為人知的生活：他以弗里德里希·奧斯沃特（Friedrich Oswald）的筆名創作詩歌、雜文，並且在報紙上發表評論。儘管未曾受過任何新聞訓練，這位十九歲的年輕人依然躍升為知名記者，他的「烏培河谷來信」（Briefe aus dem Wuppertal）尤其值得我們注意。他在這些文章中懇切描述了勞工的困境：「在低矮的房子裡進行工作，吸進的煤烟和灰塵多於氧氣，而且從六歲起就是這樣，這勢必要全然失去力量和朝氣……在當地的皮匠中間也會遇到一些身強力壯的人，但只消過上三年這樣的生活，就會在肉體和精神上把他們葬送掉；五個人就會有三個人因肺結核死去。」[45]

雖然這位十九歲的青年提出這些社會批判，但他距離鼓吹階級鬥爭或詳細剖析經濟學還相當遙遠。雖然他對剝削大感憤慨，但在此期間他的重點主要是嘲諷家鄉人士對宗教的熱中：「整個地區的居民都被虔信主義和庸俗的海水淹沒了。」[46]他要為反對這種「神祕主義」而寫，但也順帶提到了虛假仁義的現象，認為這些虔誠的信徒雖然「每個禮拜日到教堂兩次」，卻同時壓榨自己的工人：「我們知道，廠主之中對待工人最壞的就是虔誠派教徒。」

在布萊梅這段期間，恩格斯更揚棄了父母所灌輸的宗教信仰。如果他沒有擺脫基督教信仰，便不會覓得另一個上帝：恩格斯同樣

「皈依」了黑格爾，因此急於前往柏林，結識青年黑格爾派人士，鑽研黑格爾的哲學。為了不讓父親起疑，恩格斯在結束學徒生涯後自願入伍一年，加入普魯士砲兵的行列。

自1841年秋天起，恩格斯享有一段美好的時光：在雙親慷慨的金援下，他不必住營房，可以擁有私人房間；更棒的是，天高父親遠，他終於可以做自己想做的事。雖然高中未畢業，恩格斯卻偷偷混進柏林大學，在謝林（Schelling）講授的課堂上結識了幾位後來同樣聞名於世的同學：丹麥哲學家索倫·齊克果（Sören Kierkegaard）、俄國無政府主義者米哈伊爾·巴枯寧（Michail Bakunin）及瑞士的藝術與文化史學家雅各·布克哈特（Jacob Burckhardt）等人。

此時恩格斯仍然持續為報社撰文，父親雖遠在伍珀塔爾，卻很快就知悉兒子再次走上哲學這條旁門左道。一待恩格斯兵役結束，父親便將他送往曼徹斯特。恩格斯的父親在當地有一家製造棉線的分公司，雇用大約400名工人。

這場計畫外的安排促使恩格斯踏入工業資本主義的真實世界，對他造成深遠的影響，並使他變得更激進。讓馬克思大為嘆服的〈政治經濟學批判大綱〉便是在曼徹斯特完成的。

在曼徹斯特期間，恩格斯還認識了瑪麗·白恩士（Mary Burns）這位愛爾蘭女工。恩格斯對瑪麗雖非忠貞不二，而且兩人並未結婚，恩格斯卻與瑪麗共同生活直到1863年她過世為止。反之，馬克思雖一心要打倒資產階級，卻過著資產階級的生活。就此來看，恩格斯顯然比馬克思更激進，並且排斥資產階級的風俗慣例。

在曼徹斯特度過21個月後，恩格斯便返回巴門，中間還去了其他地方。1844年8月，恩格斯先前往巴黎與馬克思會晤。這次聚會雖短暫，雙方卻立刻察覺，他們彼此完美互補。馬克思提供哲學上

層建築與革命動力，恩格斯則提供親身經驗。恩格斯不僅是工廠主之子與訓練有素的商人，更在曼徹斯特經歷過開始萌芽的工業化進程，此外他還閱讀了政治經濟學的英文重要典籍。反觀馬克思，直到此時才開始了解亞當‧史密斯與大衛‧李嘉圖的重要性。

一連十天，馬克思與恩格斯流連於巴黎的酒館間；在這十天的時光中，兩人的友誼滋長，同時定調了他們終生不渝的合作模式。打從一開始，他們的合作模式就很清楚：恩格斯必須屈居於馬克思之下，因為馬克思雖予人好感，但他對自己的重要性可是向來自信滿滿。

恩格斯同樣堅信，他們兩人之中馬克思才是天才，因此兩人可說是天造地設的夥伴。馬克思過世後，恩格斯在1886年描述他們的合作：「絕大部分基本指導思想……都是屬於馬克思的。我所提供的，馬克思沒有我也能夠做到……至於馬克思所做到的，我卻做不到。馬克思比我們大家都站得高，看得遠，觀察得多也快速。馬克思是天才，我們頂多是能手。」[47]

恩格斯確實不是偉大的理論家，他的文筆也比不上馬克思傑出的散文，但他的能力遠優於「能手」。恩格斯不僅是優秀的商人，也是傑出的新聞工作者。他的作品總是經過透徹的研究，讀來流暢、詼諧風趣，而且容易理解；這些優點恰好是馬克思所欠缺的。特別是馬克思後期的代表作《資本論》，外行人是很難以消化的，因此恩格斯不得不為《資本論》撰寫通俗易懂的概論，協助大眾看懂好友馬克思想所要表達的意思。此外，恩格斯還是個寫作快手，總是能在截稿前交出文稿，而馬克思卻經常迷失在自己的篇章中。

英國工人階級狀況

　　恩格斯寫得有多快，在隨後半年便可看出。他甫自曼徹斯特（及巴黎）返回巴門，就在短短六個月內完成《英國工人階級狀況》（*Die Lage der arbeitenden Klasse in England*），這部著作至今仍被公認是十九世紀最優秀的社會研究之一。

　　當時也有其他作者探討「社會問題」，底層百姓的生活處境顯然異常困苦，因此不斷出現探討大眾「貧困化」（Pauperismus）的著作，光是德國，在1822至1850年間便出現大約600篇作品，控訴普遍存在的貧困問題。[48]

　　其中以恩格斯這部著作特別突出，因為他是第一位聚焦於工業革命的人，試圖了解整體勞工的生活狀況，而非僅僅描繪個別行業。另外，他更在現場從事研究，並參考相關文獻，不是只坐在書桌前建構自己的論點。因此，恩格斯忍不住挖苦自己的哲學同行：「德國的社會主義和共產主義比起其他國家，都更是從理論前提出發的，因為我們德國的理論家們，對現實世界了解得太少了。」[49]

　　不同於其他多數的社會主義者，恩格斯並未將工人變成筆下被動的論述對象，而是親自和他們交談，向他們學習。他也自知這種好奇心有多罕見，因此在英文序言中寫道：「我拋棄了社交活動和宴會，拋棄了資產階級的葡萄牙紅葡萄酒和香檳酒，把自己的空閒時間幾乎都用來和普通的工人交往。」[50]

　　除了與工人直接交談，恩格斯也採用官方統計數據及其他印刷資料，並率先運用一種全新策略：恩格斯偏愛引用他思想上的對手——自由派人士的說法。如果連資產階級自己都承認，工人是活在沒有尊嚴的環境下，比社會主義者的文字譴責更有威力。「當我描

述產業工人的狀況而缺少官方文件的時候，我總是寧可運用自由黨人的證據，以便以自由資產階級親口說出來的話來打擊自由資產階級。」[51]這種手法，後來馬克思也運用在《資本論》中。

恩格斯與馬克思在巴黎的討論，對恩格斯留下鮮明的影響：在此之前，恩格斯主要是抨擊私有財產制，如今他開始在階級對立的脈絡下思考，而階級對立最終必將導向無產階級革命。恩格斯的《英國工人階級狀況》旨在提出證據，證明起義已經不遠了。

《英國工人階級狀況》一開始便細數新技術所帶來的種種奇蹟，恩格斯以數頁篇幅詳述機械化的織布機、紡紗機、蒸汽動力、鑄鐵、鋼鐵、化肥、鐵路運輸、電報等當時的重大發明。恩格斯並非夢想重返原始農業那美好世界的浪漫主義者，其實他醉心於「從1760年開始巨大高漲的英國工業」，醉心於這段「在人類的編年史中無與倫比的歷史」。

儘管恩格斯對技術革新熱烈歡迎，這名革命家卻堅信：「工業上的大變革，它結出的最重要的果實便是英國的無產階級。」在此之前，窮人在歷史上從未扮演過任何角色，如今他們卻成了孕育自己階級意識的革命群眾——至少在恩格斯眼中是如此。

恩格斯細數資產階級對工人進行的「社會謀殺」（sozialer Mord），他們將屬於無產階級的工人密集關在潮溼的房間，食物不足。恩格斯一一列舉他從政府委員會摘錄的官方內容，例如一名目擊者如此報導愛丁堡人滿為患的地下室住所：「他在一天之內看過七幢房子，裡面都沒有床，有些房子裡面甚至連麥稭也沒有……此外，在這個黑得甚至在白天也很難看清楚人的地下室裡還有一頭驢子。」

官方的健康狀況統計資料同樣顯示這種貧苦的慘狀：「1840年，

利物浦上等階級（貴族、自由職業者等等）的平均壽命是35歲，商人和光景較好的手工業者是22歲，工人、短工和一般僱傭勞動者只有15歲。」恩格斯的用意在揭露當時上層階級的壽命兩倍於無產階級。不過，今天的讀者或許也會發現，當時連富人都不長壽吧。

當時的平均壽命如此之短，主要原因是嬰兒的高死亡率。恩格斯在針對曼徹斯特提出的報告中表示：「工人的孩子有57%以上不到五歲就死去，但上等階級的孩子在五歲以前死亡的卻只有20%。」至於嬰兒的死因則有「天花、麻疹、百日咳和猩紅熱」等。52

但恩格斯並非天真無知，也不是懷著高度敵意，將工廠主一律描繪成掠奪工人貢獻的惡德妖魔。他深知許多企業家一心想改善員工命運，但整體而言，資本家這個階級認為競爭重於個人：若不想失敗，資本家勢必得創造利潤；而為了獲利，他們就必須對無產階級進行剝削。

恩格斯已經觀察到，資本主義有集中化的趨勢，較大型的企業會併吞較小型的工廠。但他認為，無產階級朝逐漸壯大的企業集中，是一項優點，因為唯有透過「人口的集中」，工人才有機會開始「感覺到自己是一個整體，是一個階級；他們已經意識到，他們分散時雖然是軟弱的，但聯合在一起就是一種力量……大城市是工人運動的發源地」。

英國不同於德國，在德國馬克思必須將無產階級無中生有；英國則不僅有工人，甚至也出現了工會組織。恩格斯欣喜表示：「每個星期，甚至幾乎每一天，在這裡或那裡都發生罷工。」但恩格斯認為，工人的生活狀況是不可能透過和平方式改善的，他預見的不是改革，而是「社會戰爭」（sozialer Krieg）。

恩格斯察覺工會的一大弱點：一旦出現經濟危機，絕望的工人

為了競逐短缺的工作機會而自願接受最低的工資。在此，恩格斯雖然尚未使用「後備役」（Reservearmee）一詞，但多餘的無產階級（überschüssiges Proletariat）這個構想卻來自恩格斯，並且成為馬克思極重要的概念。

因此恩格斯認為，除了階級鬥爭再無其他選擇。他以自服役時起便熱中的軍事語彙宣示：「這些罷工只是前哨的小接觸……它們還決定不了什麼……罷工是工人的軍事學校，他們就在這裡受到訓練，準備投入已無可避免的偉大的戰鬥中。」

恩格斯甚至提出決戰的明確年份，認為「最晚在1847年爆發」，因為在此之前將會出現下一場危機，「這次危機將比過去歷次危機劇烈且尖銳得多」。他憤慨地預言：「窮人反對富人的戰爭將是人們之間進行過的一切的戰爭中流血最多的一次戰爭。」「革命是不可避免的，要從既成的形勢中找到和平的出路，已經太晚了。」至少恩格斯預測的革命爆發時間極其精準：1848年，歐洲各地都爆發革命。

但在此之前，恩格斯必須先行解放自己，並擺脫家人的束縛。他在位於巴門的家中待了半年撰書著述，但這段日子並不好過，他在寫給馬克思的信中煩躁地表示：「吃也好，喝也好，睡覺也好，放個屁也好，我都不能不在鼻子底下碰見那種令人討厭的聖徒的面孔……今天全體親族都要吃聖餐……今天早上那種難受的面孔到處出現了。」

此外，恩格斯曾在艾伯費爾德發表一場關於共產主義的演說，因而遭到普魯士警方追捕，烏培河谷鄉親開始對恩格斯家人說長道短，因此連恩格斯的父親都認為盡快讓長子離開普魯士方為上策，並首度願意資助恩格斯過著與家族企業無關的日子。有了雙親的金

援，恩格斯不僅不必在國外餓肚子，還能成為全職的維權人士，迎來革命。

1845年春，恩格斯遷往布魯塞爾，因為馬克思遭到法國政府驅逐後也來到比利時。[53] 對於馬克思以德語在《前進週刊》（*Vorwärts!*）發表的言論，其實法國政府原本並不在意，但普魯士政府窮盡各種外交管道迫使馬克思離開巴黎。雖然在歐洲各地遭受普魯士政府追捕令人厭煩，但此舉對馬克思而言也算是一種恭維：普魯士特務如此不辭辛勞，顯示他已躋身令人忌憚的革命份子之列。

革命的腳步加快：共產黨宣言

當時整個歐洲山雨欲來，讓普魯士政府緊張異常。不僅馬克思與恩格斯預告革命即將爆發，各國君主也擔心自己的人民起義，因為自1845年以來接二連三的穀物欠收使得四處肆虐的貧窮雪上加霜，在普魯士境內，黑麥價格上漲88%，小麥上漲75%，馬鈴薯價格更飆漲135%。[54]

歐洲各國的統治者原本有機會安然度過底層階級貧困的問題，但與此同時，有文化的資產階級也怨聲載道，因為他們一直以來的仕途如今遭到阻斷。資產階級子弟受過良好的教育，但國家卻無法為他們提供任何職位。受過大學教育的人太多，想擔任教士或推事都必須等上12年，才有機會獲得第一份支薪的工作——並結婚，這些人因而有許多時間化沮喪為革命計畫。[55]

由此看來，馬克思的景況在他那個世代是相當典型的代表：他同樣是接受良好教育的資產階級子弟，同樣無法獲得適當的工作。不同之處在於他後來所走的道路：馬克思終其一生為革命奮鬥，其

他受過大學教育的同輩人則大都在1850與1860年代經濟再度起飛時，再度與統治者妥協。這些之前的革命份子，後來大都轉而成為銀行家、商人、記者及成功的政治人物。[56]

　　且讓我們再回到1847年：馬克思與恩格斯加入「正義者同盟」（Bund der Gerechten），該組織在馬、恩二人的影響下，不久後更名為「共產主義者同盟」（Bund der Kommunisten）。此時這個祕密革命組織萬事俱備，獨缺一份綱領，而擬定組織綱領的重責大任便落在馬克思身上。一如既往，馬克思無法及時交稿，這一次他同樣得在最後日夜趕工七天。在這種壓力下完成的《共產黨宣言》，簡潔有力、優美、嘲諷、詼諧兼而有之。這些簡潔又擲地有聲的文句具有聖經般的強勁表現力，至今仍充滿真知卓見。他以沉鬱激越的語言所勾勒的未來資本主義景象，對二十一世紀的人來說依然不陌生。[57]

　　其中許多字句已經成為大家耳熟能詳的警句，尤其是開宗明義：「一個幽靈，共產主義的幽靈，在歐洲徘徊。」以及結尾：「無產者在這個革命中失去的只是鎖鏈，他們獲得的將是整個世界。」[58]

　　接下來，馬克思立即切入主題：「到目前為止，一切社會的歷史都是階級鬥爭的歷史。」這項診斷在當日聽來，並不如今天這麼具有顛覆性，因為當時人人都認為終結貴族特權，翻天覆地的大變革將要到來。無論工匠或一般國民，無需讀過《共產黨宣言》也知道，他們的利益與大地主、王子和王侯大相逕庭。

　　此外，馬克思本人也未曾宣稱，階級鬥爭這個原理是他發現的。馬克思在1852年寫給當時流亡美國的友人約瑟夫‧魏德邁（Joseph Weydemeyer）的信中表示：「在我以前很久，資產階級的歷史學家就已敘述過階級鬥爭的歷史發展，資產階級的經濟學家也已對各個

階級作過經濟上的分析。我的新貢獻就是證明了下列幾點：（1）階級的存在僅僅同生產發展的一定歷史發展階段相聯繫；（2）階級鬥爭必然要導致無產階級專政。」[59]

然而，在《共產黨宣言》中論述無產階級之前，馬克思先將資本主義，以及伴隨著資本主義的資產階級大肆讚揚一番，認為資產階級在歷史上「曾經起過非常革命的作用」。有資本家，才有無產階級。

馬克思語帶諷刺，但又不無欽佩地描述企業家如何翻轉社會：「資產階級在它已經取得了統治的地方把一切封建的、宗法的和田園詩般的關係都破壞了。它……使人和人之間除了赤裸裸的利害關係，除了冷酷無情的『現金交易』，就再也沒有任何別的聯繫了。它把宗教的虔誠、騎士的熱忱、小市民的傷感這些情感的神聖激發，淹沒在利己主義打算的冰水之中……總而言之，它用公開的、無恥的、直接的、露骨的剝削代替了由宗教幻想和政治幻想掩蓋著的剝削。」

馬克思也以同樣充滿表現力與感染力的語言頌揚當時的技術成就：資產階級「第一次證明了，人的活動能夠取得什麼樣的成就。它創造了完全不同於埃及金字塔、羅馬水道和哥特式教堂的奇蹟。」並一一列舉：「自然力的征服，機器的採用，化學在工業和農業中的應用，輪船的行駛，鐵路的通行，電報的使用，整個整個大陸的開墾，河川的通航，彷彿用法術從地下呼喚出來的大量人口。」

馬克思慧眼獨具，洞察出資本主義是動態的，無法以靜態的範疇加以理解：「生產的不斷變革，一切社會關係不停的動盪，永遠的不安定和變動，這就是資產階級時代不同於過去一切時代的地方……一切固定的東西都煙消雲散了，一切神聖的東西都被褻瀆

了。」

　　他很早就發現，資本主義是一種全球性現象，不只侷限於德國一隅：「不斷擴大產品銷路的需要，驅使資產階級奔走於全球各地。它必須到處落戶，到處創業，到處建立聯繫……資產階級，由於開拓了世界市場，使一切國家的生產和消費都成為世界性的了。不管反動派怎樣惋惜，資產階級還是挖掉了工業腳下的民族基礎……過去那種地方的和民族的自給自足和閉關自守的狀態，被各民族的各方面的互相往來和各方面的互相依賴所替代了。」

　　《共產黨宣言》同樣嚴守黑格爾的正、反、合辯證法。資產階級的華麗崛起是正題，而在正題結尾再度作出扼要的總結：「一句話，它（資產階級）按照自己的面貌為自己創造出一個世界……它使人口密集起來，使生產資料集中起來，使財產聚集在少數人的手裡。」

　　但接下來便是反題。馬克思在此斷言資產階級的敗亡，因為資本主義顯示一種令人困惑的矛盾；對此恩格斯也有論述：生產過剩將會演變成大問題，帶來商業危機，「在週期性的迴圈中愈來愈危及整個資產階級社會生存的商業危機……在危機期間，發生一種在過去一切時代看來都好像是荒唐現象的社會瘟疫，即生產過剩的瘟疫。社會突然發現自己回到了一時的野蠻狀態……彷彿是工業和商業全被毀滅了——這是什麼緣故呢？因為社會上文明過度，生活資料太多，工業和商業太發達。」

　　富裕也會造成貧困，導致資產階級無法倖存——至少馬克思是如此預測的：「資產階級不僅鍛造了置自身於死地的武器；它還產生了將要利用這種武器的人——現代的工人，即無產者……它首先生產的是它自身的掘墓人。」

共產社會則是辯證法中的合題，這種社會必須滿足十大要求。在這些要求中，一部分在今天已不具革命意義，而是完全理所當然的，例如累進式所得稅制、鐵路國有化、中央銀行及為所有兒童提供義務教育等。

當然，集中在一小撮上層階級手上的私有財產也必須予以消滅。馬克思以挖苦嘲諷的語氣攻擊他的資產階級讀者：「你們一聽到我們要消滅私有制，就驚慌起來。但是，在你們現存的社會裡，私有財產對十分之九的成員來說已經被消滅了；這種私有制之所以存在，正是因為私有財產對十分之九的成員來說已經不存在。……你們責備我們，原來是說我們要消滅你們的那種所有制。的確，我們是要這樣做的。」

《共產黨宣言》最後以鏗鏘有力的五個德文字結束：「全世界無產者，聯合起來！」（Proletarier aller Länder, vereinigt Euch!）不過，這句口號並非馬克思自創，而是之前的共產主義者同盟便已使用的戰鬥口號。[60]

《共產黨宣言》甫完成，其中所預示的事件就發生了。1848年2月巴黎再次爆發革命時，《共產黨宣言》還在印刷中。一時之間，許多歐洲國家都被捲入革命的風暴中，奧地利、匈牙利與義大利北部都有民眾起義；三月，德國柏林出現街頭戰鬥；五月，國民議會（Nationalversammlung）在法蘭克福（Frankfurt）成立，準備為統一的德國擬定民主憲法。

馬克思與恩格斯火速趕回科隆，準備重新出版一份報紙。這一次，報紙名稱訂為《新萊茵報》（Neue Rheinische Zeitung）。這份報紙相當暢銷，印量達5,000份，只是不同於共產主義者的預期，《新萊茵報》的主要讀者並不是工人：對工人而言，馬克思那種學術味

濃厚的筆法太難懂，況且這份報紙也沒有觸及工人運動的議題。馬克思與恩格斯主要希望和資產階級對話，因為他們認為當時的德國進行無產階級革命的時機尚未成熟——也沒有真正的無產階級；當時德國還沒有能讓工人聚集並團結起來的大工廠。

此外，當時德國乃由39個小邦國組成，自然大幅降低革命運動的戰鬥力。因此，馬克思與恩格斯在《共產黨宣言》中冷靜分析，認為德國首先需要的是一場「資產階級革命」，之後無產階級革命才有機會：「在德國，只要資產階級採取革命的行動，共產黨就同它一起去反對君主專制、封建土地所有制和小市民的反動性。」

只不過，資產階級革命在德國一如在歐洲其他地方，都未能獲得成功，沒有哪個國家出現真正的議會式民主制；最晚自1849年7月起，各國君主反倒又穩穩地坐回寶座，即使是經過革命洗禮的法國改革也沒有成功，反而使拿破崙的姪兒路易‧波拿巴（Louis Bonaparte）趁亂復辟，登基為拿破崙三世，這更令馬克思極度沮喪。

路易‧波拿巴建立了軍事獨裁政權，不久馬克思在他的名作《路易‧波拿巴的霧月十八日》（Der achtzehnte Brumaire des Louis Banaparte）中也對此做了分析。時至今日，這部著作依然是探討現代革命的理論與歷史的重要資料，因為馬克思秉其遠見觀察到，在人類發展史上，軍事獨裁首次使此前互不相容的「自由」與「壓迫」相互融合，是個全新的現象。雖然法國資產階級在政治上不具任何影響力，但在經濟與文化上卻能全力施展。國家不再插手干預企業或銀行業務，甚且確保宗教自由，推廣研究並大力贊助學校教育。[61]

這種政治專制和經濟自由的全新組合也在德國出現。1848年的革命雖失敗，普魯士雖仍由同一國王統治，卻已出現天翻地覆的變化。腓特烈‧威廉四世（Friedrich Wilhelm IV）極度虔信宗教，認為

自己直接上承上帝諭命，但他也了解，中世紀的等級制度（Ständeordnung）已經結束，因此在1850年不得不同意設立國會，但議員選舉須採三級選舉制（Dreiklassenwahlrecht），幾乎所有成年的男性都擁有選舉權，但依據他們的納稅金額劃分為三個等級，由最富有的5%選民選出三分之一的國會議員，11%至15%的選民同樣選出三分之一的席位，而最後三分之一的席位則由剩餘的80%至85%選民決定。

這種安排頗得富裕市民階級的歡心，如此一來，他們與貴族就能確保在國會取得多數，不必擔心工匠、農業工人與無產階級取得太大的影響力。資產階級與國王聯手，防止較貧窮的大眾爭奪自身的利益。

由此看來，資產階級革命失敗了，馬克思也不得不承認這點；但他同樣無法寄望於無產階級革命，因為馬克思本人親身見證到，許多工人並非階級鬥爭的戰士，而只是國王忠誠的子民：腓特烈·威廉四世在1848年8月巡訪萊茵蘭時，印刷工人寧可夾道恭祝普魯士國王萬壽無疆，使得《新萊茵報》無法及時出刊。[62]

1849年5月，馬克思的革命事業不得不中斷：他被普魯士驅逐出境，[63]最後遷往倫敦，因為英國是當時歐洲唯一不會對外來社會主義者找麻煩的國家，光是從德國逃往倫敦的前革命份子就將近20,000人；倫敦當時人口高達250萬，是全世界第一大城市。

英國對流亡人士的寬容與接納，恰好顯示馬克思與恩格斯的大謬誤。他們原以為，在英國，工人聚集在城市與工廠，因此當地的階級鬥爭條件已然成熟。實情卻是，英國爆發無產階級革命的可能性微乎其微，因此英國政府才會容忍外籍社會主義者的作為。

1848年之後，馬克思的政治幻夢已然破滅，他覺悟到，革命或

階級鬥爭在未來都沒有機會實現，但他依然不願放棄辯證唯物主義（dialektischer Materialismus）。既然無產階級並未挺身革命，那麼需要一個促成社會主義的活躍角色，而這個具備顛覆力的代理角色除了資本主義，再無第二人選。如此一來，就必須在這個錯綜複雜的體系中找出矛盾。在此之前，馬克思已經研讀過亞當·史密斯和其他資產階級理論家的著作，但直到此刻他才一躍變成經濟學家；如今社會主義之於他不再是烏托邦，而是一門科學了。

困頓的流亡生涯：倫敦

在倫敦流亡期間，馬克思初嘗真正的貧窮滋味。此前他靠著捐款、預付稿費和小筆遺產，日子過得還不錯，如今所有的金錢來源幾乎全數枯竭，他不得不屈身在倫敦的貧民窟蘇活區（Soho），而他的財務狀況也只夠租賃兩房的住屋，連自來水和廁所都付之闕如。

對於一個成員逐漸增加的家庭，這個住處委實太小了：婚後14年，燕妮·馬克思懷孕七次，大女兒燕妮於1844年出生，之後1855年勞拉（Laura），1847年埃德加（Edgar），1849年海因里希·圭多（Heinrich Guido），1851年弗蘭契斯卡（Franziska），1855年艾莉諾（Eleanor）等子女相繼誕生，1857年雖有一名孩子出世，但來不及命名便夭折了。

馬克思是十九世紀的典型男性，頗以自己的男性雄風為榮，並期盼能多生幾個兒子，因為在當時人的觀念裡，女孩子是賠錢貨，地位較高的階層認為女性不宜外出工作，何況將來還得為她們置辦嫁妝。弗蘭契斯卡出生時，馬克思在寫給恩格斯的信上表示：「我的妻子可惜生的是女孩而不是男孩。」

至於這段期間馬克思一家人的生活有多簡陋，有詳細的紀錄保留下來，這要「感謝」普魯士王國一位名叫威廉‧施梯伯（Wilhelm Stieber）的警方特務。此人頗有文學天賦，而他的紀錄或許也有誇大之嫌。他在呈報給柏林的資料寫道：「馬克思住在倫敦最貧困、也是房租最便宜的區域。他租了兩間房：一間朝著大街，是會客室；另一間，就是後面那間，是臥房。房間裡的所有家具都很不像樣，也很破爛：不是折斷損壞了，就是搖搖晃晃，再不就是殘缺不全；一切東西上都蒙上一層厚厚的塵土，什麼都是雜亂無章。會客室中放著一張老式的桌子，上面鋪著油布。桌上擺滿了手稿、報紙、書籍，小孩子的玩具、碎布和馬克思夫人的活計；此外還有幾只有豁口的茶杯、一個大燭台、幾只高腳杯、一個墨水瓶、幾個荷蘭煙斗和一個煙灰缸──所有這些東西都雜亂地放在桌子上。來訪者一走進馬克思的家，就會立刻陷入煤煙和菸草煙的迷霧之中，以致起初他不得不像鑽進洞穴裡那樣摸索著向前挪步，直到眼睛習慣於黑暗、能夠分辨出煙霧中的物品時為止……但是這種狀況卻很少使馬克思及其夫人感到難堪。您會受到非常殷勤的款待，為您拿煙斗、遞菸草，以及信手拿來的清涼飲料。聰明博學又令人愉快的交談，會彌補家境的欠缺和不舒適的感覺。只要你習慣了這一家人，你就會發現這個家庭環境是有趣、新奇的。這就是共產黨人領袖──馬克思的家庭生活的真實景象。」[64]

　　「共產黨人領袖」，這個頭銜聽起來挺重要的，但馬克思在倫敦其實只有大約12名追隨者。每逢星期三夜晚，大家便在蘇活區一間名為「玫瑰與王冠」（Rose & Crown）的酒吧裡聚會。普魯士王國不可能光為這個小圈圈派出最優秀的密探[65]刺探馬克思的動靜。這項任務也是受到個人的好奇心驅使：當時的普魯士內政部長費迪

南德・馮・威斯特法倫（Ferdinand von Westphalen）是燕妮同父異母的兄長，他熱切想知道自己的妹婿馬克思在倫敦的生活狀況。

或許真如許多馬克思的傳記作者所揣測得，馬克思的三名子女夭折，與住家狹小，空氣滯悶脫不了關係：海因里希・圭多突然死於癲癇發作，弗蘭契斯卡死於百日咳或支氣管炎，兩人死時才一歲大；1855年4月，埃德加於八歲時離開人世，死因可能是盲腸炎，但也可能與腸結核有關；幸運長大成人的只有燕妮、勞拉和艾莉諾三個女兒。

馬克思生活困頓，這是他的傳記作者致力探討的，因為他並非如人們所猜想的那般一文不名。根據估算，即使在最困苦的時候，他一年也有約二百英鎊可用——就算在生活費高昂的倫敦，靠這筆錢也能過著小資產階級的生活。然而，馬克思與燕妮不善理財，手上的錢很快就花掉。他們認為僕人是必不可缺的，儘管他們幾乎負擔不起房租，在蘇活區卻不僅雇用女管家赫蓮娜・德穆特（Helene Demuth），還幫孩子聘請一名保姆，而馬克思自己也有一位祕書協助他。

馬克思自己也知曉，他寫了論資本的書，自己卻毫無資本，堪稱一大諷刺。他在一封致恩格斯的信上，以兩人在流亡歲月中習以為常的英、德語混用方式哀嘆道：「未必有人會在這樣缺貨幣的情況下來寫關於「貨幣」（Kapital）的文章！寫這個問題（subject）的大多數作者都同自己研究的對象（subject）有最好的關係。」[66]

這段摘錄內容顯示，馬克思認為自己注定命中無財，他從未想過要認真謀職；幸運的是，他也毋須工作，因為恩格斯終其一生都願意資助他。

不過，在倫敦最初的那段日子，恩格斯的父母不再寄錢給他，

因此恩格斯本人的日子也不好過。恩格斯的母親雖慈愛又寬容，卻也因為兒子立志長期革命而大感驚駭。她在給他的信中寫道：「既然你要走一條我們──說得委婉些──無法同意的路，那麼你也不能期待我們會支持你，何況以你的年紀，你也有能力自食其力。」

恩格斯破產，同時必須眼睜睜看著馬克思一家人的生活陷入困境。不得已之下，他只好同意重返家族企業，而父親也很樂意再一次將他安插到曼徹斯特，因為他在當地亟需自己的密探：老弗里德里希合理懷疑自己被合夥人，也就是艾爾門（Ermen）兄弟所欺瞞，兒子弗里德里希的任務便是清查帳冊，核對帳目。起初恩格斯只是普通員工，令父親驚喜的是，恩格斯的表現證明他是傑出的管理者，很快便能分享利潤。

從此，恩格斯便過著雙重身分的生活：對外，他是一家聲譽卓著的德國公司值得信賴的代表，住在郊區高級地段，是曼徹斯特所有重要俱樂部的成員，甚至騎馬狩獵，這可是上層貴族和社會精英才享受得起的活動。但他還有第二個家，那裡住著他的愛爾蘭情婦瑪麗・白恩士和她的妹妹莉希（Lizzy）。

1851至1869年，恩格斯在父親的公司至少賺進23,289英鎊，其中很可能有3,121英鎊給了馬克思。不過，最初幾年他經濟還相當拮据，1853年，恩格斯只賺到100英鎊，但他仍然將其中的60英鎊寄往倫敦。[67] 然而，無論恩格斯匯給馬克思多少錢，錢永遠不夠。

馬克思自己總算也創造了一份收入來源：1848年他在德國科隆結識了美國記者查爾斯・丹納（Charles A. Dana），後者後來成為《紐約每日論壇報》（*New York Daily Tribune*）的發行人。《紐約每日論壇報》發行量高達20萬份，在當時是美國最大的報紙，而丹納相當欣賞馬克思，自1852年起便邀請他加入該報派駐歐洲的記者陣容。

以馬克思的名義刊登在《紐約每日論壇報》上的報導有487篇，每篇稿酬一英鎊，但馬克思卻經常身體不適或興趣缺缺，因此恩格斯不得不為他捉刀，代寫其中約四分之一的文稿。後來美國爆發內戰，紐約人不再關注歐洲，這份差事也就在1861年告終。不過，在馬克思生前發表的文章中，這些報導佔了絕大部分。

1848年革命爆發後，馬克思期盼一場大型經濟危機很快到來，促成資本主義的滅亡。可惜什麼也沒發生，倒是他那幾名在倫敦寥寥可數的忠貞追隨者因此取笑他老是預言危機，結果危機從未出現。不過，1857年時，一場證券危機襲捲美國、歐洲與印度，這次似乎被馬克思說中了。在此之前，危機向來是區域性現象，但這一次，倒閉潮卻從一個國家橫掃另一個國家，這是一個全新的現象。回顧起來，我們知道這是史上首次真正的經濟危機，單單在美國便有5,000多家企業與信貸機構破產。[68]

馬克思大感振奮，完成自己代表作的理想時機似乎到來了，他已孜孜矻矻撰寫這部《政治經濟學批判》多年，這時他更是通宵達旦地工作。只是，就在他勤奮不輟時，危機又再度結束，自1858年起，全球經濟再度復甦。

一如往常，這次馬克思還是把目標訂得太大，因此他在1859年發表的著作，名稱雖為《政治經濟學批判》，內容卻只能算是基本研究，迴響也少得可憐，許多讀者根本看不懂馬克思究竟想說什麼。後來創立德國社會民主黨的威廉‧李卜克內西（Wilhelm Liebknecht）是馬克思的忠實信徒，他曾公開表示，他從未對一本書如此失望。如今，人們閱讀的只是五頁的序言，這篇序言對歷史唯物主義提供了簡潔明晰的概論，其中不僅出現「現實基礎」和「法律的和政治的上層建築」這組相反詞，也出現一段馬克思最廣為人知的名言：

「不是人們的意識決定人們的存在，相反地，是人們的社會存在決定人們的意識。」

此後八年後，直到1867年，馬克思的曠世巨著《資本論》才終於問世。這部作品的進度如此緩慢，原因之一是馬克思最晚從1863年起便為重症所苦，一種稱為「癰」的膿瘡開始在他身上蔓延，尤其是腋窩、背部、臀部、恥骨區和大腿處，皮膚不僅會結痂，還會剝落，往往令馬克思無法坐臥。至今醫界人士還在研究，馬克思得的究竟是哪種疾病，而最新的診斷認為是「化膿性汗腺炎」（Hidradenitis suppurativa），一種遺傳性自體免疫疾病。這種病類似痤瘡，但要嚴重多了，至今仍無對抗這種疾病的有效藥物，只能減緩痛苦，但無法治癒。

然而，光是遺傳因素通常還不至於發病，80%到90%的患者都抽菸抽得很凶，[69]而馬克思對菸草更是重度倚賴，而且拒絕戒掉雪茄，寧可接受砷治療。當時砷被視為一種靈藥，可惜這種藥物不僅對他完全無效，還讓他慢性中毒。

當時還有另一種「藥」同樣無效，但廣獲喜愛，也就是酒。那時還沒有像阿斯匹靈或依普芬（Ibuprofen）之類用途廣泛的止痛藥，醫師經常開立將幾種酒混合一起的處方，以減緩患者的痛苦。恩格斯在1864年得到的一份藥方在當時並不稀奇：他應該每天喝半瓶波爾多（Bordeaux）葡萄酒，外加好幾杯雪莉或波特酒；或者每隔兩小時將一啤酒杯量的香檳與白蘭地混著濃肉汁一起喝。[70]馬克思相當早便開始、而且經常抱怨肝臟問題，這可能與飲酒習慣有直接的關聯。

此時馬克思再度得面對經濟問題，他不得不寫信向恩格斯和親戚們求援，並且再度成為當舖常客。馬克思和燕妮雖繼承了不少遺產，[71]但他們的開銷也跟著水漲船高：從1856年起，全家搬到倫敦

北部一棟漂亮的連棟屋，1864年他們甚至搬到同區一棟更富麗堂皇的「別墅」。這次搬家不僅是為了住得更舒適，也是為了製造好印象：馬克思夫婦盼望三個女兒能有好姻緣，而若想在家中舉辦舞會，客廳就得夠寬敞。[72]

　　雖然馬克思鄙視資產階級，卻一心一意要讓女兒接受資產階級的教育。她們要上數小時的法語和義大利語課，學習繪畫、歌唱和鋼琴，還上了更高階的學校，這在當時相當罕見。全倫敦只有12所供女學生上的高中，而這些學校的學生人數加起來也才不過一千人。當時的女性即使有機會接受教育，往往也是在家上課，而且學習內容不過就是讀書和寫作。

　　在三個女兒身上投注這麼多的心血和金錢，結果得知勞拉的結婚對象居然是保羅‧拉法格（PaulLafargue），令馬克思大為震驚。拉法格雖為社會主義者，卻沒有穩定收入。馬克思雖期盼共產革命到來，但在此之前，他希望自己的孩子能過上好日子，不希望她們在經濟上步自己的後塵。他在致拉法格的信中寫道：「在最後肯定您同勞拉的關係以前，我必須完全弄清楚您的經濟狀況……您知道，我已經把我的全部財產獻給了革命鬥爭。對此我一點不感到懊悔。相反地，要是我重新開始生命的歷程，我仍然會這樣做，只是我不再結婚了。既然我力所能及，我就要保護我的女兒不致碰觸毀滅她母親一生的暗礁。」但勞拉依舊和拉法格締結連理。

　　1867年9月，馬克思投注近20年心血的鉅著《資本論：政治經濟學批判》（*Das Kapital – Zur Kritik der politischen Ökonomie*）終於出版了。書名中的「批判」容易讓人誤以為馬克思要擊敗資產階級的經濟學，其實他反倒是以巧妙的方式將它延續。直到馬克思之後，由亞當‧史密斯所開創的所謂「古典經濟學」理論路線才終於結束

（下一章將更深入探討）。

《資本論》雖非暢銷書，銷量卻明顯優於馬克思此前所有的作品：1,000 冊的印量在四年後賣完，1873 年再版，但如此「巨」著對許多讀者是一大挑戰，讀者往往在最初幾章就撞牆。因此，燕妮·馬克思向社會主義者約翰·菲力浦·貝克爾（Johann Philipp Becker）提出大膽的建議，跳過「最初幾章鑽牛角尖的辯證性論述」，寧可先讀最後兩章「資本積累的起源與現代殖民理論的部分。我相信，您將會同我一樣，對這部分相當滿意」[73]。

這個建議顯示，燕妮並不了解馬克思理論的核心恰好就在最初幾章「辯證性論述」。不過，對《資本論》束手無策的不只她一人：直到恩格斯將這部鉅著改寫成較容易理解的語言後，絕大多數的社會主義者才終於了解馬克思的思想。後來的讀者往往不直接讀《資本論》，而是先讀恩格斯在 1880 年以《社會主義從空想到科學的發展》（Die Entwicklung des Sozialismus von der Utopie zur Wissenschaft）為題發表、較通俗的摘要版。

《資本論》原訂四冊，分為三卷。馬克思在 1867 年版的序言中曾經表示：「這部著作的第二卷將探討資本的流通過程（第二冊）和總過程的各種形式（第三冊），第三卷即最後一卷（第四冊）將探討理論史。」然而最後一部分並未能完成；此時馬克思已精疲力竭，在他生命的最後時光再也沒有寫出其他作品，而他的曠世鉅著也依然不完備。

從馬克思到馬克思主義

馬克思晚年過得相當安逸，自 1869 年起他便生活無虞：恩格斯

每年提供他350英鎊的終生養老金。恩格斯深知這位老友揮霍無度，因此養老金並非一次給付，而是每三個月給付一次，其他如醫療費等特別支出還不包括在內，恩格斯會另外幫他處理。

恩格斯有能力這麼慷慨，此時他終於可以擺脫他痛恨的紡織企業：他將自己的股份出售給「艾爾門」兄弟公司，得到12,500英鎊，大約相當於今天120萬英鎊。恩格斯迫不及待地搬到倫敦，距離馬克思家步行僅需十分鐘的地方，從此致力於擔任馬克思代言人的新身分。

1873年經濟危機重現，這次危機堪稱是史上最嚴重的經濟大崩潰之一，光是在德國就有一半的證券資產蒸發，工資砍半，商品降價約38%。[74]在恐慌的浪潮中，馬克思倒是相當平靜，因為他已不再相信資本主義會因自身的危機而一敗塗地。

如今他反倒寄望，資本家會失去影響力，從而使資本主義自行瓦解。不過，馬克思並未將這種想法訴諸文字，因為他的人生即將走到盡頭。馬克思的氣管炎惡化為慢性病，或者也可能是肺結核。1881年12月，馬克思夫人燕妮死於肝癌；1883年1月，女兒燕妮死於膀胱癌；1883年3月14日，恩格斯一如往常在每日下午前往拜訪馬克思時，他坐在靠背椅上溘然長逝。

馬克思位於海格特公墓（Highgate Cementary）的墓地早已成為熱門景點，[75]但當時只有11人參加他的葬禮。恩格斯在墳前發表悼詞，但他並非以這一小群致哀者為對象，而是聚焦在摯友永垂不朽的聲譽。

關於馬克思的私人生活與他的家庭，恩格斯隻字不提，而是立即聚焦在他的思想遺產上：「正像達爾文發現有機界的發展規律一樣，馬克思發現了人類歷史的發展規律。」[76]恩格斯指的是歷史唯物

論，也就是「一個民族⋯⋯一定的經濟發展階段，便構成基礎，人們的國家設施、法的觀點、藝術以至宗教觀念，就是從這個基礎上發展起來的。」

恩格斯頌揚關於馬克思的第二大發現，則是馬克思在《資本論》中發展出來的「剩餘價值理論」：「馬克思還發現了現代資本主義生產方式⋯⋯特殊的運動規律。由於剩餘價值的發現，這裡就豁然開朗了⋯⋯一生中能有這樣兩個發現，應該很夠了。即使只能做出一個這樣的發現，也已是幸福的了。」

恩格斯一直活到1895年，因此他還有幸見證工人運動如何在歐洲誕生，並動員上百萬名追隨者。此前數十年，《共產黨宣言》並未受到大眾的關注，如今這篇宣言翻譯成將近30種語言，印刷了數百次。到了1917年俄國大革命時，日文版已3刷，中文版1刷，俄文版70刷，波蘭文11刷，意第緒語（Jiddisch）[77] 7刷，芬蘭文6刷，烏克蘭語5刷，喬治亞語（Georgisch）4刷，亞美尼亞語（Armenisch）2刷，德文55刷，匈牙利文9刷，捷克文8刷，英文34刷，法文26刷，義大利文11刷，西班牙文6刷，葡萄牙文1刷，保加利亞語7刷，塞爾比亞語4刷，羅馬尼亞語4刷，拉登語（Ladinisch）[78] 1刷，丹麥文6刷，瑞典文5刷，挪威文2刷。[79]

恩格斯嘗試以淺顯易解、而且完整的馬克思理論「譯本」詮釋這種新型態的工人運動。他埋首於摯友遺留下來的各種摘錄資料大海中，想從這些故紙堆中篩選出《資本論》未完的卷帙，但馬克思遺留的資料極其混亂，令恩格斯束手無策。他在寫給德國社會民主黨創黨人之一的奧古斯特・倍倍爾（August Bebel）的信中表示：「早知道，我就會日夜不休地敦促他，直到著作全部完成並且印好⋯⋯要不是這些巨量的美國與俄國資料（光是俄國的統計資料就有2立

方公尺的書籍），第二卷早就付梓了。這些深入的細節研究耽擱了他好幾年。」[80]

《資本論》第二卷編輯起來還比較容易，在1885年出版，但第三卷的相關筆記極不完整，恩格斯一直到1894年才終於整理好，而且大幅補充、拼組。直到今天，學者們依然試圖找出第三卷有哪些「真的」是馬克思的內容、哪些是出自恩格斯之手。

可以確定的是，馬克思為第二卷與第三卷做的準備工作主要成於1864與1865年，時間上早於《資本論》第一卷。第一卷成於1867年，而為了1873年的第二版，馬克思又親自修訂過。因此，有意了解馬克思最終想法的人，不該被卷數所混淆：第一卷其實更能顯示馬克思的最終思想。

恩格斯在74歲時死於一種在食道與喉頭的腫瘤，他將可觀的財產主要留給馬克思的女兒及她們的家人；光是他的證券價值就將近22,600英鎊，因為他經常研讀資產階級愛看的《經濟學人》（*Economist*），尋找投資標的。對於自己從事股票投機，恩格斯絲毫不感愧疚，他在寫給倍倍爾的信中說道：「證券市場只是改變了從工人那裡偷來的剩餘價值的分配方式。」

註釋

1　卡爾·馬克思父親的信函收錄於《馬克思恩格斯全集》，第三部分（書信），第一卷，第289頁以下。

2　除非特別註明，否則本書關於馬克思的生平介紹皆取材自美籍史學家喬納森·斯珀珀（Jonathan Sperber）所著傳記，《卡爾·馬克思：一個十九世紀的人》（*Karl Marx: A Nineteenth-Century Life*, 2013）。正如該書標題，斯珀珀是在十九世紀的脈絡下詮釋馬克思其人與其理論。想要深度理解馬克思的生活，這的確是個好辦法。然而，若純粹就歷史脈絡探求馬克思的思想，將之視為全然是法國大革

命、哲學家黑格爾（Hegel）及英國工業化初期等因素的結果（斯珀珀，第XIII頁），那麼我們依然無法理解，為何馬克思的理論至今仍深受世人重視。時事評論家格爾德·柯能（Gerd Koenen）說的很對：「他（斯珀珀）忽略了這種種思想碰撞、融合形成的振奮人心乃至『革命性』結果。」〔《法蘭克福廣訊報》（*Frankfurter Allgemeine Zeitung*），2013年5月26日〕

3　譯註：「拉比」是猶太律法對合格教師的稱呼。

4　早在十七世紀，馬克思的父系祖先便是特里爾的拉比，其曾祖父、祖父與大伯父也都擔任過拉比的職位。德國納粹時期，位於特里爾的猶太墓園逃過一劫，大致完好，至今尚保留馬克思家族的四座墓碑。其中馬克思祖父摩德海伊·哈勒維·本·石姆爾·波斯特貝格（Mordechai Halevi ben Schmuel Postelberg，歿於1804）與曾祖父阿伯拉罕·摩什·本·赫什爾·洛夫（Abraham Mosche ben Heschel Lwow，歿於1788年）的墓碑更別具意義。此外，馬克思的祖母與姑媽的墓碑也保留下來。馬克思的祖父摩德海伊·哈勒維，人稱馬克思·列維（Marx Lewy），因此當1808年法國規定猶太人必須採用固定姓氏時，他們的家族便以「馬克思」作為家族姓氏。在此之前，猶太人通常是兒子以父親的名字作為自己的姓。

5　普魯士政府接管特里爾後，有更多新教徒遷入，當地於1817年建立新教教區〔安格莉卡·林姆洛特（Angekika Limmroth），《燕妮·馬克思傳》（*Jenny Marx. Die Biographie*），第46頁〕。

6　馬克思的阿姨蘇菲（Sophie）與商人里翁·菲利普斯（Lion Philips）結婚，後者在1838年海因里希過世後代管大姨子罕麗達的財產。蘇菲與菲利普斯的孫子後來創設了同名的電器公司。

7　克勞斯·柯爾納（Klaus Körner），《卡爾·馬克思》（*Karl Marx*），第17頁。這棟住宅現址為西緬巷（Simeongasse）8號。馬克思一家在卡爾15個月大時入住此處。卡爾·馬克思誕生時的住宅位於布呂肯街（Brückenstraße）10號，1928年德國社會民主黨（Sozialdemokratische Partei Deutschlands，簡稱SPD）買下這座住宅並予以修繕，現為「卡爾·馬克思故居」（Karl-Marx-Haus）歷史博物館。

8　這份清單出自1838年：海因里希·馬克思過世後，他的遺產經過清點並詳細記錄。

9　譯註：亞歷山大·馮·洪保德（Friedrich Wilhelm Heinrich Alexander von Humboldt）在十九世紀初主掌普魯士教育一年半期間，將學校教育分為初級學校、中學、大學三級制。他認為世界是由語言傳遞的世界，而古老語文的世界又是最古典的，透過語文沉潛於古典世界，可提升所有的情感力量，成為內外和諧的人。

因此，中學語文課程特重希臘文與拉丁文。

10 「Corps Palatia」一詞要到1838年才出現，在馬克思當時，這個組織名稱是「特里爾餐會」（Trierer Tischgesellschaft）。某些馬克思傳記甚至宣稱，他曾經擔任該餐會會長，但實際上並無證據可茲證明。留存至今的是1836年一幅特里爾學生的學期合照。在這張大衛・李維・艾爾康（David Levy Elkan）的石版印刷相片上，馬克思似乎在後排右邊數過來第六個位置。然而，這張照片並未標示人物姓名，要到1890年才添補上，但這個不確定性往往遭人故意忽略：馬克思沒有留下任何青年時期的照片，而這位「右邊數過來第六位」的人士，與馬克思有許多相似之處，因此每一本馬克思的傳記中都會出現這張照片。參見英格里德・博德胥（Ingrid Bodsch），〈卡爾・馬克思與波昂，1835/1836年與1841/42年〉（Karl Marx und Bonn. 1835/1836 und 1841/42），收錄於英格里德・博德胥編，《卡爾・馬克思博士：從大學生到博士——波昂、柏林、耶拿》（Dr. Karl Marx. Vom Studium zur Promotion – Bonn, Berlin, Jena）。第9-27頁，此處參見第18頁以下。

11 曼弗雷德・克林姆（Manfred Kliem），《卡爾・馬克思與柏林大學，1836-1841》（Karl Marx und die Berliner Universität 1836 bis 1841），第27頁。

12 關於馬克思在波昂大學上的課程，我們僅知其中一門：每週二下午六至七點，他會和其他68名學生一同聽奧古斯特・威廉・施萊格爾（August Wilhelm Schlegel）這位老學者講課。後來成為詩人的艾曼努埃爾・蓋貝爾（Emanuel Geibel）也上過這門課，他曾經在寫給母親的信上如此評論施萊格爾：「他每次講課時總會暴露出他的虛榮心，不過我們也只好任由這位老先生這麼做。就算是口才傑出的西塞羅（Cicero），年老時也不免自我吹噓。」（英格里德・博德胥，〈卡爾・馬克思與波昂，1835/1836年與1841/42年〉，收錄於英格里德・博德胥編，《卡爾・馬克思博士：從大學生到博士——波昂、柏林、耶拿》，第9-27頁，此處參見第16頁以下。

13 燕妮的外祖母是皮特羅的珍妮・維夏特（Jeanie Wishart of Pittarow），外曾祖母安・坎貝爾（Anne Campbell）是歐切爾德的約翰・坎貝爾（John Campbell of Orchard）的獨生女。就這種遠房關係來看，燕妮與權勢極大，並且對亞當・史密斯的人生影響深遠的歷代阿蓋爾公爵有親緣關係。

14 雖然燕妮的身分只是「貴人」（Edle），她卻使用「女爵」（Baronesse）的稱呼，她在倫敦印製的名片也使用此頭銜，此舉顯然高抬自己的身分。與德國不同，在英國，「女爵」已躋身較低階的上層貴族之列。

15 林姆洛特，《燕妮・馬克思傳》，第51頁。此外，特里爾鄉親並未忘卻燕妮曾

經訂婚過一次：1831年，燕妮17歲時曾與當時28歲的准尉卡爾・馮・潘內維茨（Karl von Pannewitz）有婚約，但大約半年後燕妮又取消婚約。

16 1836 年，柏林大學註冊的學生有1,696名，其中法學院學生511人，哲學院學生322人。當時柏林大學有88位教授，37位私聘講師，7位語言與避靜導師；其中法學院只有8位正教授，哲學院則有21位。（克林姆，《卡爾・馬克思與柏林大學，1836至1841年》，第18-19頁）

17 英果・馬特納（Ingo Materna）、沃爾夫岡・里貝（Wolfgang Ribbe）編，《布蘭登堡史》（*Brandenburgische Geschichte*），第436頁以下。儘管數十年後柏林工業發展突飛猛進，1875年時，當地在五人以下的小型工廠工作者，仍佔所有勞工的94.5%。

18 同前註，第450頁以下。

19 卡爾・馬克思致父親的信，1837年11月10日，收錄於《馬克思和恩格斯著作集》，第40卷，第3-12頁。這是馬克思學生時代唯一留存下來的信函。約翰・戈特利布・海涅修斯（Johann Gottlieb Heineccius, 1681-1741）與安東・弗里德里希・尤斯圖斯・蒂博（Anton Friedrich Justus Thibaut, 1772-1840）兩人皆為德國的法學者，而兩人主要的研究領域是《學說彙纂》，這部著作乃將羅馬法作者的作品集結而成，蒂博更致力將羅馬法的內容發展為合乎科學的法律體系。後來成於1900年的德國《民法典》（*Bürgerliches Gesetzbuch*，簡稱BGB）便是奠基於蒂博的研究成果，其中大量採用羅馬法。法學家恩斯特・費迪南德・克萊恩（1744-1810）是普魯士刑法專家，卡爾・威廉・費迪南德・索爾格（Karl Wilhelm Ferdinand Solger, 1780-1819）係德國浪漫主義與唯心主義者，後來他在擔任柏林大學校長期間，拍板決定黑格爾在柏林大學的任命案。

20 此處及後來的引文，倘若沒有特別註明，出處皆同註1與註19。

21 霍亂自印度經俄羅斯蔓延到普魯士，到了1831年12月，光是柏林一地便有2,249人罹病，其中1,417人死亡。這種傳染病主要肆虐於貧民區，但除了黑格爾之外，普魯士將軍馮・葛耐瑟瑙（von Gneisenau）也死於霍亂。

22 克里斯多福・克拉克（Christopher Clark），《鋼鐵帝國：普魯士的興衰》（*Iron Kingdom. The Rise and Downfall of Prussia* 1600-1947），第433頁。

23 威廉・魏施德（Wilhelm Weischedel），《通往哲學的後門階梯》（Die *philosophische Hintertreppe*），第213-214頁。

24 弗里德里希・恩格斯，《歐根・杜林先生在科學中實行的變革》（*Herrn Eugen Dührings Umwälzung der Wissenschaft*），又稱《反杜林論》（*Anti-Dühring*），第22-23頁。

25 馬克思，《政治經濟學批判》（*Zur Kritik der Politischen Ökonomie*），序言，收錄於《馬克思和恩格斯著作集》，第十三卷，第7-11頁，此處參見第9頁。

26 黑格爾左派（Linkshegelianer，又稱為青年黑格爾派）始自大衛・弗里德里希・施特勞斯（David Friedrich Strauß）。施特勞斯於1835-36年發表《耶穌生平的批判性檢視》（*Das Leben Jesus – kritisch bearbeitet*）。不同於鮑威爾，他並不否認耶穌基督的存在，但將福音書置於歷史與文化的脈絡下探討，認為《新約聖經》（*Neues Testament*）並非揭示「上帝」的聖論，而是人類的產物。

27 馬克思的柏林大學畢業證書顯示，他「曾多次被控欠債。」裁縫師克雷姆林格（Kremling）在1838年9月初向他索討40塔勒又2½銀格羅森（Silbergroschen）；裁縫師塞勒（Selle）在1838年10月初索求41塔勒又10銀格羅森。1839年1月，布商哈貝（Habel）在1839年1月底追討15塔勒；1839年2月中，書商艾森哈德（Eyssenhardt）尚未收到48塔勒又4個銀格羅森的欠費。這些帳單多未清償，或者僅部分償還（克林姆，《卡爾・馬克思與柏林大學，1836-1841》，第66-67頁）。出現這些高額的裁縫師開銷，是因為縫紉機自1851年起才開始量產，在馬克思的時代，衣服依舊仰賴手工製作。

28 柯爾納，《卡爾・馬克思》，第19頁。

29 耶拿大學還有一大優點：能以德文撰寫博士論文，而柏林大學則要求須以拉丁文撰寫（克林姆，《卡爾・馬克思與柏林大學，1836-1841》，第81頁）作曲家羅伯特・舒曼（Robert Schumann）同樣以「in absentia」的方式取得耶拿大學博士學位，於1840年2月提交數篇至今仍相當受曯目的音樂理論撰述。〔約阿希姆・鮑爾（Joachim Bauer）、托馬斯・佩斯特（Thomas Pester），《卡爾馬克思之耶拿大學博士學位：1841年，背景及其影響》（*Die Promotion von Karl Marx an der Universität Jena 1841. Hintergründe und Folgen*），收錄於博德胥編，《卡爾・馬克思博士，從大學生到博士——波昂、柏林、耶拿》，第47-82頁，此處參見第51頁〕詩人艾曼努埃爾・蓋貝爾（Emanuel Geibel）甚至連論文都未提交，就以「in absentia」的方式取得博士學位。

30 西爾維亞・娜薩（Sylvia Nasar），《偉大的追尋：經濟學天才與他們的時代》（*Grand Pursuit. The Story of the People Who Made Modern Economics*）

31 《馬克思恩格斯全集》第一部分，第一卷，上冊，第13-81頁。

32 馬克思希望在布魯諾・鮑威爾的指導下撰寫論文以取得大學授課資格，但普魯士權威人士不滿鮑威爾對宗教的批判，以致鮑威爾在1842年喪失波昂大學教職，這項原本冀望能將馬克思送進波昂大學的計畫也只好作罷。

33 馬克思與盧格找不到法國作者，致使《德法年鑑》在法國乏人問津，而且800

份的德文版本又遭普魯士邊防警察攔截，最終使這項計畫資金破產。

34 在馬克思的〈「黑格爾法哲學批判」導言〉中，與經濟相關的內容——保護關稅制——只出現一次，而且只是輕輕帶過。

35 馬克思，〈「黑格爾法哲學批判」導言〉，收錄於《馬克思和恩格斯著作集》，第一卷，第378-391頁。本章後續援引的內容皆出自這篇導言。

36 馬克思並非第一個將鴉片與宗教連結的人。詩人海因里希・海涅（Heinrich Heine）早於1840年便寫道：「祝福這種宗教，它朝受苦的人類苦澀的咽喉裡點下幾滴甜的催眠水，精神鴉片，幾滴愛、希望和信仰！」馬克思將這種思想淬鍊得更加尖銳、濃縮。馬克思與海涅在巴黎結識，兩人甚至有親戚關係，但他們對此並不知悉：由於馬克思母親罕麗達的緣故，兩人有相同的高祖輩。〔林姆洛特，《燕妮・馬克思傳》，第99-100頁。〕

37 馬克思，《政治經濟學批判》，序言，收錄於《馬克思和恩格斯著作集》，第十三卷，第7-11頁，此處參見第10頁。某些馬克思的傳記作者對恩格斯的文章避而不談，這種作法著實令人不解。例如，斯珀珀僅以兩行短短的文字介紹（斯珀珀，《卡爾・馬克思：一個十九世紀的人》，第139、144頁）。或許某些傳記作者過度將自己等同於他們的傳主馬克思，認為馬克思主要的啟發若得自恩格斯，將會貶抑他們心目中的天才。

38 恩格斯，〈政治經濟學批判大綱〉，收錄於《馬克思和恩格斯著作集》，第一卷，第499-524頁。除非另有說明，否則本章後續引用的恩格斯說法，皆出自這篇文章。

39 1840年，法國共產主義與無政府主義者皮埃爾—約瑟夫・普魯東（Pierre-Joseph Proudhon）在他的《什麼是所有權？》（Qu'est ce que la propriété?）中針對私有財產提出著名的抨擊。普魯東表示，財產就是竊盜，這個簡潔的說法舉世聞名。至於恩格斯創新之處則在於，他不僅批判財產本身，更試圖闡述競爭對工資、貿易、危機與價格造成的影響。總的來說，馬克思與恩格斯是共產思想較晚期的發現者：第一位德國共產主義者則是威廉・魏特林（Wilhelm Weitling），這位裁縫師早於1838年便已在他的《現實的人類和理想的人類》（Die Menschheit, wie sie ist und wie sie sein sollte）中提出社會烏托邦的構想。另請參考艾瑞克・霍布斯邦（Eric Hobsbawm），《如何改變世界》（How to Change the World），第16頁以下。

40 恩格斯自己曾經表示，他的危機理論深受英國政治評論家約翰・韋德（John Wade）的啟發。後者在1835年發表《中等階級和工人階級的歷史》（History of the Middle and Working Classes）。此外，恩格斯也接受韋德認為每五到七年便會

出現一次商業危機的論點，但後來他將週期延長為十年。

41 有關這些危機的經過，另請參考赫爾曼，《資本的世界史》（*Sieg des Kapitals*），德文版第153頁以下

42 除非另有說明，關於恩格斯的生活經歷皆以加雷斯·斯特德曼·瓊斯（Gareth Stedman Jones），〈恩格斯與馬克思主義的歷史〉（Engels and the History of Marxism）為本，收錄於霍布斯邦編，《馬克思主義史》（*History of Marxism*），第290-326頁，以及特里斯坦·杭特（Tristram Hun 在當時 t），《穿長禮服的共產主義者》（*The Frock-Coated Communist*）。

43 米夏爾·克尼里姆（Michael Knieriem）編，《恩格斯的出身》（*Die Herkunft des Friedrich Engels*），第600頁。

44 恩格斯，《烏培河谷來信》，收錄於《馬克思和恩格斯著作集》，第一卷，第413-443頁，此處參見第413頁。

45 恩格斯，《烏培河谷來信》，收錄於《馬克思和恩格斯著作集》，第一卷，第413-432頁。

46 同前註。

47 恩格斯，〈路德維希·費爾巴哈和德國古典哲學的終結〉（Ludwig Feuerbach und der Ausgang der klassischen deutschen Philosophie），收錄於《馬克思和恩格斯著作集》，第二十一卷，第291-307頁，註1。

48 英果·馬特納、沃爾夫岡·里貝編，《布蘭登堡史》，第449頁。就連作家貝蒂娜·馮·阿爾尼姆（Bettina von Arnim）也曾撰寫過關於貧困的作品《國王的書》（*Dies Buch gehört dem König*），1843年。

49 恩格斯，《英國工人階級狀況》，收錄於《馬克思和恩格斯著作集》，第二卷，第225-506頁。

50 此處恩格斯採用「中產階級」這個在德國不尋常的說法，因為這篇序言先是以英文撰寫，希望英國工人也能讀到這篇文章。他以英文稱呼企業主或富人時採用的是「middle classes」而非「Bourgeoisie」。只是，雖然寫了英文序言，恩格斯的《英國工人階級狀況》在英語世界依舊沒有受到接納，英譯本於1887年才在美國出版，在英國則遲至1892年。

51 若無其他說明，此處及後續引用的內容，出處皆同註49。

52 此外，恩格斯也是都市社會學的開路先鋒，因為他是史上第一位以「壞」與「好」來區分英國城市的人。他筆下的曼徹斯特情況如下：上層階級住在「新鮮的對健康有益的鄉村空氣裡，在華麗舒適的住宅裡，每一刻鐘或半點鐘都有往城裡的公共馬車從這裡經過。最妙的是這些富有的金錢貴族為了抄近路到城市中心

的營業所去，竟可以通過整個工人區，卻看不到左右兩旁的極其骯髒貧困的地方。因為從交易所向四面八方通往城郊的大街都是由兩排幾乎毫無間斷的商店所組成的，而那裡住的幾乎都是中小資產階級，他們為了自己的利益，願意而且也能夠保持街道的整潔的。」恩格斯憤慨地表示：「這種偽善的建築體系或多或少為一切大城市所具有的。」而且到處都是「有系統地把工人排斥在大街以外，這樣費盡心機把一切可能刺激資產階級的眼睛和神經的東西掩蓋起來。」（恩格斯，《英國工人階級狀況》，收錄於《馬克思和恩格斯著作集》，第二卷，第225-506頁；第279-280頁）恩格斯甚至以平面圖顯示，工人住宅區的建築有多麼不健康。

53 1830年起才出現比利時，在此之前該地區歸屬荷蘭，但荷蘭信奉新教，而後來歸屬比利時的瓦隆人（Wallonen）與佛蘭德人（Flamen）卻信奉天主教。歷經一場短暫的獨立戰爭，比利時成為自由的民主國家，國王幾乎只具代表性的功能，人民享有言論自由。因此，全歐的激進民主主義者都聚集在布魯塞爾。

54 馬特納、里貝編，《布蘭登堡史》，第450頁。

55 漢斯・烏利希・韋勒（Hans-Ulrich Wehler），《德國社會史》（*Deutsche Gesellschafts-geschichte*），第210頁以下。

56 霍布斯邦，《資本的年代》（*The Age of Capital*），第34-35頁。

57 《共產黨宣言》係由馬克思獨立寫成，但一般公認恩格斯也是共同撰稿人，這是因為在此之前恩格斯已先完成兩份草稿，二者皆以基督教問答手冊的形式表現，有25道問答，但才到第四個問題「無產階級是怎樣產生的？」，答案便過度複雜，最後恩格斯不得不承認，他的共產主義問答手冊未能奏效。參見：恩格斯，〈共產主義原理〉（Grundsätze des Kommunismus），收錄於《馬克思和恩格斯著作集》，第四卷，第361-380頁。

58 馬克思、恩格斯，《共產黨宣言》，收錄於《馬克思和恩格斯著作集》，第四卷，第459-493頁。若非特別註明，否則本章以下引用的內容皆出自這篇宣言。

59 援引自羅伯特・米西克（Robert Misik），《了解馬克思》（*Marx verstehen*），第67頁。《共產黨宣言》中敘述性的內容，有一部分馬克思逐字逐句引用了其他作者的說法，例如「自由民和奴隸、貴族和平民、領主和農奴、行會師傅和幫工，一句話，壓迫者和被壓迫者，始終處於相互對立的地位……我們的時代，資產階級時代，卻有一個特點：它使階級對立簡單化了。整個社會日益分裂為……兩大相互直接對立的階級：資產階級和無產階級。」便出自黑格爾派的愛德華・甘斯（Eduard Gans）。馬克思曾受教於甘斯，後者是他最重要的導師。甘斯於1839年死於中風，年僅42歲。（另請參考斯珀珀，《卡爾・馬克思：一

個十九世紀的人》，第208-209頁。）

60 《共產黨宣言》是一件時代的觀察記錄，宣言中部分內容如今已然永垂不朽，但約三分之一的篇幅所探討的社會競爭，對現在的人已經非常陌生，就連馬克思與恩格斯也不得不承認，這些內容已經「過時」了。但他們並不考慮修訂這些內容，「《宣言》是一個歷史的文件，現在我們已經沒有權力去改變它。」兩人在1872年德文新版的序言中如此表示。（參見馬克思、恩格斯，《共產黨宣言》，新版，收錄於《馬克思和恩格斯著作集》，第18卷，第95-96頁。）

61 豪克‧布倫克赫斯特（Hauke Brunkhorst），《評述》（*Kommentar*）。收錄於卡爾‧馬克思，《路易‧波拿巴的霧月十八日》，第226-227頁。

6 克拉克，《鋼鐵帝國：普魯士的興衰》，第483頁。腓特烈‧威廉四世這位復古主義者經常宣揚「德意志的統一」，深受各階層愛戴。在當時許多德國人心中，單一民族國家比議會式民主來得重要。

63 馬克思被以「不受歡迎的外國人」之名義逐出普魯士。馬克思希望自己若非普魯士國民，或許普魯士的眼線便不再如此「關注」自己，因此在1845年放棄普魯士國籍。可惜事與願違，他仍遭到密切監視。

64 援引自林姆洛特，《燕妮‧馬克思傳》，第146頁。

65 威廉‧施梯伯擁有法學博士學位，後來晉升為宰相俾斯麥的情報頭子；自1859年到1874年，他同時也為俄國從事間諜工作。

66 援引自米西克，《了解馬克思》，第83頁。

67 柯爾納，《卡爾‧馬克思》，第95頁。恩格斯不僅給予馬克思物質上的協助，為了挽救馬克思與燕妮的婚姻，他甚至背黑鍋，當了馬克思與女管家海蓮娜‧德穆特的私生子的父親。為了圓這個謊，這個私生子也冠恩格斯的姓，取名為哈利‧弗雷德里克（Harry Frederick）。後來弗雷德里克‧德穆特（Freddy Demuth）被送往養父母處，這在當時無異於宣判死刑，但弗雷德里克還是熬過悲慘的童年，死於1927年，享年77歲。

68 赫爾曼，《資本的世界史》，德文版第156頁以下。

69 馬爾堡大學（Universität Marburg）：「抽菸引發卡爾‧馬克思的膿瘡，馬爾堡的皮膚病學家判斷，這是皮膚病的原因。」2008年6月19日發布的新聞稿。

70 林姆洛特，《燕妮‧馬克思傳》，第198頁。

71 1855年，燕妮的舅父海因里希‧吉奧爾格‧馮‧威斯特法倫（Heinrich Georg von Westphalen）於1855年過世，燕妮的母親卡洛琳（Caroline）於1856年夏天，而1863年，馬克思的母親罕麗達也離開人世，留下580英鎊給馬克思。此外馬克思多年的好友威廉‧沃爾夫（Wilhelm Wolff）意外過世，馬克思也從那裡獲

得700英鎊的遺產。但這些將近1,300英鎊（相當於今天130,000英鎊）的錢，馬克思一如既往，在一年內就花掉了。

72 想追循馬克思蹤跡巡禮的人：馬克思一家住過蘇活區迪恩街（Dean Street）28號，後來搬到肯蒂什鎮（Kentish Town）格蘭夫頓·特勒斯（Grafton Terrace）大街9號（現在的格蘭夫頓·特勒斯大街46號），之後搬到莫德納·維勒斯（Modena Villas）大街1號／梅特蘭公園路（Maitland Park Road）1號。1900年，在這棟建築原址上蓋了其他房屋，原有的建築如今已經不在。隨著女兒們陸續遷出，馬克思的家庭成員減少，於是搬遷到梅特蘭公園路41號，但該處建築毀於第二次世界大戰，後來在原址上改建社會住宅。恩格斯自1870年起住在攝政公園路（Regent's Park Road）122號。

73 摘錄自林姆洛特，《燕妮·馬克思傳》，第207-208頁。

74 赫爾曼，《資本的世界史》，德文版第158頁以下。

75 在馬克思的墓地上矗立著一座宏偉的馬克思胸像，這是英國共產黨於1956年捐贈的，原先的墓碑相當簡樸。

76 此段和以下的引文摘錄自恩格斯，〈恩格斯在馬克思墓前的講話〉（Das Begräbnis von Karl Marx）。收錄於《馬克思和恩格斯著作集》，第19卷，第335-339頁。

77 譯註：屬日耳曼語族，使用此語言者多為猶太人。

78 譯註：屬羅曼語族，是義大利多羅米提山區（Dolomiten）常用的語言。

79 霍布斯邦，《如何改變世界》，第104-105頁。每刷的印量並不會太高，例如俄文版雖高達70刷，印量應該只有數千冊。

80 為了更準確判讀俄國沙皇時代的統計資料，馬克思在1870年還特地學習俄文。

第四章

社會主義成為科學：
《資本論》（1867年）

　　《資本論》讓成千上萬有意閱讀的人束手無策，因為劈頭第一
段難度就太高了：「資本主義生產方式佔統治地位的社會的財富，
表現為『龐大的商品堆積』，單個商品表現為這種財富的元素形式。
因此，我們的研究就從分析商品開始。」

　　而文筆風格也極糟無比。馬克思的表述抽象又煩冗迂迴，和曾
經在《共產黨宣言》開宗明義寫下「一個幽靈……在歐洲徘徊」警
句的作者簡直判若兩人。

　　馬克思本人也了解，《資本論》第一章過度艱澀，因此他在初
版序言中語帶歉意地表示：「萬事開頭難，每門科學都是如此。所
以本書第一章，特別是分析商品的部分，是最難理解的。」

　　為何馬克思選擇從「商品」議題切入？直到今天，這依然讓許
多評註家無法理解，無論就其指導目標或分析方法而言，先探討對
工人的剝削和階級鬥爭史似乎更加合適。[1]如此一來，或許每位讀者
就能立即進入主題。後來恩格斯正是將《資本論》的結構倒轉過來，
來闡釋馬克思的理論。

　　此外，《資本論》的前三章與這部鉅著其他部分幾乎毫無關聯，

「剩餘價值」這個核心理論在那裡也不見蹤影，因此研究馬克思理論的學者路易‧阿圖塞（Luois Althusser）建議讀者跳過開頭的部分，直接從第四章〈貨幣轉化為資本〉（Die Verwandlung von Geld in Kapital）讀起。[2]

剝削有理：「剩餘價值」的邏輯

從第四章起，馬克思又回到一直困擾著史密斯與李嘉圖的問題：利潤從何而來？利潤不可能由簡單的交易行為形成，因為在這種情況下，交換的都是等價物。雖然一些資本家可能欺騙對方，將價值較低的商品抬高價格出售，但正如馬克思所言，這些僅只是個別的案例。如果人人都欺騙作假，到頭來便會相互抵消，沒有人真正獲利，因此「一個國家的整個資本家階級絕不能靠欺騙自己來發財致富」

。如同史密斯與李嘉圖，馬克思也主張所謂的勞動價值說：商品價值取決於生產該商品所需的勞動時間。但到了馬克思才首度成功擺脫糾纏史密斯與李嘉圖的邏輯矛盾。

且讓我再重申一遍：對於「利潤是如何形成的」這個問題，史密斯一直未能做出決定，最後他同時採用兩種分歧的概念：第一種是「減法」概念：商品的交換價值取決於製造該商品所需的勞動量，企業主再從商品的整體價值扣除其利潤。工人只是從企業主扣除利潤後剩餘的價值中，獲取足夠他餵養自己和家人的一小部分。

然而，史密斯除了提出這種「減法」說，還提出一種「加法」版本：商品的交換價值是由工資、租金與利潤合組而成的。於是突然之間，利潤變成和工人、地主與企業主的收入相關了。

李嘉圖試圖解開這種概念亂象，決定採取「減法」說：商品價值純粹取決於工時。但李嘉圖卻未發現，這種說法多麼具有爭議性：社會財富若全由工人創造，那麼利潤究竟從何而來？企業主除了靠剝削工人坐享利潤，似乎完全不具功能。

　　許多空想社會主義（Frühsozialismus 或 utopischer Sozialismus）者特別偏好這種解釋，但他們無法說明，剝削是如何確切運作的。直到馬克思出現，他的構想既高明又合理，認為勞動力一如其他商品，同樣具有使用價值（Gebrauchswert）與交換價值。

　　資本家購買勞動力為自己創造交換價值，他們必須支付足夠的工資，使工人和他們的家人得以維持生計。換句話說：工資必須符合能滿足獲取食物、衣物與簡單住家所需的工時。馬克思在提出假設性的計算範例時，設定的工時通常是六小時，以確保供一個工人家庭溫飽的基本需求。

　　然而，幾乎每位工人的工時都可大於維持生計所需的六小時，因此一份勞動力的使用價值高於其交換價值，而剩餘價值就是由這些多出來的工時產生的。

　　就此而言，在道德上，資本家並沒有什麼好譴責的。他們雖剝削工人，卻沒有強取豪奪，因為工人也得到符合他們勞動力的交換價值，並且心甘情願地與自己的雇主簽訂合約。這似乎符合英國功利主義（Utilitarismus）者傑瑞米・邊沁（Jeremy Bentham）的口號：資本主義為絕大多數人帶來了最大幸福。

　　馬克思話中帶刺地寫道：「那裡佔統治地位的只是自由、平等、所有權和邊沁。自由！因為商品，例如勞動力的買者和賣者，只取決於自己的自由意志。他們是作為自由的、在法律上平等的人……平等！因為他們彼此只是作為商品佔有者發生關係，用等價物交換

等價物。所有權！因為每一個人都只支配自己的東西。邊沁！因為雙方都只顧自己。使他們連在一起並發生關係的唯一力量，是他們的利己心，是他們的特殊利益，是他們的私人利益。」

馬克思堅決不在道德範疇中思考，因為「罪咎」或「偷竊」這些概念，是以個人遭到究責為前提，但馬克思認為工人和資本家不過只是「角色面具」，二者都是體制賦予他們的角色的「承載者」。更激進的說法是：它們只在彼此的相互關係中才存在，工人之所以存在，是因為有資本家存在；反之亦然。

工人與資本家都體現了資本主義這種特定的社會型態，這種社會型態賦予剝削新的面貌。剝削由來已久，超時勞動並非新的現象，早在古羅馬時代，奴隸便須為自己的所有者辛勤工作，而中世紀的農奴同樣必須為自己的地主辛苦耕作。然而，這種早期的剝削是野蠻、顯而易見，而且在法律上明文記載的。無論奴隸或農奴都不自由，都牢牢受到主人束縛。反之，資本主義的實質剝削是隱晦不明的，法律上工人和資本家同樣享有自主權，而雙方簽訂工作契約，二者似乎是地位平等的商業夥伴。直到資本主義出現，勞動力才成為可交換的商品，從而使超時勞動成為剩餘價值。

在此我要先下個小小註腳：馬克思雖然提出「資本家」一詞，卻從未使用過「資本主義」這個說法，倒是經常使用「資本主義生產方式」（kapitalistishe Produktionsweise）[3]。至於恩格斯則在書信中偶爾使用「資本主義」這個概念，但「資本主義」這個簡潔的詞彙要到二十世紀初才開始盛行。[4]

既然資本主義在道德上無可非議，就無需對它施行改革，而是要超越資本主義整個體制。只是該怎麼做？這個問題貫穿整部《資本論》。

無論如何，馬克思不再相信革命性的大變革會出現，這是因為階級鬥爭退居邊緣，僅剩少許蛛絲馬跡表現在工會與企業主，雙方頑強地為每日的工時長短而爭。

　　工廠主總是希望在雙方協議的工資下，儘可能拉長員工工時，至今這仍無任何不同。但是在馬克思還在世時，這種衝突已被過度放大成「資產家階級與工人階級之間的內戰」。雖然十九世紀之際出現各種罷工與大規模的抗議行動，但整體而言相對和平。

　　儘管如此，工時還是降低了：1850年，德國工人每天辛苦操勞14到16小時；1870年降到「只有」12到14小時；1914年一天平均工時為10小時；1919年，每日工時更降到八小時。雖然馬克思（至少是公開地）否定改革的可能，但改革確實收到成效。

資本不是財產，是一種過程

　　馬克思是史上第一位為資本主義的核心下定義的人：投資貨幣（G）以生產商品（W），並藉由銷售商品獲取更多金錢（G'），亦即獲取利潤。「因此，G–W–G' 事實上是直接在流通領域內表現出來的資本的總公式。」

　　其目標不在滿足需求，而是積聚利潤。資本家若想繼續參與競爭，就不可停步休息，不可以獲得的成果自滿，必須不斷將盈利投資。「作為資本的貨幣的流通本身就是目的，因為只有在這個不斷更新的運動中才有價值的增殖。因此，資本的運動是沒有限度的。」

　　個別的企業主並非獨立自主的個人，只是傳動機構中的一個小齒輪。或許他會以為自己作了重大決策，其實他不過是這種持續不斷的增殖過程的執行者：「作為這一運動的有意識的承擔者，即貨

幣所有者變成了資本家。他這個人，或不如說他的錢袋，是貨幣的出發點和復歸點……（資本家）作為人格化的、有意志和意識的資本執行職能。」這種有如倉鼠輪般不斷轉動的運動，目的不在求取一次利潤，「而只是謀取利潤的無休止的運動。」

貨幣必須經過投資，才會成為資本，從而成為利潤。貨幣若鎖在保險箱中，則貨幣雖然依舊是貨幣，實際上卻不具任何價值。馬克思倘若認識《唐老鴨》中的史高治叔叔（Scrooge McDuck），肯定會哈哈大笑的。這隻小氣的公鴨以為埋在自己的金幣堆中便是富有，但他其實只是坐擁黃金而已。借用馬克思的說法就是：「貨幣貯藏者竭力把貨幣從流通中拯救出來，以謀求價值的無休止的增殖，而精明的資本家不斷地把貨幣重新投入流通，卻達到了這一目的。」

馬克思強調系統性的過程，強調增殖的永恆螺旋，從而賦予「資本」這個概念全新的意義。在他之前，經濟學家大抵將資本視為是靜態的，貨幣與機器「本身」便具有資產價值，可以輕鬆結算。但馬克思認為這些存在物並不具價值，唯有製造，唯有生產能出售以獲利的商品，才能形成資本。[5]

馬克思深受科技進步所吸引，即使看似微不足道的發明，都能令他大感振奮：「1862年倫敦工業展覽會上展出的一台美國紙袋機，可以切紙、塗膠水、摺紙，每分鐘生產300個紙袋。」

不僅工業生產效率提昇，農業也變得科技化。馬克思表示：「蒸汽犁……在一小時內花費3便士或1/4先令所完成的工作，等於66個人在一小時內花費15先令所完成的工作。」換算的結果，相當於生產力提昇將近3,960倍，委實令人驚嘆。

究竟是什麼在推動著資本主義永無休止的動能？為何資本家無法安逸地坐在家中，享受他們壓榨工人得來的剩餘價值？封建制度

下的貴族永遠不會想持續不斷地投資於生產，他們會建造宮殿、舉辦宴會派對、贊助藝術家。反之，資本家則永不滿足，即使已經成了富豪，他們依然想追求更多財富，並致力擴展自己的工廠。累積利潤本身似乎就是目的，借用馬克思的一段名言便是：「積累啊，積累啊！這就是摩西和先知們！」

資本的辯證法：競爭止於壟斷

資本家持續不斷地投資，在今天看來是理所當然的事，其實這種持續的增殖過程需要加以解釋，而馬克思是第一位發現科技在其中扮演關鍵角色的人。科技一旦得到有系統的利用，便會開展出自我的邏輯與動能。

就個別的企業主而言，添購比競爭者的設備更具生產力的新機器，極具誘因，工廠主若能以較低的成本製造產品，便能降低售價，從而獲得馬克思稱為超額剩餘價值（Extramehrwert）的超額利潤（Extraprofit）。此時競爭者必須立即迎頭趕上，才能避免遭市場淘汰的命運，於是他們也開始將資金投入新機器，最後超額剩餘價值就不見了。

結果所有資本家都受到「競爭的強制法則」之影響，被競爭對手逼得必須擴增產量，以免落敗。只是大部分的市場總有一天會飽和，無力消化更多商品，於是在這場惡性競爭中，只有能以最低成本生產的公司才能存活，而這些往往是大集團，因為它們受益於經濟學家稱為「規模報酬遞增」（steigende Skalenerträge）的現象：產量愈大，每件商品運用的科技代價就愈低廉。

馬克思隱約從規模報酬遞增的觀點出發，因此也是史上第一位

清楚說明資本主義具有寡頭壟斷（Oligopol）趨勢的經濟學家：小型企業會遭到排擠，到最後僅剩少數大集團掌控整個行業；套用馬克思的說法，如此一來將會導致「資本家剝削資本家」，使「許多小資本變成少數大資本」。

技術發展改變了競爭條件，因為「隨著資本主義生產方式的發展，在正常情況下經營某行業所需要的單個資本的最低限量提高了。」因此，許多公司由於無法採用較昂貴的機器，只能在競爭中遭到淘汰。正如馬克思所詳細描述的，最後資本較小的企業只剩極小的生存空間：「較小的資本彼此在大型工業零星或尚未完全佔領的生產領域中相互競爭。」

直到今天，馬克思的分析依然適用，從德國聯邦統計局（Statistisches Bundesamt）公布的一項數據可見一斑：德國大集團的數量雖然僅佔德國全體企業的1%，2012年卻佔總銷售額的68%；相形之下，小型企業在數量上佔比雖達81%，其銷售額加總起來卻僅佔2012年總銷售額的6%。[6]由此可知，德國經濟高度集中，從原物料到銷路，整個價值創造鏈都操控在少數幾個大集團手中。

馬克思更拓展史密斯與李嘉圖兩位自由派經濟學家的論點。後二者提倡不受干預的競爭，但馬克思卻指陳，競爭的結果最後只剩少數幾個大集團。資本主義極度依循辯證法：企業彼此競爭，直到不再有競爭為止。

馬克思的觀察也適用於偶然出現的全新市場，例如網際網路：一開始，網際網路是在政府的實驗室裡研發的，然而，一旦這些技術開放為私人用途，不消多久，在虛擬世界中同樣只剩亞馬遜、臉書或谷歌等少數巨擘獨大，寡頭壟斷重出江湖，只留下幾乎無利可圖的小角落給小型網路公司。

對於這種集中過程，馬克思倒是樂觀看待，並寄望如此一來資本主義便自我滅亡：資本家彼此奪取資產，最後僅剩少數幾家企業屹立不搖。「一個資本家打死了許多資本家」，革命便會變得較容易，到最後，「人民群眾」（Volksmasse）只需剝奪「少數掠奪者」，於是：「剝奪者就要被剝奪了」。但我們都知道，結果並非如此，資本主義比馬克思所想的長壽多了，大集團的寡頭壟斷非常穩固。那麼，馬克思的分析到底哪裡錯了？

謬論一：工人並不貧困

《共產黨宣言》的重要結尾被證實是錯的，如今無產者失去的不僅是鎖鏈，還有更多東西。現在有某些馬克思主義者宣稱，馬克思從未預告「絕對」貧困，他只想表示，財富分配依舊不均，因此，「貧困」的概念是相對的：企業員工雖不致陷入貧困，卻也永遠無法達到資本家的生活水準。[7]

直到現在，社會依然極度不公，這是絕對正確的。最新統計資料顯示，德國最窮的一半人口幾乎沒有任何財產，頂多只有債務；而最富有的1%，財富則佔國民財富的32%。光是全德國最富有的千分之一人口，也就是最上層的0.1%，便掌控了德國16%的資產，[8] 這種不平等自然可以稱之為剝削，[9] 但這依然表示：馬克思指的是絕對貧困，而非我們今天所經歷的相對不平等。他並未預見到，工人的生活水準會大幅改善，因此在《資本論》中寫道：「產生出大量的貧困、壓迫、奴役、退化和剝削。」

與馬克思同時代的人也認為，他談的是絕對貧困，否則德國社會民主黨的理論家愛德華・伯恩斯坦（Eduard Bernstein）在1899年

沉著宣稱工人前途絕對不絕望時，就不會有那麼多社會主義者認為他背叛了他們的大宗師了。由德國財稅機構的數據可知，實際情況有別於馬克思的論述，不少無產者的地位甚至提升了：「擁有資產的人數不減反增，這並非資產階級粉飾太平的經濟學家捏造的，是稅務機關偵查出來的，而且往往令當事人不快的事實。」[10]伯恩斯坦對馬克思學說的「修正」在同志之間極具分量，因為他旅居倫敦多年，不僅是恩格斯的摯友，甚至是他的遺產管理人。

直到今天，馬克思對絕對貧困的預測仍經常受到批評者訕笑，例如諾貝爾經濟學獎得主保羅・薩繆爾森（Paul Samuelson）便語帶譏諷地表示：「工人都開著小汽車，用著微波爐，看不出是如何貧窮的。」[11]這段調侃其實不太公允，畢竟當事後諸葛總是容易多了。1867年《資本論》出版時，許多工人還過著赤貧的生活，因此馬克思輕鬆就能從報紙或議會報導中，找到各種譴責無產者生活慘況的文章。他在《資本論》中也採取恩格斯早在1845年於《英國工人階級狀況》中所運用的策略：馬克思直接引用官方和自由派人士的資料，描繪當時的慘況。

利用身高變化，甚至能清楚測量下層階層的貧窮化處境。1830至1860年間，營養不良導致英國士兵的平均身高減少兩公分，[12]而歐陸軍隊也擔心符合服役資格的人數不足。馬克思諷刺地引用官方統計資料：「在薩克森，1780年軍人的身長標準是178公分，目前是155公分。在普魯士目前是157公分。根據1862年5月9日巴伐利亞報（Bayerische Zeitung）刊載的麥耶爾博士的報告，普魯士按九年平均計算，每1000個應徵者當中有716人不合格，其中317人因身長不夠，399人因體質孱弱。」

就連英國的保守媒體也譴責工廠裡的工作條件往往極度惡劣，

例如馬克思援引1860年1月17日《每日電訊報》（*Daily Telegraph*）中一樁駭人聽聞的案例：「一名郡治安官布勞頓（Broughton）先生說明……在花邊織廠任職的城市居民，所受的痛苦與貧困是其他文明世界前所未聞的……凌晨二、三、四點，這些九到十歲的兒童就被人從他們醒醒的床上挖起，被迫為最起碼的溫飽而工作到夜晚十、十一、十二點，結果四肢退化、身形萎縮、神情木然，他們作為人的本質完全僵化成石頭般的麻木，光是看了就令人毛骨悚然。」

他們的壽命極短，許多孩童等不到成年就死了。連一些自由黨政治人物都認為這種情況簡直天理不容。馬克思曾引述當時擔任伯明罕（Birmingham）市長、後來晉升為英國最重要政治人物之一的約瑟夫·張伯倫（Joseph Chamberlain）所說的一段話：「曼徹斯特保健醫官李醫生證實，該市富裕階層的平均壽命是38歲，而工人階層的平均壽命只有17歲。在利物浦，前者是35歲，後者是15歲。可見，特權階級的壽命比他們的不那麼幸運的同胞的壽命要長一倍以上。」

直到1880年以後，實質薪資開始大幅提升，邁向現代富裕社會的道路才出現突破性的發展，而這主要歸功於工會。1871年，英國法律准許工會成立，由此培養出新的大眾消費力，而這種消費力又改變了資本主義，消費社會應運而生。

如果沒有大眾消費，就不會有今天的資本主義。如今消費品佔了經濟表現的75%，[13] 若實質薪資沒有增加，資本主義很可能在十九世紀便告終結，無法隨著鐵路發展向外傳播。[14] 只有工薪階級龐大的需求能夠造就新產品與新的經濟動能，這些都是純粹倚賴富人的生活方式無法形成的。正如歷史學家艾瑞克·霍布斯邦所下的結論：「不是勞斯萊斯，而是福特的T型車革新了汽車工業。」[15]

但就馬克思的時代而言，這些都是未來的發展，當時他還無從得知，未來會出現數量龐大的中產階級。

謬誤二：剝削存在，剩餘價值不存在

馬克思深知自己的剩餘價值理論存在一個弱點，而這或許是他終生沒有完成《資本論》第二卷與第三卷的原因。用現在的話來說，就是他一直在與「轉形問題」（Transformationsproblem）纏鬥：馬克思無法解釋，商品價值如何轉換成其價格；商品的深層結構與價格的表面，二者之間似乎沒有必然的連結。

這種「轉形問題」之所以出現，是因為現代資本主義不僅運用勞動力，也使用機器，但馬克思的剩餘價值理論認為只有人力才能創造價值，機器則無法創造出新價值，價值只是貯存在機器內。他認為機器一如其他商品，其價值端視生產時耗費的工時而定，而機器則視耗損多寡，將其價值按照比例，分配到機器所生產的商品上。

這套模式導致的結果是，不同的行業會因彼此運用的勞動力和採用的技術不盡相同，而產生不同的剩餘價值。例如相較於汽車業，營造業需要的勞力密集多了，前者的生產線幾乎不需任何人力。但馬克思認為只有人類的勞動力才能創造剩餘價值，根據這種邏輯，營造業的利潤應該特別高，汽車業則特別低。

但馬克思也很清楚，經濟並非如此運作：營造公司的利潤率必須和汽車公司的相當，否則就只有公司蓋屋，沒有公司生產汽車了。雖然馬克思輕輕鬆鬆便清楚說明不同行業的利潤率大抵相同，但在其說明中並未出現剩餘價值。他認為：資本家樂意投資於高利潤的行業，但商品供應一旦增加，價格便會降低，於是利潤又會減少。

貨幣持續不斷的循環，最終將使各行各業的利潤率趨向一致。

馬克思還發現，資本家的算計很簡單：他們估算生產費用多少，再加上一筆利潤，算出他們想在市場上要求的價格。如此一來，剩餘價值到底在哪裡？對此馬克思並未給出答案。[16]

轉形問題遲遲得不到解決，這或許也說明了，為何恩格斯在馬克思生前將剩餘價值理論挪到幕後，而在他廣受矚目的《資本論》歸納整理中，幾乎不再談起。恩格斯的《社會主義從空想到科學的發展》篇幅不大，也有將近40頁，其中剩餘價值理論卻只佔一小段。而馬克思甚至還為這部著作的法文版撰寫前言，可見剩餘價值理論在這裡「被消失」，並沒有違反馬克思本人的意願。

這時又是愛德華・伯恩斯坦在理論上做了壯士斷腕的決定，建議捨棄這個名為剩餘價值的「純粹思想上的建構」。[17]正如伯恩斯坦的洞見，若想譴責剝削行為，一點也不需要剩餘價值作為後盾：官方數據如「收入統計」等，便足以用來抨擊極度不公的現象。剝削是「一種以經驗為依據，可以經驗證明無需辯證法論證的事實」[18]。

伯恩斯坦隨手勾勒出一項研究計畫的藍圖，一百年後這項計畫才得以執行：自1998年起，一個由法國經濟學家托瑪・皮凱提（Thomas Piketty）領導的研究團隊，開始整理遍及20幾個國家的賦稅數據，探討菁英人士的收入與財富，並於2014年將淬鍊得出的結果發表在他暢銷全球的《二十一世紀資本論》（*Le Capital au XXIe siècle*）中；書名影射了馬克思的著作，實非偶然。

皮凱提的賦稅數據——視國家而定——可上溯至十八世紀，而這些數據顯示，[19]過去三個世紀，財富不均是恆常的現象：在所有西方國家，財富都集中在少數家族手中，僅在兩次世界大戰中及始自1929年的經濟危機，才暫時翻轉這種趨勢，但自1980年起，資產

淨值集中在少數特權階級的現象又死灰復燃，下層階級幾乎未能受惠。雖然工人與雇員的生活比馬克思的時代大幅改善，但財富分配不均的現象卻改善不多，資本依然高度集中。[20]

謬誤三：貨幣不是商品

馬克思是第一位正確說明貨幣在資本主義經濟中扮演何種角色的經濟學家：貨幣投資於商品生產，以便將來賺取更多的錢，亦即獲得利潤。他的 G–W–G' 公式一語道破資本主義的特質。

儘管如此，馬克思最終還是不理解貨幣是如何運作的，他仍深陷於各種矛盾的泥淖中，因為他誤以為貨幣也是一種商品，由是自然認為勞動價值說一定也適用於貨幣：「其價值取決於生產該商品所需的勞動時間。」

假使貨幣主要由黃金或白銀組成，這種觀點還可以理解，畢竟開採、運輸並鑄造這些貴金屬確實需要一定的勞動時間。然而，在馬克思生前紙幣就已存在，而製作紙幣所費極少，紙幣卻同樣具有一定的價值。對於這種矛盾，馬克思提出「法則」來予以解釋：「紙幣的發行限於它所象徵代表的金（或銀）的實際流通的數量。」可見他要求的是完全金本位制，但這種觀點無論在當時或後來都是謬誤的。[21]

不只馬克思弄錯，史密斯也認為貨幣的價值取決於所需的勞動時間。這種誤解顯然是因為黃金與白銀即所謂的「商品貨幣」（Warengeld），它們不僅是貨幣，也是一般的物品，例如黃金能製作首飾或假牙，無怪容易促成錯誤的推論：商品既然是貨幣，則貨幣必然也是一種商品。如此一來，距離「貨幣這種商品，同樣適用

勞動價值說」的誤解也就不遠了。

　　事實上，貨幣並非商品，而是一種社會約定，人們公認接受為貨幣的，便是貨幣，貨幣本身並不具「固有」價值。貨幣之所以具有價值，是因為人們能以貨幣購買商品和償還債務。貨幣的重要性純粹在其功能，因此任何物品都能成為貨幣：黃金、百銀、煙草、貝殼、匯票、紙鈔、轉帳帳戶都可成為貨幣。只要社會全體一致同意什麼是貨幣，那個東西就是貨幣。這並非全新的觀點，古希臘哲學家亞里斯多德便曾表示：「錢幣（希臘文：nomisma）之所以名為「錢幣」，是因為其本質並非出於自然，而是人們定義（nomos）它為「有效的」。至於是否要將它改變或廢除，也取決於我們。」[22]

　　馬克思認為貨幣等同於黃金，因此他一直無法合理解釋，放貸業務是如何運作的，而在他過世後出版的《資本論》第三卷中，他的說明也零碎而不完整。對此，連馬克思的鐵粉都深感無奈：「老實說，雖然這些篇章充滿發人深省的洞見，卻非常混亂。」[23]

　　馬克思進退維谷：他認為貨幣是一種商品，因此貨幣供應量當然有限；畢竟黃金是無法任意增多的。但與此同時，他也清楚了解，貨幣供應量必須增加，而且要不斷核放更多貸款，經濟才能成長。只是這些多出來的貨幣從何而來？還有，為何它們具有價值？對馬克思來說，這些問題仍是個謎。

　　馬克思認為，先有積累，才能進行投資。但果真按照他的想法，鐵路就永遠不會出現了。因為純靠「積累」，也就是儲蓄，是永遠無法湊足鐵道建設所需的資金的：1840年，德國鐵路的資本存量約為5,880萬馬克；1850年便攀升到8億9,140萬馬克。[24]但這些龐大的金額卻未能反應全部的花費，因為不僅需要鋪設軌道、製造火車，鐵路交通的發明更讓經濟徹底翻轉，尤其德國的鋼鐵工業需要全面

現代化，改採新型的高爐冶煉。

鐵路是一項科技革命，堪稱是「無中生有」：從前的田野，如今突然冒出軌道。直到約翰・梅納德・凱因斯才正確說明貸款如何「無中生有」創造出來，並因此為經濟成長提供金援。

對比之下，馬克思則束手無策，他有點無助地寫道：「假如必須等到單個資本增長到足夠修建鐵路的程度，那麼恐怕直到今天世界上還沒有鐵路。但是，集中通過股份公司轉瞬之間就把這件事完成了。」這段話認為股份公司出現後，才得以資助鐵路建設，此種說法是對的，但貨幣之謎依舊未解。股份公司運用的同樣以外來資金為主，也就是接受貸款。如此一來，「這些錢究竟從何而來？」這個馬克思無法回答的問題又再度浮現。

馬克思未曾發展出信貸理論，因此他對金融危機也也無法提供解釋。雖然恩格斯與馬克思正確觀察到，金融危機總是出現在過度放貸的時候。1857年全球金融危機期間，恩格斯幾乎天天寫信給馬克思，愉快又著迷地報導信貸市場的亂象——儘管他位於曼徹斯特的公司也遭到波及。直到今天，閱讀兩人當時的書信往返，依然饒富趣味。

1857年12月7日，恩格斯寫道：「漢堡的情況很妙。破產的烏爾貝格（Ullberg）和克拉麥爾（Cramer），負債1,200萬馬克的銀行券……而其資本不到30萬馬克！像漢堡現在這樣普遍而典型的恐慌，還從來沒有過。除了白銀和黃金，一切都貶值，絕對地貶值。」[25]

12月9日：「利物浦和倫敦的各工商業公司馬上就要垮台。利物浦的情況十分糟糕，那些先生身無分文，他們幾乎沒有力量宣布破產。上星期一到過那裡的人告訴我，在那裡的交易所裡，人們的臉拉得比這裡的人長三倍。」

12月11日：「生產過剩從來沒有像這次危機中這樣普遍……或多或少地擴大信貸，一向是掩蓋生產過剩的一種形式，但這一次，它卻表現在開空頭期票這種十分特殊的作法上。」

12月17日：「曼徹斯特的情況愈來愈困難，市場所受到連續不斷的壓力，產生了嚴重的後果。任何人都賣不出去東西，每天聽到愈來愈低的議價；凡是多少講點體面的人，都根本不再拍賣自己的商品了。紡紗廠和織布廠廠主們陷於絕望的境地。除非有現金或有可靠的抵押品，沒有任何棉紗商人肯把織布的棉紗賣給工廠。某些小企業主已經破產，但這還不算什麼。」

儘管危機之初情勢看似嚴峻，到了1859年，危機再度解除，經濟復甦；雖然貨幣依舊短缺，信貸業務卻再度蓬勃發展。貨幣供應何以先急速緊縮，之後又再度擴張？這是馬克思與恩格斯無法解釋的。不過，李嘉圖雖身為史上極成功的風險投資人，他也沒發展出任何貨幣理論。[26]

瑕不掩瑜：馬克思的重要性

雖然馬克思的某些見解有誤，但他最核心的錯誤都承襲自他人：李嘉圖與史密斯同樣主張勞動價值說；而李嘉圖也同樣認為，群眾將面臨貧困慘況；無論史密斯或李嘉圖都未能提出合理的貨幣理論。因此，諾貝爾經濟學獎得主保羅・薩繆爾森曾經譏諷地表示，馬克思不過是「李嘉圖加上階級鬥爭」。

這種說法並不公允，馬克思是史上最有原創性的理論家，從他獲得的廣大回響便可見一斑。美國經濟學家約翰・肯尼斯・高伯瑞（John Kenneth Galbraith）便曾語帶諷刺地表示：「假如馬克思基本

上錯了，他的影響力便會迅速消散，而數以千計熱切想證明他錯了的人，就得另找別的事做。」[27]

馬克思的貢獻在於，他是史上第一位正確描述資本主義動能的人：現代經濟是一種持續不斷的過程，不是靜止狀態。財富並非自然而然存在，必須不斷利用才會形成財富。唯有持續不斷地投資，才能確保收入。

在馬克思的時代，現代資本主義尚未完全開展，但他已理解，資本主義趨向於集中化。日漸成長的大集團不斷排擠小型公司，並取而代之，直到絕大多數的競爭消失。由此看來，資本主義並非眾多公司彼此競爭的市場經濟，而是寡頭壟斷盛行，最後重要的領域將會掌握在少數幾家大型企業集團手中。

此外，馬克思也是第一位了解技術重要性的人。機器不僅是輔助生產的工具，技術創新更定義了資本主義。企業家若想存活並提高利潤，就必須持續投資新的生產方式與新產品。

馬克思的見解如此劃時代，甚至成就了另一位經濟學家的名聲：直至今天，事實仍證明約瑟夫‧熊彼得（Joseph Schumpeter, 1883-1950）這位保守派理論家提供了一種「最具影響力的資本主義詮釋」[28]。熊彼得確實僅為馬克思的理論添枝綴葉，加上好記的比喻，捨棄剩餘價值說，並帶領一位新的主角上場——企業家。[29]

馬克思只是扼要地表示，資本家努力改善產品與生產方式；熊彼得則明確指出五大創新：產品創新、技術創新、市場創新、資源配置創新與組織創新。[30]這些創新為企業家創造額外的利潤；而這種額外的利潤，馬克思稱之為「超額剩餘價值」（Extramehrwert），熊彼得則稱之為「超額利潤」。

熊彼得與馬克思同樣認為，企業家享受壟斷性利潤的時間並不

長久，因為很快便會出現「成群」的模仿者，他們也開始採用這些創新發明，致使超額利潤萎縮。[31]

然而，兩者的歧異在於「人」。馬克思認為，資本家將社會制度的固有勢力人格化，他們不過是「角色面具」（Charaktermaske）；熊彼得則不同，他推崇企業家是富創造力的「菁英」，他所謂的「企業家」（Entrepreneur）是發明家、富有創意的人物、精力充沛的領導者，矢志創建「一個私人王國」。企業家充滿鬥志，致力證明自己的優越性，擁有「必勝的決心」，並「勇於開創」。[32]企業家不墨守成規，能掀起「創造性破壞的風暴」（Sturm der kreativen Zerstörung），不斷地翻攪資本主義，並推動資本主義向前。

熊彼得如此歌頌創新菁英，此舉著實令人詫異，而這種論調也非他首創，而只是馬克思的「反題」罷了；假如沒有馬克思的理論，便不可能出現熊彼得的觀點。誠如一名傳記作者所言：熊彼得試圖「倒轉馬克思」。[33]

不過，熊彼得至少做出一項極重要的補充：他正確說明了信貸的角色，並探究得出，唯有貨幣能「無中生有」，才可能出現經濟成長。只是，雖然熊彼得耗費數年的光陰撰寫一部探討貨幣的書，卻同樣未能發展出一套全面性的信貸理論。這本書從未出版，因為這個議題實在太複雜了。[34]

熊彼得從不諱言，他的核心觀點承襲自馬克思，並且大力讚揚這位前輩：「馬克思這位經濟學理論家學養淵博……他總是手不釋卷，勤奮不懈。他極少遺漏任何重要的資料文章……對資料總是探究到底……馬克思對工業變革過程的闡述，以及他對其核心意義的理解，都比和他同時代的其他經濟學家清晰得多。」[35]

如今，各大學同樣不再教授熊彼得的學說，他和史密斯、馬克

思、凱因斯同樣遭到漠視；在「市場」上佔據絕對地位的，反倒是一種對經濟學的天真看法。這種觀點只重視價格與交易，彷彿資本主義根本不存在；經濟學家忙著建構動態平衡，彷彿世上不存在技術、成長、利潤和貨幣。這種「新古典經濟學派」的人工世界掌控了每一本教科書，而且經常被稱為「新自由主義」（Neoliberalismus）。

　　新自由主義者自以為他們的理論特別摩登——至少比馬克思或恩格斯來得摩登。但事實並非如此，當今新自由主義經濟學家的觀點，絕大部分源自十九世紀，因此我們有必要先針對新古典經濟學派加以說明。

註釋

1　大衛・哈維（David Harvey），《跟著大衛・哈維讀「資本論」》（*A Companion to Marx's Capital*），第9頁。

2　參見詹明信（Fredric Jameson），《重讀「資本論」》（*Representing Capital*），第11頁。馬克思在1873年《資本論》再版時對前三章內容作了大幅修訂，可知他對這三章有多麼不滿意。例如馬克思在第一章插入一段探討「商品的拜物教性質」的內容，而在此之前，這一段不過是個附錄。直到今天，這段內容依舊深深吸引眾多文學理論家與哲學家，但對馬克思的剩餘價值理論並未提供任何貢獻。第三章論貨幣的部分情況也相同：在《資本論》其他篇章，馬克思再也沒有重回他自己的貨幣理論；更何況他的貨幣理論並不正確（參見本書德文版第189頁以下）。

3　譯者註：德文中「資本主義」的名詞是 Kapitalismus，kapitalistisch 是 Kapitalismus 的形容詞，馬克思並未使用過 Kapitalismus 一詞。

4　在德國，「資本主義」這個概念主要因為兩部書的標題而廣為人知：維爾納・宋巴特（Werner Sombart）的《現代資本主義》（*Der moderne Kapitalismus*, 1902）與馬克斯・韋伯（Max Weber）的《新教倫理與資本主義精神》（*Dieprotestantische Ethik und der Geist des Kapitalismus*, 1905）。

5　馬克思說過一段名言：「貨幣不採取商品形式，就不能成為資本……資本家知

道，一切商品，不管它們多麼難看，多麼難聞，在信仰上和事實上都是貨幣，是行過內部割禮的猶太人，並且是把貨幣變成更多的貨幣的奇妙手段。」這段話之所以聞名於世，不僅因為它生動地總結了G－W－G’的公式，也因為馬克思在這裡對猶太人的影射令人頗為困惑。除了這段話，馬克思在《資本論》中再也沒有提起過猶太人，但在寫給恩格斯的信上，馬克思對猶太人出身的工人領袖斐迪南·拉薩爾（Ferdinand Lassalle）有過蔑視的言論，馬克思戲稱他是「伊戚希男爵」〔Baron Itzig，懷特爾·伊戚希（Veitel Itzig）是十九世紀德國小說《借方和貸方》（Soll und Haben）中為達目的玩弄陰謀詭計的猶太人角色〕，而馬克思早期對猶太人問題的撰述（1843年），至今依然沒有定論。

此處我們無法深入探討馬克思與猶太人的關係。重要的是，在馬克思生前，反猶太思想在文化上依舊影響深遠，而猶太文化、生活方式中，其宗教更是受到排斥，也因此，馬克思父親的經歷顯示出當時常見的情況：猶太人一旦改信基督教，所有的職涯道路便為他敞開。當時由種族主義衍生的反猶太主義尚未盛行，這種反猶主義將猶太人貶抑為遺傳上的低等民族，更在二十世紀導致希特勒（Hitler）全面殺害猶太人的行動。

馬克思並不以自己出身拉比家族為恥，但他認為猶太教守舊且蒙昧。他在《資本論》中的這段話，可視為是一種帶有挑釁意味的反話，一種對反猶主義的玩弄：所有資本家的行為就如人們對猶太人的抨擊，可見猶太人並非特例，而是資本主義的典型行為——如此一來，反猶主義便站不住腳。更深入的說明請參考哈維，《跟著大衛·哈維讀「資本論」》，第91頁，及斯珀珀，《卡爾·馬克思：一個十九世紀的人》，第127頁以下。

6　德國聯邦統計局，《統計年鑑》，2015年，第511頁。

7　參見哈維，《跟著大衛·哈維讀「資本論」》，第243頁以下。

8　史蒂芬·巴哈（Stefan Bach）、安德里亞斯·提曼（Andreas Thiemann），〈重啟財產稅的高額潛在稅收〉（Hohes Aufkommenspotential bei Wiederbelebung der Vermögenssteuer），收錄於《德國經濟研究中心週報》（DIW-Wochenbericht），4/2016，第79-89頁，此處參見第88頁。

9　哈維，《跟著大衛·哈維讀「資本論」》，第170頁。

10　伯恩斯坦，《社會主義的前提條件》（Voraussetzungen des Sozialismus），第209頁。

11　援引漢斯·畢爾格（Hans Bürger）、庫爾特·羅特希爾德（Kurt W. Rothschild），《經濟如何推動世界》（Wie Wirtschaft die Welt bewegt），第18頁。

12　薩·帕麥克（Sevket Pamuk）、楊－路易騰·范·贊登（Jan-Luiten van Zanden），〈生活水準〉（Standards of Living），收錄於斯蒂芬·布勞德伯利（Stephen

Broadberry）、凱文・歐洛克（Kevin H. O'Rourke），《劍橋現代歐洲經濟史》（*Cambridge Economic Historyof Modern Europe*），第 217-234 頁，此處參見第 226 頁。

13 德國聯邦統計局，《統計年鑑》，2015 年，第 319 頁

14 馬克思本人並未意識到，如果工人的實質薪資沒有增加，資本主義便會崩潰，反倒不贊同「消費不足理論」（Unterkonsumtionstheorie）。這種理論認為，經濟危機之所以發生，是因為工人薪資過低，需求不足所致。這種觀點由瑞士經濟學家尚－沙爾・列奧納爾・西蒙・德・西斯蒙第（Jean-Charles-Léonard Simonde de Sismondi, 1773-1842）率先提出，後由德國經濟學家卡爾・洛貝爾圖斯（Karl Rodbertus, 1805-1875）發揚光大。然而，即便西斯蒙第與洛貝爾圖斯也不了解大眾消費所扮演的結構性角色，反倒以低薪解釋週期性的景氣循環。馬克思不贊同這種景氣觀點，他提出有力的論據，來說明長期低薪無法解釋經濟危機何以出現。（參見伯恩斯坦，《社會主義的前提條件》，第 96-97 頁）但馬克思的批評僅止於此，並未對消費的角色做系統性的探討。

15 霍布斯邦，《帝國的年代》（*The Age of Empire*），第 53 頁；另請參考赫爾曼，《資本的世界史》德文版第 48 頁以下。

16 到目前為止已有過幾次證明，「轉形問題」有數學上的解決對策，其中最著名的辦法係由義大利學者皮耶羅・斯拉法（Piero Sraffa, 1898-1983）提出。斯拉法的研究生涯幾乎都在劍橋度過，而他編輯的李嘉圖全集也獲得高度讚揚。斯拉法之所以潛心研究「轉形問題」，是因為這個問題也撼動了李嘉圖的勞動價值說；馬克思不過是將這個學說予以發揚光大。不過，斯拉法抱持的是一種破壞性的意圖：他意不在證明李嘉圖與馬克思的勞動價值說是對的，而是要將新古典經濟學派拉下神壇（另請參見本書第五章）。新古典經濟學派人士認為，想要透過商品的生產費用定其相對價格，例如燈泡相較於鞋子的價格，基本上是不可能的（他們主張採用主觀的效益評估）。斯拉法於 1960 年提出一種利用商品的生產費用同時計算所有相對價格的模型，斯拉法雖然運用該模型成功為「轉形問題」解套，但看在真正的馬克思主義者眼中，這種結果令人極不滿意，因為依據斯拉法的模型，在計算相對價格時，勞動量一點也不重要，難怪他的模型最終促使大多數的馬克思主義者揮別價值理論，從而捨棄剩餘價值說。

17 伯恩斯坦，《社會主義的前提條件》，第 65-66 頁。

18 同前註，第 70 頁。

19 收集到的賦稅數據在網路上公開，有興趣的人可搜尋「World Wealth and Income Database」（www.wid.world），數據持續更新，並且不斷有新的國家加入。

20 皮凱提的數據雖然令人欽佩，但這些數據還不是理論。皮凱提無法解釋，財富

不均何以加劇。他雖然宣稱「資本主義的法則」便是財富的利潤總是大於經濟成長（r>g），因此富者愈富，受薪階級卻成了輸家。然而，這個「法則」並不像它乍聽之下那麼具有說服力，其中一個最主要的弱點是，皮凱提只關注淨資產，已經扣除了負債。由是他忽略了，如果將貸款與國內生產總值相較，則1980年至今，國家、家庭與企業的債務增為兩倍以上。假使沒有這種債務泡沫，就無法想像財富會如此迅速增長，因為貸款具有槓桿效應，能推高股票與不動產的價格，看似放大了財富。〔另請參考丹尼爾・施德特（Daniel Stelter），《二十一世紀債務論》（*Die Schulden im 21. Jahrhundert. Was ist drin, was ist dran und was fehlt in Thomas Pikettys »Das Kapital im 21. Jahrhundert«*）。雖然皮凱提試圖說明「資本主義的法則」，但他並沒有為資本主義下定義，也無法區別資本主義與封建主義的差異，因此皮凱提所設定的「成長」究竟如何形成，答案依舊不明，而財產與薪資的角色也未予以探討。因此，皮凱提雖利用統計數據呈現不平等的現象，卻無法推斷其成因。〔參見史蒂凡・考夫曼（Stephan Kaufmann）、英果・施蒂策勒（Ingo Stützle），《資本主義：最初200年》（*Kapitalismus: Die ersten 200 Jahre*）〕

21 十九世紀時，在檔面上，紙幣該有數量相應的黃金儲備作為擔保，但實際上紙幣幾乎變得不重要，取而代之的是銀行帳戶上的帳面貨幣（Buchgled），而帳面貨幣可利用銀行放貸任意增加，結果貨幣供應量飆升，黃金儲備卻幾乎不動如山。1876年，德意志帝國的貨幣供應量為69億馬克，1913年達到437億馬克。第一次世界大戰前夕，帳面貨幣佔整體貨幣供應量的88%，硬幣僅佔7%，紙幣佔5%。〔貝恩德・斯普林格（Bernd Sprenger），《德國貨幣》（*Das Geld der Deutschen*），第179-180頁與第201-202頁〕

22 亞里斯多德，《尼各馬科倫理學》（*Nikomachische Ethik*），1133a，29-31。另請參考赫爾曼・《資本的世界史》，德文版第109頁以下。

23 哈維，《跟著大衛・哈維讀「資本論」》，第331頁。

24 韋勒，《德國社會史》，第615頁。

25 這一段與之後的引文：卡爾・馬克思、弗里德里希・恩格斯，《評論「資本論」的書信》（*Briefe über »Das Kapital«*），第71頁以下。恩格斯早在1845年就已於《英國工人階級狀況》中精闢探討信貸危機的過程（第314頁）。

26 經常有人認為，馬克思還須為另一項錯誤預測負責：他與李嘉圖同樣預示了「利潤率下降的趨勢」。馬克思在1882年即將告別人世前確實估算過，是否會出現利潤率下降的情況，因為就他的理論推導確實如此：資本家採用的技術若不斷遞增，由於唯有人類的勞動才能創造價值，因此剩餘價值將會遞減。然而，馬

克思本人也發現，他自己的理論也涵蓋了另一種反向趨勢：技術的運用使較少的勞動力能生產工人所需的糧食，這代表單一勞動力的「相對剩餘價值」（relativer Mehrwert）增加；與此同時，仰賴技術支援，製造機器所需的勞動力減少，如此則技術的價值減降，最終則剩餘價值的佔比及它所影響的利潤率傾向不變。這個觀點似乎也符合實際的情況：根據馬克思的觀察，英國等先進國家，其經濟獲利高於奧地利等當時較落後的國家，就此而言，運用技術不僅不會降低，反而能提高利潤。因此，馬克思關於利潤率下降趨勢的觀點僅出現在《資本論》第三卷中，該卷資料出自1864-65年匯集整理的筆記；而在後來完成的第一卷則未曾提起「利潤率下降的趨勢」。

27 高伯瑞，《富裕社會》（*The Affluent Society*），第61頁。

28 參見林斯，《最重要的經濟思想家》，第76-77頁，或羅伯特・海爾布魯諾（Robert L. Heilbroner），《俗世哲學家：改變歷史的經濟學家》（*The Worldly Philosophers, The Lives, Times, and Ideas of the Great Economic Thinkers*），第293頁。

29 1905年，熊彼得在維也納大學（Wiener Universität）受教於保守派經濟學家歐根・馮・博姆－巴維克（Eugen von Böhm-Bawerk），在他的馬克思研究課上首次接觸到馬克思的學說。博姆－巴維克致力探討馬克思的理論，並指出馬克思的「轉型問題」是無法解決的。這門課除了熊彼得，還另有四名學生，而這些人後來都同樣聲名卓著，其中三人更成為馬克思主義者：奧托・鮑爾（Otto Bauer）後來成為奧地利外交部長，並創立「奧地利馬克思主義」（Austromarxismus）；魯道夫・希法亭（Rudolf Hilferding）曾兩度擔任德國財政部長，他的《金融資本》（*Das Finanzkapital*）發展出國家壟斷資本主義（Staatsmonopolistischer Kapitalismus）理論；埃米爾・萊德勒（Emil Lederer）是知名的社會學家；而第四位學生，經濟學家路德維希・馮・米塞斯（Ludwig von Mises）則成了激進的自由主義者。

30 熊彼得，《經濟發展理論》（*Theory of Economic Development*），第66頁。

31 恩格斯甚至早在1845年便描述企業家借助新技術，享受壟斷式利潤的景況：「但是資產階級卻獲得了機器改進的全部利益。在最初幾年，當許多老機器還在工作，改進還沒有普遍實行的時候，資產階級抓到了發財致富的最好的機會。」（《英國工人階級狀況》，第363頁）

32 海爾布魯諾，《俗世哲學家：改變歷史的經濟學家》，第297、309頁。熊彼得在哈佛大學求學時，海爾布魯諾與他結識，因此海氏對熊彼得心理狀態的說明想必相當準確：當熊彼得熱情洋溢地談論奮發圖強，富有創造力的企業家時，他說的正是他自己。因為熊彼得本人也是力爭上游的人：他的繼父是具有貴族身分的軍官，因此他是在體面的維也納環城大道（Ringstraße）長大成人，但他

的生父卻是捷克摩拉維亞區（Mähren）特熱什季（Triesch）鎮一家織布廠的所有人。熊彼得的母親野心勃勃，她在先生過世後不久，便尋覓第二任夫婿，以讓天賦優異的兒子約瑟夫・熊彼得接受優良的學校教育，為將來的社會發展鋪路為目標。

33 托馬斯・麥克勞（Thomas K. McCrau），《創新的先知：熊彼得與創造性破壞》（*Prophet of Innovation: Joseph Schumpeter and Creative Destruction*），第68-69頁。

34 同前註，第155頁。另可參考庫爾茲、史圖恩，《人人都看得懂的熊彼得》（*Schumpeter für jedermann*），第83-84頁。

35 熊彼得，《資本主義、社會主義與民主》（*Capitalism, Socialism and Democracy*），第21、32頁。這部熊彼得的晚年作品純粹在歌頌馬克思，不僅開頭四個篇章標題分別為「先知馬克思」（Marx, der Prophet）、「社會學家馬克思」（Marx, der Soziologe）、「經濟學家馬克思」（Marx, der Ökonom）與「導師馬克思」（Marx, der Lehrer），熊彼得與馬克思同樣預示資本主義將滅亡：經濟的集中化不斷升高，最後只剩下大型托拉斯，連最傑出的企業家也沒有機會有更多的力量來對抗橫行於大集團的官僚主義，於是資本主義便惡化成了計畫經濟（Planwirtschaft）。

第五章
資本主義無足輕重：
新古典經濟學派

　　亞當‧史密斯影響其追隨者相當長的時間，但最晚在 1876 年，他便喪失了影響力。《國富論》出版一百週年時，英國一位財經記者白芝浩便以毫不客氣的筆調寫道：「這是一本談論舊時代的有趣書籍，儘管歷經社會環境的變遷，這本書已經失去其直接效用……但鮮少有書籍網羅如此豐富的舊世界奇特百態，彷彿記錄了當時的任意抽樣（willkürliche Stichprobe），例如：『一輛寬輪距馬車，有兩名馬車夫，由八匹馬拉動』，在當時『花六星期在倫敦與愛丁堡之間做生意』。」[1]對白芝浩與當時的人來說，如此勞力密集的龜速實在難以想像：1876 年，相同的路程，搭乘火車僅需 10.5 小時。

　　李嘉圖的境遇也好不了多少。大約同一時間，經濟學家威廉‧斯坦利‧傑馮斯（William StanleyJevons）對他如此評論：「這個能幹，但腦筋古怪的男人將經濟學帶上錯誤的軌道。」傑馮斯下了極為輕蔑的斷語：「當時我們英國的經濟學家活在一個愚人天堂。」[2]

　　英國經濟學家全新的自信源自一種理論變革。此時經濟學出現了後來所稱的「邊際革命」（marginalistische Revolution），人們告別了影響古典經濟學至深的勞動價值說，改將消費者置於中心。現在

該由理性「經濟人」（Homo oeconomicus）的評估來解釋，價格是如何形成的。

主觀效用才算數

這種新論點也是從「鑽石與水的矛盾」出發，而這個矛盾早已令亞當・史密斯大感頭痛。相較於一無用處的鑽石，生命不可或缺的水何以如此廉價？對此，「邊際效用論者」認為，關鍵在於主觀效用。對口渴的人來說，他喝下的第一口水極具價值，但隨著喝下的水愈多，口渴的感覺就愈遞減，最後這個人就不願再花錢買水了。

商品最後一個單位的效用，也就是所謂的邊際效用（Grenznutzen），決定了商品的價格：如果水量豐沛，足夠為所有的人解渴，水就一文不值了。反之，沙漠中每滴水都攸關生死，水價便極為高昂，即使是最後一滴飲用水，仍然具有極高的邊際效用。

商品的效用至關重要，這並非新穎的觀點。中世紀的神學家托馬斯・阿奎那（Thomas von Aquin，義大利文為Tommaso d'Aquino，1225-1274）便認為，價格取決於效用，無關商品內在的「固有」價值。如此一來，他便面臨了教義上的矛盾：在上帝眼中，奴隸的價值高於馬匹，因為相較於其他動物，人類與造物主更為相似；然而，有時馬匹的價格卻高於奴隸，可見市場並不遵循宗教所認定的價值等級。這種矛盾促使阿奎那做出以下的解釋：「一匹馬有時會賣得比一名奴隸還貴，可知販售物的價值，並非取決於它們在自然界的級別，而是取決於它們們的效用。因此，賣家或買家無需了解販售物隱藏的屬性，只需知道它們適於人類效用的那些特質就夠了。」[3]

亞當・史密斯與李嘉圖也意識到，效用與短缺有一定的影響。

在《國富論》中，「需求」一詞共出現269次，「供給」僅出現144次，[4]但古典經濟學家仍認為，世界上存在一種客觀、恆定的使用價值：電燈有其用途，因此具有交換價值。

新古典經濟學派告別「商品具有客觀效用」的觀點，將效用定義為主觀效用，而且是遞減的：已吃下兩顆柳丁的人，就不再想吃第三顆；重要的是邊際效用，而邊際效用的英文是margin，因此新古典經濟學家在德文稱為Marginalisten。邊際效用的觀點同時由幾位不同的經濟學家提出，[5]自1871年起大行於世。

由此方法導出的結果是，個人該如何用錢求得最大效益；用數學語言表示：一切商品的邊際效用與價格，兩者的比例應該相等。

在日常生活中，我們對這種計算都很熟悉：家中有五公斤麵粉的人，會暫時不考慮再加買一公斤，因為這麼做的話，邊際效用等同於零。相較之下，不如買做蛋糕所需的蛋；如此則主觀邊際效用相當高，因為沒有蛋，蛋糕就做不成。

因此，目標在於善用自己的預算，至於公平正義則無關緊要：對邊際效用的擁護者而言，是否有的家庭貧困而有的富有並不重要。新古典經濟學派認定，人人都擁有「基本配備」，重點在於，個人如何運用自己的錢，將自己的效用最大化。以專業的語言表示便是：如何將有效的資源進行最佳分配。至於「想要的話，有錢人家可以隨便餵貓喝奶，窮人家的孩子卻連潔淨的水都沒得喝」，則不是他們所關心的。[6]

這種新觀點至少有一大優點，就是不再需要從亞當·史密斯起一直造成干擾的雙重概念。如今不再需要「使用價值」與「交換價值」，而是主觀邊際效用同時確認了交換價值。

儘管如此，對於新古典經濟學派來說，依舊很棘手。直到今天，

他們還是無法解決令其理論糾結的諸多矛盾。因為每個個體擁有自己的主觀偏好還不夠，若想優化其效用，這些個體必須與他人進行交換，直到個體獲得想要的商品為止。而若想讓所有的需求都能以理想方式獲得滿足，市場就必須達成平衡，亦即每位賣家都必須找到買家，反之亦然。

未解之謎：價格如何形成？

然而，如果每個個體都只關心自己的效用，是否真的可以達成某種一般均衡（allgemeines Gleichgewicht）？這個問題一直困擾著法國經濟學家里昂‧瓦爾拉斯，而他在1874年果真提出數學方法證明，確實可能存在某種一般均衡。這裡強調的是「可能」，因為數學解決方案無法保證適用於經濟領域，例如計算的結果，價格或數量可能出現負數；此外，一般均衡體系也可能出現一種以上的解答。

更糟的是：導向平衡的市場流程應該是何等模樣，也完全不清不楚。新古典經濟學派假設，如果任何個體都無法自行制定或影響價格，那麼所有個體彼此都處於完美的競爭當中。但如果對每位參與市場交易者而言，價格早就存在，那麼這些價格又是從何而來？如此便出現了先有雞或先有蛋的問題：必須先有價格，才能優化效用，但又正好需要這種優化過程才能形成價格，因此瓦爾拉斯根本無法解套。至今新古典經濟學派仍無法解決這個根本問題，但這個困局卻阻攔不了自由主義經濟學家以一般均衡理論為前提（參見本書第八章）。

「新古典經濟學」（Neoklassik）這個說法其實很容易造成誤解，因為這個名稱的前綴「Neo」會讓人誤以為，它只是對亞當‧史密斯

或卡爾・馬克思等「古典」（Klassik）經濟理論予以補充或承續。事實上，新古典經濟學派是百分之百的典範轉移──甚至是一場退回虛構中世紀的時光之旅。

新古典經濟學派淡化了現實中存在的資本主義，反而描述純粹的交換經濟。他們漠視生產過程，彷彿商品已存在，或從天下掉下來，於是消費者成了最重要的角色，而資本家、投資、技術、勞動、成長都變得不重要了。他們不再探討資本主義的強大動能，反而關注靜態的「均衡」，而史密斯、李嘉圖與馬克思致力探討的社會衝突，也同樣被他們置之度外。工人與企業主之間的分配鬥爭不再出現，關注的只是最理想的分配與個人邊際效用的極大化。

英國經濟學家瓊・羅賓遜（Joan Robinson）曾生動地指出，新古典經濟學派的世界有多荒謬。她表示，符合瓦爾拉斯觀點的真實事例只有一椿，那就是戰俘營。生活在那裡的人，「多少得仰賴官方配給，每個月都會從紅十字會收到一袋物品。這些物品並非根據收件人的口味寄送，因此戰俘們必須以自己較不想要的物品換取自己較想要的，直到眾人各得所需。買賣會持續進行，直到每件物品的供給與需求達成平衡……而且參與交易的人不需要以現行價格進行交易。」[7]

儘管新古典經濟學派無法呈現真實世界的樣貌，卻躍升為主流學說，因為他們握有一件無與倫比的優勢：他們的模型運用微積分，能以漂亮的數學公式呈現。此外，經濟學家至今依舊很容易陷入一種方法上的錯誤推論：經濟領域總是離不開數量和價格，亦即離不開數字，而數學同樣運用數字；就此看來，經濟學採用數學公式想必也相當「科學」。[8]

結果舉證責任倒轉過來：雖然瓦爾拉斯的模式明顯有許多令人

詭異的缺陷，但若想提出批判，這些批判卻必須同樣披上數學公式的外衣，才能獲得接納。只是，資本主義的社會實況變動太快又極其複雜，無法以方程式或函數加以描述，結果是：資本主義在這種理論中消失得無影無蹤，最後勝出的是數學模型，而非現實。

事實遭到漠視：據說大集團不賺錢

競爭和企業規模等議題，也顯示新古典經濟學派有多麼脫離現實。該學派的出發點還沒有什麼問題，也與史密斯和馬克思相同，都是企業家想要將利潤最大化。第二步也具有說服力：對公司而言，重要的是邊際成本（Grenzkosten），亦即最後一個產品單位的成本。邊際成本不得高於邊際效益（Grenzerlös），也就是最後一個產品單位的收入，因為對公司而言，生產賠錢出售的產品是沒有意義的。

但是，接下來就荒謬了：新古典經濟學派認為，投入的資本（無論是勞動力或機器）越多，公司的邊際成本便會跟著增加！因此，最後一個產品單位勢必較貴。邊際主義者嚴肅表示，大公司並不划算。這種觀點如此不合情理，僅能以極端的例子來說明。且讓我們以麥田為例：為了能加快收割速度，於是麥田主人雇用更多農工。雖然每個收割工人提高了總收成量，但總有一天這些工人會彼此「礙手礙腳」，而導致邊際成本攀升，邊際產量（Grenzertrag）趨近於零，麥田主人便不再加雇收割工人。[9]

然而，麥田的案例並非一般情況，亞當・史密斯已理解技術的運用有助於獲利，他所舉的大頭針工廠這個著名的案例便說明了，大型企業能達到小型企業永遠達不到的產能。套用經濟學的話來說：企業規模愈大，規模報酬就會上揚，邊際成本則會下降。

生產個性化商品的公司原本想與資本主義抗衡，結果卻嚐到這種邏輯的苦頭。以有機店為例：起初市場上的有機店以小商店為主，如今這些小商店幾乎銷聲匿跡，取而代之的是連鎖企業，它們的大型賣場往往佔據兩個樓層，有些甚至還裝有電扶梯，規模報酬遞增的威力銳不可擋，畢竟一輛貨車運送一百公斤的水果，而非只載送一箱蘋果，成本要低廉得多。同理，工作忙碌的收銀員總比須等候兩小時才有下一個顧客上門的收銀員更為便宜。

資本主義容易導向大型企業，這是顯而易見又人盡皆知的事實：自1870年起，托拉斯、康采恩與卡特爾獨霸經濟，諸如巴斯夫（BASF）、拜耳（Bayer）、西門子（Siemens）、蒂森（Thyssen）、克虜伯（Krupp）等大型集團，至今仍然掌控市場，但新古典經濟學派卻堅守大型企業不划算的印象，何以如此？

新古典經濟學派的理論，連同他們的數學模型只在（幾近）完全競爭之下才適用，而經濟一旦由大集團掌控，競爭便會消失，形成所謂的寡頭壟斷，重要的領域由少數企業操控，它們彼此瓜分「市場」，直接或間接地議定價格。[10]

不僅如此，即使存在真正的競爭，新古典經濟學理論也派不上用場。幸運的是，「無限制」的競爭僅存在其發明者的幻想中。保守派經濟學家熊彼得的說法還相當客氣：「假使完全競爭是常態，值得慶幸的理由也遠比我們設想的要少得多。」[11]

此外，先有雞還是先有蛋的問題又會再度浮現，並且顯示在顧客端：假使所有公司都處於完全競爭狀態，就沒有任何公司能影響價格。那麼，價格是如何形成的？單一公司必須先知道原物料與中間消費的價格，才能計算生產所需的「邊際成本」，但這些價格又必須先在市場運作中形成；如此一來，新古典經濟學派就陷入一種

進退維谷的尷尬境地：雖然他們能夠解釋為何鞋子比房屋便宜，卻無法推導鞋子與房屋的價格是如何形成的。[12]

熊彼得嘲諷新古典經濟學派：不過是「可憐的傢伙」

新古典經濟學派不但不清楚價格是如何形成的，他們也無法解釋利潤為何存在。邊際主義認為，任何企業都極力想把自己的利潤最大化，但「利潤」這個概念仍舊模糊不清。

新古典經濟學派認為企業家必須冒險，因此利潤是一種報酬。然而，在靜態交換經濟中根本不存在任何風險，小型企業只需安坐於自己的小角落，配合現有的價格就行了。因此，熊彼得嘲諷那些企業所有者是「無趣的均衡人」（Gleichgewichtsmenschen），「我們那些戒慎恐懼尋求均衡，沒有企圖心，沒有企業家精神；簡單來說就是沒力氣又沒活力的經濟主體（Wirtschaftssubjekt），是何等可憐的傢伙！」[13]

這些公司所有人只是「靜態的廠長」，因為在沒有風險與技術革新的世界裡，他們無事可做，只需維持公司運作的順暢。雖然這些公司所有人從高於產品成本的銷售價格中賺到錢，但這不是利潤，只是他們從管理生產獲得的一般勞動收入。或許這種收入遠比工人的薪資高出許多，其本質卻只是一種工資。

早在一百多年前，熊彼得便已洞察，有成長才有利潤，新古典經濟學派卻未曾探討過成長這個議題，因為持續不斷的成長會干擾他們想要的均衡，甚至更糟：成長向來以創新為基礎，偏偏邊際成本模式無力處理技術革新，因為許多創新不是單靠改變特定產品的預就便能達成，而必須破壞整個產品類型。

舉例來說，自從電腦出現後，打字機就賣不出去。以生產打字機聞名的奧林匹亞公司（Olympia-Werke）並非因為算錯邊際成本而銷聲匿跡，是因為再也沒有人想購買他們的產品，以熊彼得的話來說：「這種競爭……不僅打擊現存公司的銷量與邊際產量，更動搖它們的根本與存在。」熊彼得犀利批判重大的謬誤：「新古典經濟學派以為只需要說明『資本主義如何管理現有結構』，但關鍵問題在於，資本主義是如何形成並破壞現有的結構。」[14]

新古典經濟學派對成長、技術、大型企業、利潤等一概不知，儘管熊彼得早在1914年便蔑稱，這種理論的適用範圍極為「有限」。在此我們不得不質疑，學習他們那套「特有的系統」，對國民經濟學是否有用；[15]但這種膚淺的理論卻稱霸至今。

儘管熊彼得對新古典經濟學派提出如此嚴苛的批判，該學派人士卻絲毫不以為意，甚至推崇熊彼得是經濟學神童，並且在1932年延攬他到哈佛大學，因為熊氏的種種批判都不具殺傷力。熊彼得採納馬克思的主要觀點，卻是個忠貞的微觀經濟學家。熊氏與新古典經濟學派同樣將企業家這種個人擺到中心位置，並創造出一種至今廣獲經濟學主流採用的說法：方法論的個人主義（methodologischer Individualismus）。這種觀點將經濟視為其個別部分的總和，認為於企業家有利的，對大眾也有利。

危機？何種危機？

結果出現矛盾卻皆大歡喜的現象：當其他新古典經濟學派人士死守著完全競爭時，熊彼得闡述了資本主義的集中過程。可惜現實不買帳，嚴重的經濟危機不斷出現，但在新古典經濟學派眼中，危

機同樣並不存在。

新古典經濟學派描述了一種靜態的交換經濟，他們的出發點是，所有工廠產能都持續滿載，適用所謂的薩伊定律（Say'sches Gesetz）。此定律乃是以法國經濟學家尚－巴蒂斯特·薩伊（1767-1832）命名，並假設所有供應都會創造自己的需求，因此不可能出現銷售危機。

認為供應總是能創造需求，這種想法也非全然錯誤，因為一旦生產商品，就會產生收入：工人獲得工資，管理人也獲得酬勞，這代表有足夠的錢可以購買商品。因此新古典經濟學派樂觀假設，每件商品都自然而然能找到買家。

他們認為，銷售危機雖非完全排除，但應該只發生在單一商品上，例如藍色牛仔褲過多，但顧客偏好黑色牛仔褲，於是就如同在一週舉辦一次的集市上，價格會創造出均衡：黑色牛仔褲短缺，因此變得較貴；藍色牛仔褲的售價則不斷調降，直到部分顧客改變主意，轉而購買藍色牛仔褲。最終供需再次達成平衡。

但這種模式存在一大弱點：唯有顧客願意花錢，而非過度儲蓄時，這種模式才可行。因為轉移到戶頭上的每一分錢都無助消費，容易導致銷售危機。如此一來，新古典經濟學派不得不假設，儲蓄金額永遠與投資所需的資金相等，儲蓄不可過多。

新古典經濟學派堅信自己找到了這個問題的解方，他們設想，透過利息調節，能使儲蓄與投資達成一致。這種「流體力學」相當簡單：當儲蓄過多時，貨幣供給過量，利息於是降低；由於貸款變得相當便宜，企業於是重啟投資，儲蓄的人也開始消費，因為把錢存在銀行裡已經不划算了。如此這般，很快又達成完美的均衡。

因此，價格與利息的作用在避免出現嚴重的銷售危機。這種理論看似深具說服力，卻與事實不符，危機依然頻頻出現。1848年，

馬克思與恩格斯在《共產黨宣言》中便已指出:「在危機期間,發生一種在過去一切時代看來都好像是荒唐現象的社會瘟疫,即生產過剩的瘟疫。社會突然發現自己回到了一時的野蠻狀態……彷彿是工業和商業全被毀滅了——這是什麼緣故呢?因為社會上文明過度,生活資料太多,工業和商業太發達。」

正如馬克思與恩格斯的正確觀察,銷售危機確實起於生產過剩,但新古典經濟學派卻無法將這個簡單的事實納入他們的模式,因為他們總是忙著計算「短缺的」商品該如何理想分配,反而將生產過剩完全排除在外。

新古典經濟學派不只難以解釋危機何以出現,他們同樣無法解釋何以景氣一蕭條,人們便會失業。因為依據他們的想法,就業市場的運作就如同馬鈴薯市場:一旦馬鈴薯過多,價格便會下降,直到所有的馬鈴薯都賣得出去。與此類似,工資也會一再下降,直到所有失業者都再度找到工作為止。

但很快便證實,這種論點也不可能正確。1873年的經濟危機使工資下降約50%,但歐洲依然有許多人失業,致使上百萬居民移民到美國。為了挽救自己的理論,新古典經濟學派於是提出一個令人驚訝的論點:失業者是自願失業的!他們寧願捨棄工作,也不願屈就低得不能再低的工資。

這種觀點不只諷刺,顯然也錯得離譜。亞當·史密斯早已了解工人幾乎沒有能力儲蓄,因此可以遭人無限制地勒索。史密斯在《國富論》中寫道:「沒有工作……許多工人撐不過一星期。」為了避免餓死,他們連低得不能再低的工資也會接受。

雖然其中的矛盾顯而易見,新古典經濟學派卻持續很長一段時間堅持這種歪曲的理論,直到1929年全球經濟危機爆發,美國的經

濟力萎縮三分之一，物價滑落約25%，有85,000家美國公司破產，五分之一以上的美國銀行關閉，導致八百萬名儲戶的錢蒸發，每四個勞動人口就有一人失業。

當時德國的情況更加倍地嚴重：根據官方資料有六百萬人失業，實際失業人數可能遠超過八百萬人，佔勞動人口的三分之一。當時德國工會的統計調查更詳盡：他們的會員有46%失業，21%打短時工，只有33%有全天候的工作。1933年，奧地利有27%的人失業。[16]

面對這場危機，新古典經濟學派認為失業者是自願失業，而公司之所以破產，是因為他們提供了錯誤的商品，更顯荒謬。連向來深具洞察力的熊彼得也不知所措。他在哈佛以帶著維也納腔的英語向學生解釋：「各位先生，大家不該對不景氣憂心。對資本主義而言，不景氣就像一場有益的冷水澡。」[17]這種說法令學生大感意外。

全球經濟危機暴露出，新古典經濟學派除了不知何謂成長、何謂利潤，也不知何謂技術革新與大企業，而且新古典經濟學派還存在一個非常嚴重的基本思維的謬誤。但問題究竟出在哪裡？對此，約翰・梅納德・凱因斯提出解答：新古典經濟學派不了解貨幣所扮演的角色，以為貨幣只是「像一層面紗」籠罩著經濟。

註釋

1　白芝浩，〈亞當・史密斯其人〉，收錄於：《白芝浩作品集》（*The Works of Walter Bagehot*），第三卷，Hartford，1891年，第269-306頁，此處見第297頁。

2　援引自金，《大衛・李嘉圖》，第172頁。

3　援引自亞瑟・艾利・門羅（Arthur Eli Monroe）編，《早期經濟思想作品選集：從亞里斯多德到休謨》（*Early Economic Thought. Selected Writings from Aristotle to Hume*），第59頁。中世紀已不再有奴隸，托馬斯・阿奎那引用了古羅馬神父，希波的奧古斯丁（Augustinusvon Hippo, 354-430）提出的問題：奧古斯丁也曾探

討，為何一般而言奴隸比馬匹便宜，女傭比珍珠廉價。〔奧古斯丁，《上帝之城》（*De Civitate Dei*），第XI卷，第16章〕

4　馬克・史庫森（Mark Skousen），《三大經濟學家：亞當・史密斯、卡爾・馬克思與約翰・梅納德・凱因斯》（*The Big Three in Economics: Adam Smith, Karl Marx and John Maynard Keynes*），第15-16頁。

5　德國經濟學家赫爾曼・海因里希・戈森（Hermann Heinrich Gossen, 1810-1858）早在1854年便在他的代表作《人類交往的法則與人類行為規範的發展》（*Entwicklung der Gesetz des menschlichen Verkehrs und der daraus fließenden Regeln für menschliches Handeln*）中率先提出邊際效用理論，可惜未受經濟學界重視。威廉・斯坦利・傑馮斯（1835-1882）的《政治經濟學理論》（*Theory of Political Economy*）雖到1871年才出版，但1862年時，他已經在〈政治經濟學數學通論〉（Notice of a General Mathematical Theory of Political Economy）中闡述了他對邊際效用理論的核心思想。此外，他還援引經濟學家理查德・詹寧斯（Richard Jennings, 1855）的著述。與此同時，奧地利經濟學家卡爾・門格爾（Karl Menger, 1840-1921）也在《經濟學原理》（*Grundsätze der Volkswirtschaftslehre*）發表邊際效用理論。1874年，法國經濟學家里昂・瓦爾拉斯（Léon Walras, 1834-1910）也在他的《純粹政治經濟學綱要，或社會財富理論》（Élémentsd'économi epolitiquepureouthéorie de la richessesociale）中提出。瓦爾拉斯乃以父親奧古斯特・瓦爾拉斯（Auguste Walras）的論點為基礎，而後者又深受法國經濟學家安東尼・奧古斯丁・庫爾諾（Antoine-Augustine Cournot, 1801-1877）啟發。由此看來，當時邊際效用理論顯然已經蓄勢待發，因此許多經濟學家都分別提出這種理論。〔另請參考馬克・布勞格（Mark Blaug），《經濟理論回顧》（*Economic Theory in Retrospect*），第304頁以下〕當馬克思孜孜矻矻地撰寫《資本論》時，新古典經濟學派也開始崛起，因此早期新古典經濟學派人士並不知道有馬克思這號人物，只是針對史密斯與李嘉圖發展自己的反模型。反之，馬克思至少在死前不久便已注意到傑馮斯；為了對新古典經濟學派做出回應，他甚至還研究了微分學，但他並未針對新古典經濟學派寫下任何評論。（斯珀珀，《卡爾・馬克思：一個十九世紀的人》，第460-461頁）

6　米夏爾・海涅（Michael Heine）、漢斯約格・赫爾（Hansjörg Herr），《經濟學：微觀與宏觀經濟學的範式取向介紹》（*Volkswirtschaftslehre. Paradigmenorientierte Einführung in die Mikro- und Makroökonomie*），第18頁。如果邊際效用能以明確的數字表示，那麼邊際效用理論原本甚至帶有濃厚的社會批判色彩。例如：一名窮工匠亟需一（第一）輛車，才能前往他的新工作地點。一戶有錢人家也可

能同樣需要一（第二）輛車，好接送女兒上學，否則孩子就得自己走路。乍看之下，如何在整體社會考量下優化邊際效用似乎很簡單：把錢從富人再分配給窮人，那麼窮人就可以前往新的工作地點，這樣邊際效用將明顯增加；對富人家的孩子而言，走路上學也無妨。但事實上，這種客觀估算無法執行，因為新古典學派的出發點是一種主觀感受上的主觀效用。或許有錢人家非常討厭步行，又或許車子對他們來說就和對工匠同樣重要。因此，義大利經濟學家維爾弗雷多・帕雷托（Vilfredo Pareto, 1848-1923）提出另一種效用的算法：他以序數表示主觀的偏好順序，由此可以看出，對工匠而言，一輛車比一塊蛋糕重要；而對有錢人家而言，一輛車比飛往紐約度假來得急迫；然而，這種個人化的偏好順序無法在不同的主體之間進行比較。新古典經濟學派這種「序數」式的詮釋，使他們自然而然帶有結構保守主義的（strukturkonservativ）傾向。

7　米海涅、赫爾，《經濟學：微觀與宏觀經濟學的範式取向介紹》，第17頁。

8　熊彼得便是以這種錯誤推論展開他的經濟學生涯。1906年，23歲的他發表了一篇關鍵性的論文——〈論理論經濟學的數學方法〉（Über die mathematische Methode der theoretischen Ökonomie），他認為經濟學概念是「量化」的，因此我們的學科是數學的學科。另請參考庫爾茲、史圖恩，《人人都看得懂的熊彼得》，第87頁。

9　海涅、赫爾，《經濟學：微觀與宏觀經濟學的範式取向介紹》，第63頁。

10　針對在寡頭壟斷下，其他公司如何因應這個議題，借助所謂的賽局理論，目前有了相當清楚的研究結果。簡單來說，就是：面對寡頭壟斷，其他公司只有兩種對策：要不是打價格殊死戰，便是與寡頭壟斷的集團合作，但這兩種情況在新古典經濟學派的競爭模式中都未出現。

11　熊彼得，《資本主義、社會主義與民主》，第78頁。

12　事實上，不僅大集團操弄價格策略，小公司或店家也能決定自己的價格。以餐廳為例：每家餐廳都是獨一無二的，因為它們的位置、供應的餐點、陳設布置或音樂等都各不相同。雖然餐廳之間互搶顧客，卻非提供一模一樣的商品；而從這種現象也衍生出「獨佔性的競爭」（monopolistische Konkurrenz）的概念。

13　援引自庫爾茲、史圖恩，《人人都看得懂的熊彼得》，第96頁。

14　熊彼得，《資本主義、社會主義與民主》，第84頁。

15　援引自庫爾茲、史圖恩，《人人都看得懂的熊彼得》，第223-224頁。

16　關於經濟危機另請參考赫爾曼，《資本的世界史》，德文版第162頁以下。

17　援引自海爾布魯諾，《俗世哲學家：改變歷史的經濟學家》，第291頁。

第六章

貨幣到哪裡去了？：
約翰・梅納德・凱因斯

在今天，人人都是凱因斯的信徒，就連公開反對凱因斯理論的保守派經濟學家，也深受其理論的影響。現在再也沒有人會懷疑，貨幣在資本主義中至關重要。

最早洞察貨幣重要性的人正好是凱因斯，這並非偶然：貨幣是他的職業、學術愛好和嗜好。凱因斯不僅是貨幣理論家，也是財經政治家、交易所的投機客。他賭貨幣、原物料和股票，運用金融衍生產品和貸款，身後留下相當於2,200萬歐元的資產，同時還管理劍橋國王學院（King's College）的「金庫」，使該學院致富。

而今凱因斯往往被視為「左派」，甚至是激進派，但這其實是一種誤解，凱因斯應該是屬於保守派，他想拯救他所屬的世界。凱因斯不是反抗者，他屬於英國的菁英階層。凱因斯的父親是頗具聲望的經濟學家，凱因斯的弟弟傑佛瑞（Geoffrey）與查爾斯・達爾文（Charles Darwin）的孫女結婚，而凱因斯的妹妹瑪格麗特（Margaret）的夫婿——生理學家阿奇博爾德・希爾（Archibald Vivian Hill），在1922年榮獲諾貝爾醫學獎。凱因斯本人則上過菁英私校伊頓公學（Eton College），後來在劍橋大學攻讀，成為劍橋大學國王學院的

教師、英國首相的顧問、一些伯爵夫人的橋牌搭檔，另外，他還是藝文團體「布魯姆斯伯里」（Bloomsbury）的成員。正如他的傳記作者羅伯特‧史基德斯基（Robert Skidelsky）的描述：「在他一生中，他幾乎沒有哪個時期不是從極高的高度……睥睨全英國。」[1]

凱因斯極為聰慧且多才多藝，但若不是他躋身英國上層階級，或許他的新理論就不會如此迅速發揮巨大的影響力。凱因斯的觀點被聽見了，原因不在於他是「左派」，而是因為他屬於「對的」圈子。凱因斯是自由派人士，甚至是自由黨員。但他不同於今天的新自由主義者，他知道，自由思想必須重新定義。

連保守派人士也不得不承認，凱因斯是重要的理論家，但現在的保守派卻故意將他貶抑為「危機經濟學家」[2]。這個稱號會令人以為，雖然凱因斯為起自1929年的全球經濟危機提供了極佳解釋，除此之外無重要貢獻。這種看法並不對。事實上，凱因斯徹底改變了整個經濟學，從工資、通膨、利息、風險交易、投資、貨幣到國際貿易，沒有哪個議題是他的新理論沒有碰觸到的。凱因斯為我們擬出全新的經濟的全球觀點，這個貢獻只有在他之前的亞當‧史密斯與卡爾‧馬克思堪與比擬。

父母親的驕傲：凱因斯光榮入學伊頓

馬克思歿於1883年，而同一年凱因斯出生。凱因斯從小便非常聰慧，不到兩歲時母親便擔心「他用腦過度」。雖然雙親一直為他的健康憂心，對他卻施以嚴格的訓練：凱因斯必須克服大學課業的層層難關，並獲得所有重要的獎助學金。在這種壓力之下，其他孩童早就崩潰了，但凱因斯的表現甚至比他那野心勃勃的雙親所能夢

想的更為優異。

　　凱因斯的父母親也在嚴格的訓練下成長，尤其凱因斯的父親內維爾（Neville）的童年更滿是創傷。他不斷受到鞭策，必須取得最優異成績，而現在，他將自身的經驗灌注在長子身上。

　　凱因斯家族的歷史是一部典型的平步青雲史：凱因斯的祖父約翰出身索爾茲伯里（Salisbury），11歲時便在父親的小型製刷廠擔任父親的學徒，並將工廠發展得欣欣向榮，但後來卻轉換跑道。他熱愛園藝，後來更將嗜好變成職業。1841年，約翰在巨石陣（Stonehenge）舉辦一場大麗花展，吸引數千人前往參觀。不久，他更將植物種類擴展到馬鞭草、玫瑰、石竹與葡萄屬。1876年，約翰獲選為索爾茲伯里市長，在1878年過世時，留下超過40,000英鎊的遺產，相當於今天的四百萬英鎊。

　　約翰‧凱因斯飛黃騰達的故事彰顯出英國維多利亞時代的光明面：當馬克思與恩格斯致力記錄英國無產階級的慘況時，英國新興中產階級也應運而起，他們有錢有閒，可以為前院該栽植的花木傷腦筋。

　　內維爾‧凱因斯是這位成功園藝商的獨子，而內維爾才初露頭角，家人就開始為了他的學術成就而嚴加訓練。起初，內維爾一一達成家人的期待，他如願進入劍橋大學攻讀數學、經濟學，並深獲亨利‧西季威克（Henry Sidgwick）與阿弗雷德‧馬夏爾（Alfred Marshall）兩位聲譽卓著的師長賞識。看來前途似錦，何況內維爾還撰寫了兩部非常成功的教科書：邏輯學入門書《形式邏輯之研究與練習》（*Studies and Exercises in Formal Logic*, 1884）的見解獨到，甚至激勵聞名於世的哲學家喬治‧愛德華‧摩爾（George Edward Moore）與伯特蘭‧羅素（Bertrand Russell）撰寫進一步的研究。他對當時經

濟理論的整體論述《政治經濟學的範疇與方法》（*The Scope and Method of Political Economy*, 1891），即使到了今天，舉凡探討新古典經濟學派者，無不徵引書中內容。[3]

內維爾原本可順利成為教授，尤其經濟學家威廉·斯坦利·傑馮斯與與阿弗雷德·馬夏爾都四處為他引薦，但內維爾謝絕所有的職位，不願前往倫敦、牛津或芝加哥。儘管他學有專精，卻懼怕挫敗，而每部新作都隱含遭到批評的風險，他想避免這種壓力，因此轉往劍橋大學的行政部門發展，先是負責籌劃考試業務，後來還坐上劍橋大學最高行政主管「教務長」（Registrary）的職位。

凱因斯的母親佛羅倫絲（Florence）也受過大學教育，這在當時還相當罕見。她畢業於紐納姆學院（Newnham College），該學院特別於1871年創設，目的在使女性有機會在劍橋大學接受教育。她出身書香世家：父親是浸信會傳道士，閒暇之餘也撰寫書籍探討朝聖先輩（Pilgrim Fathers）、清教主義（Puritanismus）與宗教作家約翰·本揚（John Bunyan）等議題，並因此於1887年獲耶魯大學（Yale University）頒發名譽博士學位。她的兄弟沃爾特·蘭登－布朗（Walter Langdon-Brown）在1932年受劍橋大學聘任為醫學教授，三年後更因卓越的貢獻受封為貴族。

佛羅倫絲對內維爾也抱持相同的期待，在她嫁給內維爾時，她還期待夫婿能成為經濟學界一顆閃亮的明星，而她自己也取得自我期許的成就：她是相當成功的地方政治人物，在1932年獲選為首位劍橋的女性市長，其他精力則投注在三名子女，特別是梅納德身上。

凱因斯的父親有寫日記的習慣，因此凱因斯出生後的發展都有詳盡的記載。他在四歲半時便自己鑽研出利息在經濟上的意義；六歲時，他思索自己的腦子是如何運作的；九歲時學習歐幾里得

（Euklid）的《幾何原本》（*Elemente*）第一卷與一元二次方程式，研究奧維德的拉丁文詩作與約翰・密爾頓（John Milton）作於十七世紀的悲劇作品《力士參孫》（*Samson Agonistes*）。

　　當凱因斯八歲、弟弟四歲時，兩人接受割禮。一些他的傳記作者猜測，凱因斯的父母這麼做是為了預防他們手淫，但同樣可能的理由是，凱因斯的父母並非基於道德準則，而是因為他們自詡為上層階級，因此以皇室馬首是瞻：當時英國王子也都接受割禮。

　　一如其他上層階級的男孩，凱因斯也爭取上校譽卓著的私校。由於凱因斯的優異智力，父親認為爭取聲譽最佳的寄宿學校伊頓公學最合適。伊頓公學其實有兩種：貴族與金融巨擘的兒子是所謂的Oppidans，因為他們散居在伊頓市鎮（拉丁文：oppidum），並自行負擔高昂學費。除了將近1,000名的Oppidans，另有70名King's Scholars（英皇學人），這些經過嚴格遴選的獎學金生則寄宿在校園中；凱因斯的父親希望愛子成為英皇學人。

　　一如既往，這一次內維爾也為愛子的前程做好萬全的計畫：他特別聘請幾位家庭教師為如今14歲的梅納德補習一個月，進行應考訓練。根據內維爾的日記，由於考試時間頗早，他們連時間都如法炮製：「現在，梅納德和我每天清晨七點便起床，在早餐前完成一些題目，讓他習慣伊頓獎學金的考試。」結果持續不了多久，內維爾便開始抱怨自己「累壞了」。

　　身邊盡是貴族子弟，日子想必相當辛苦，但凱因斯依然在伊頓過得如魚得水。他詳細調查自己的家譜，果真發現家族中某位祖先是名為紀堯姆・德・卡涅斯（Guillaume de Cahagnes）的諾曼第（Normandie）騎士，他在1066年隨著征服者威廉（Wilhelm der Eroberer）抵達英國；現在，凱因斯也能自詡為貴族了。

雖然伊頓公學採取菁英教育且極嚴格，卻也極端偏頗，授課內容僅希臘文、拉丁文、法文和數學。後來，凱因斯的同窗伯納德·斯威辛班克（Bernard Swithinbank）如此描述他們錯過的學習內容：「由於有幾位英國王侯參與十字軍東征，我們對此才略有所聞；有兩、三位教宗令英國厭煩，我們才知道他們的名字；我們對100年至1453年的歐洲史，所知僅只於此。至於生物、物理或地質學，則完全付諸闕如。」

在伊頓公學這五年的時間裡，凱因斯的表現非常優異，[4]內維爾也立刻為愛子設定下一個目標——劍橋國王學院。這一次，內維爾同樣招募家庭教師，而凱因斯再度以優異的成績通過考試。

優秀的數學家，但不是天才

1902至1905年間，凱因斯研讀數學與古典語文學。當時的師生人數比相當理想：國王學院學生人數將近150人，博士研究生30人，講師30人，但凱因斯很快便發現學院的缺陷，並且在入學第一年便告訴一位同學，劍橋大學管理「效率相當差」，令同學瞠目結舌。這是凱因斯典型的評論，後來他依然到處發現有待改善之處，並告知周遭的人。

很快地，附近劍橋大學三一學院（Trinity College）的兩名學生里奧納德·吳爾芙（Leonard Woolf）與里頓·斯特拉奇（Lytton Strachey）便找上凱因斯。此二人日後同樣聞名於世：里奧納德主要是因為妻子維吉尼亞·吳爾芙（Virginia Woolf）而聞名，斯特拉奇則是因為創作了《維多利亞名人傳》（*Eminent Victorians*）這部諷喻性的人物傳記。兩人想延攬凱因斯加入一個祕密社團，該社團的正

式名稱是「劍橋座談會」（Cambridge Conversazione Society），非正式名稱則是「劍橋使徒」（Cambridge Apostles）。這個菁英社團成立於1820年，有許多成員為它打響馳譽全球的傳奇性名號。在凱因斯的年代，這個小圈子的成員就包括喬治・愛德華・摩爾與伯特蘭・羅素及阿弗雷德・諾思・懷海德（Alfred North Whitehead）等三位哲學家。凱因斯入會成為第243名使徒，並終其一生與這個朋友圈往來。[5]

但課業本身卻令他感到無聊。凱因斯的數學成績向來傑出，但他覺得這個科目太無趣，以致不想為此每天花六個小時。後來他的傳記作者羅伊・哈羅德（Roy Harrod）提出以下的評價：「梅納德擁有邏輯天分，他對精確性的要求與敏捷的理解力，使他成為優秀的數學家，但他並非數學天才……那些狂熱的數學家熱中的混亂難解領域非他所企求。打從一開始，他在劍橋就有諸多其他愛好，他純粹是因為勤奮不輟，才達到所要求的數學程度。」

雖然凱因斯在課業上只投注極小的心力，成果卻出人意表地優異：他在畢業考得到第12名的成績。這個成績相當不錯，但還不足以讓他成為劍橋大學的數學教師。對此，凱因斯的父親頗感失望。就在此刻，凱因斯找到了新的興趣：經濟學。他只花區區數個月，就幾乎讀遍大衛・李嘉圖、威廉・斯坦利・傑馮斯等人的經典作品，以及阿弗雷德・馬夏爾的《經濟學原理》（*The Principles of Economics*）。

馬夏爾是凱因斯家人的至友，也是當時極為重要的經濟學家。他針對新古典經濟學派的理論提出某些重要補充，[6]而他的《經濟學原理》這部教科書直到二戰期間，還持續影響英美（Angloamerika）的經濟學者。1905年秋，凱因斯報名上馬夏爾的課，馬夏爾很快就對這位新科弟子留下深刻印象，他的同事亞瑟・賽斯爾・庇古（Arthur

Cecil Pigou）也是如此。後來庇古同樣成為新古典經濟學派的大將，[7]
他非常喜愛這名學生，甚至每週一次與凱因斯共進早餐，順便指導
這位後進。

一個月後，凱因斯就在信中告訴里頓·斯特拉奇：「馬夏爾不
斷敦促我成為經濟學者……想要的話，我說不定還能在這裡謀得一
職。」但此時凱因斯認為在家鄉發展有限：「必死無疑。唯一的問
題是，在倫敦的政府單位工作是否同樣必死無疑。」當時斯特拉奇
人已在首都，他興奮地回信說：「我們一起住吧，我們可以好好開
派對……」

在印度事務部當閒差：凱因斯撰寫博士論文

當時英國政府各部會的規模還很小，想在政府單位謀得一官半
職相當不易。倫敦雖為領土從印度延伸到南非的龐大殖民帝國的中
心，但就連財政部職員也僅約150名，其中三分之一是公職人員。
政府部門一位難求，因此以為時三週的考試揀擇人才，試題範圍也
無奇不有，凱因斯甚至得針對「悲劇、通俗劇、歌劇」撰寫一篇文章。

這次考試他名列第二，這代表財政部的大門在他面前關上，因
為第一名同樣選擇進財政部，而那裡僅需一名新進公務員，凱因斯
只好退而選擇管理殖民地事務的「印度事務部」（India Office）。這
個職位至少有一大優點：沒有哪個政府部門的正式工作時間比這裡
更短！週一至週五從十一點到下午五點（包含一小時的午休時間），
週六凱因斯從十一點到下午一點必須在辦公室；此外還有兩個月的
休假。

上班時間雖短，依舊無事可做。凱因斯曾寫信向母親表示不滿：

「昨天我連一分鐘的工作都沒有。」有一次他還特別計算：「這個星期我一天下來，做事的平均時間還不到一小時。」凱因斯索性利用在辦公室的閒暇撰寫博士論文。

他的《機率論》（*Treatise on Probability*）看似屬於數學領域，實則偏向哲學，因為凱因斯探討的，並非計算事件頻率的統計學上的機率問題，而是側重在如何藉由命題探索真相：既然知識往往不完備、不確定又有限制，他的目標在將邏輯領域擴展到如「認為」（Meinen）與「猜測」（Vermuten）等心理狀態。他對「機率」的闡述並非數學，而是心理學的：他探討的是一種「邏輯直覺」（logische Intuition），這種基本態度無法從其他概念推導出來。這種不確定性至少並不會對凱因斯造成困擾：「在大多數情況下，不同的人都以一模一樣的用法在使用『可能』這個說法。」

1907年12月，他向劍橋大學提交博士論文，後來伯特蘭・羅素在一篇評論上寫道，這部作品「怎樣讚譽都不為過」，但他並不贊同這篇論文的主要論點。羅素堅信，人們應嘗試清楚界定並量度「機率」。[8]凱因斯的博士論文雖是他最後一次探討邏輯學，卻深深影響他的下一部作品：在他的《就業、利息和貨幣的一般理論》中的主要立論是，人類的知識基本上並不確定，因此我們很容易受到期待所左右。

凱因斯早在1908年便觀察到，金融投資人的行為特別倚賴直覺——彷彿他們讀過凱恩的博士論文一般。他曾經在致父親的信中談到自己每日的讀報心得：「每天清晨我都躺在床上閱讀交易所人員的機率分析，長達數小時。」從他的下一句話，我們可以看出他對投資人的平庸智力有多蔑視：「到目前為止，最明智的見解出自一家水桶工廠的老闆。」

凱因斯很快便厭倦了印度事務部的工作，一心想重返劍橋。但此時有四名有希望的人選競爭兩個教師職位，結果凱因斯未獲錄取，這是他學術生涯中最大的挫敗。

　　問題在於等待者眾：這次錄取的是歷史學家道伯斯（A. E. Dobbs），此人自1901年起便苦苦等候成為教師，而這一次也是他最後一次的申請機會。不過，劍橋大學向凱因斯保證，1909年時他肯定會有最佳機會。但阿弗雷德‧馬夏爾與亞瑟‧賽斯爾‧庇古不想如此久候自己的愛徒，因此自行出資一百英鎊，讓凱因斯立刻能在劍橋任教；而凱因斯的父親也另外捐助一百英鎊，讓愛子能領到和在印度事務部相等的薪水。

　　就在25歲生日的這一天，凱因斯辭去印度事務部的工作，返回劍橋。他在倫敦僅僅待了21個月，乍看之下，這次短暫的倫敦經歷似乎可有可無，但他在印度事務部的歷練對他後來的生涯至關重要：從此他終於了解何謂管理，知道政治機器是如何運作，也因此在兩次世界大戰期間成為英國政府最重要的經濟顧問。

　　凱因斯在劍橋大學最初講授的課程，探討的便是他此後致力研究的議題：貨幣。一開始這純屬巧合：庇古找不到其他能講授這個題目的人，便由凱因斯在15名學生面前開講「貨幣、信貸與價格」。題目雖抽象，凱因斯卻講得相當具體。他以紡織品製造的統計資料闡述利潤理論；而在介紹貨幣供應時，更佐以豐富的黃金產量的統計資料。凱因斯總是將理論與實務結合，他認為經濟學並非令人著迷的數學庇護所，應該用來解釋這個世界。

　　1909年3月，凱因斯終於成為國王學院的教師，1912年起更擔任聲譽極佳的《經濟學雜誌》編輯，領導這份雜誌直到1945年4月。期間他親自挑選每一篇文章，持續與全球重要的經濟學家往來，廣

獲經濟學領域的重要知識，包括不屬於他研究領域的議題。

1913年，凱因斯運用他在印度事務部的經驗出版了《印度通貨與金融》（*Indian Currency and Finance*）一書，該書立即成為一部小傑作，[9] 並促成凱因斯進入皇家委員會。該委員會的任務也包括印度的黃金準備籌劃，以及研究印度這處殖民地是否需要自己的央行等。凱因斯的地位一夕丕變：在此之前他的名聲僅限於劍橋大學之內，如今他在印度委員會中與財政部的最高官員平起平坐，不再是印度事務部的小小事務官，而是各部會長官所器重的商議對象。一年後，第一次世界大戰爆發，英國財政部立刻想到這位幹練，來自劍橋的貨幣專家。

戰爭賠款付不出：凱因斯寫出暢銷書

凱因斯並未預見第一次世界大戰即將爆發：1914年7月30日他最關注的是自己在國王學院剛剛整修過的房間，他在寫給父親的信中表示：「我還無法決定，這個大房間該鋪哪種地毯才好。」8月1日，德軍進駐中立的比利時，8月4日，英國宣布開戰。

凱因斯的反應在他那一行是常態：直到最後一刻，經濟學家與企業家依然無法想像戰爭真的會來臨。因為當時歐洲經濟彼此唇齒相依，進口與出口業務將所有國家緊密連結，一旦供應鏈與信貸鏈中斷，數十億鉅款的代價，將會摧毀歐洲的繁榮，因此企業老闆相信自己的財經邏輯：戰爭代價如此高昂，因此不可能發生。[10]

6月28日，奧匈帝國王儲在塞拉耶佛（Sarajevo）遭到槍殺，歐洲的投資客對此事件反應冷淡，而所謂的七月危機（Julikrise）對企業主也幾乎未帶來任何影響。儘管外交人員互相以電報威脅，交易

所卻依然平靜，股票交易一如往常進行。直到戰爭爆發前一週，許多投資人依然不相信軍事衝突即將到來，直到7月27日，維也納交易所才因投資人極度焦慮而不得不關閉；此後到7月30日，其他歐陸交易所相繼關閉，到了7月31日，倫敦與紐約交易所也步上後塵，翌日第一次世界大戰便爆發，這是投資人始料未及的。

在英國於8月4日宣戰前，凱因斯接到一封財政部的信函，命令他「為了祖國的利益」前往倫敦。英國正面臨一場嚴重的金融危機，亟需他的建議。

直到1914年之前，英國人向來是「世界的債權人」，主要生意是全球性放貸業務。但戰爭一爆發，一大部分的貸款便不再支付利息，期票更是一大問題：戰爭初期欠款金額約三億五千萬英鎊，可以預見，其中至少有一億二千萬英鎊無法償還，因為這些債務人分布在德國、奧地利與俄國。如此一來，所有英國銀行都將面臨破產命運。

此外，還有第二個問題：戰爭一爆發，一般存戶也開始擔心自己資產的安危，於是眾人都一窩蜂地衝進自己的銀行，接著湧向英格蘭銀行，搶著將鈔票換成黃金。兩天之內，英格蘭銀行便失去一半的黃金儲備，一場失控的「銀行擠兌」（bank run）山雨欲來：當眾多存戶驚慌地將戶頭提領一空時，任何金融體系都必將崩潰。[11]

起初，英國政府還寄望銀行業者能提供解除金融危機的善策，結果這些本該是專家的人士卻沒有任何想法。時任首相的赫伯特‧亨利‧阿斯奎斯（Herbert Henry Asquith）曾在寫給妻子的信中語帶諷刺地表示：銀行業者是「最大的白癡！他們統統嚇得要命，就跟那些在小鎮相聚聊八卦的老太婆一樣。」他的財政部長大衛‧喬治（David Lloyd George）也有類似的經驗：「恐慌的銀行家可不是什

麼英雄。」而凱因斯在8月6日寫給致父親的信中也寫道:「銀行業者已經完全失去理性,神智不清……我懷疑,這時還有哪家銀行不會破產。」

既然銀行業者一籌莫展,那麼政壇就得展現創意;此時,大衛‧勞合‧喬治就成了一員大將。勞合‧喬治自1908年起擔任財政部長,雖然在戰爭爆發前他已六次提出國家財政預算,但他的歷練也僅止於此,財政部眾人對勞合‧喬治是否適任危機管理都頗感憂慮:「他連一張期票都沒見過,對操控國際貿易那糾結複雜的機制所知甚微,甚至一無所知。」

因此,凱因斯受財政部高級官員委託,撰寫一份勞合‧喬治看得懂的備忘錄;結果成功遠超過預期:凱因斯在文中急切警告,建議正式廢除英鎊的黃金準備,而勞合‧喬治也採行了這項建議。「他顯然吸收了凱因斯備忘錄大部分的內容,」一名財政部官員在日記上興奮寫道,「大家都精神為之一振。」[12]

戰爭開始的前幾個月,凱因斯還住在劍橋,但自1915年1月起,他便正式受聘於財政部,協調籌措戰備物資,提供其他同盟國貸款。有一段當時的軼事:有一天急需西班牙比塞塔(Peseta),而凱因斯果真籌措到一小筆。此時財政部長鬆了一口氣,並表示短期之內必須保留足夠的比塞塔。「哦,糟糕,」凱因斯的回答令他的主管大吃一驚,「我又馬上把所有的比塞塔賣掉了,我要破壞市場。」凱因斯的行事就像典型的貨幣投機客,而他的計畫也確實奏效:由於他突然在市場上拋售比塞塔,使西班牙比塞塔急貶,之後他再以極低的價格買進所需的數量。

很快地,凱因斯便無可替代,並成為英國代表團的一員,參與1919年1月起於凡爾賽宮召開的巴黎和會(Pariser

Friedenskonferenz）。將近半年的時間，各方都為了德國賠款金額該多高而角力。很快，凱因斯便感到厭煩，主要是法國人索求無度。他在從巴黎寫給母親的信中表示：「我精疲力竭，部分是因為工作，部分是……和平協議簡直胡鬧又行不通，只會帶來災難。」

1919年6月，凱因斯出於抗議辭職返回英國，並氣憤地寫下論戰──《和約的經濟後果》（*The Economic Consequences of the Peace*），使他一戰成名；這本書篇幅雖短，卻因凱因斯巧妙結合生花妙筆、辛辣的諷刺與毫不留情的分析，成就了一部世界文學經典之作。讀者欣賞到的，是所有政治領導人無一倖免的內幕報導。

凱因斯如此描述當時的美國總統伍德羅・威爾遜（Woodrow Wilson）：「這位總統彷如奧德修斯（Odysseus），坐著時看起來比較聰明。」在他筆下，這位美國佬成了一名衛道士，老愛說些一本正經的話，可惜卻「沒計畫、沒策略、沒有建設性的想法」。英國首相勞合・喬治則是個策略家與投機者，主要的目的是討好英國選民；唯有法國總理喬治・克里蒙梭（Georges Clemenceau）才展現富有策略的幹練及明確的目標。他志在摧毀德國，以免法國再次遭到攻擊，並堅信：「德國佬只懂，也只能懂威嚇……不懂何謂榮譽，也不懂何謂禮節與同情。」他毫不妥協地堅持「絕不可與德國佬談判，必須征服他們」。

但正如凱因斯在書中所示，索求天價戰爭賠款的強制性和平（Diktatfrieden）是行不通的。要求德國支付314億美元（相當於1,320億金馬克）的賠償，[13]聽起來雖不錯，但錢從哪裡來？除非德國有如此高額的出口盈餘，否則就沒錢可賠。但德國雖是全球第二大工業國，其商品出口卻遠不及賠款金額。理論上，德國若能大幅提高出口，或許能支付賠款，但如此一來，法國與英國便會喪失市場佔有

率，從而陷入危機；為了得到德國的賠款，反而流失國內的工作機會。

於是乎，同盟國陷入一場矛盾：德國必須支付數以十億計的賠款，卻沒有機會從全球市場賺到這筆錢；結果德國只能向同盟國借款，好將同一筆錢再付給同盟國。

德國最終到底付了多少錢，這個問題至今仍沒有定論。視資料來源出自同盟國或德國而定，估計約在208億到677億金馬克之間。[14] 但無論德意志國（Deutsches Reich）支付多少，實際上德國沒有這筆錢，錢是向美國借的，因此最終負擔德國戰爭賠款的是美國；直到1930年代，美國才驚覺這個事實。[15]

這部凱因斯的著作大獲成功，無論戰勝者或戰敗者都讀過，沒有人能避開凱因斯的論據，而各大報對他更是熱烈評論：光是在英國與美國，這本書出版後六個月便銷售100,000冊，而德文、法文、荷蘭文、丹麥文、瑞典文、義大利文、西班牙文、羅馬尼亞文、日文與中文版也旋即相繼問世。[16]

數十年後，這本書依舊有其影響力：二戰後，西方國家再也無人要求德國或日本償付鉅額賠款。政治人物已經了解，貨幣移轉並非易事。

大學教師薪資太少：凱因斯成為投資客

第一次世界大戰後，凱因斯有意繼續在劍橋大學任教，但他希望能減少教學時間，因為他認為時間寶貴，不該耗費在一週好幾堂的講課、照顧學生和考試上。但如此一來他該何以維生？雖然《和約的經濟後果》使他成了炙手可熱的名筆，但收入仍不足以應付他

在倫敦為政府做事時養成的奢華生活。最後，凱因斯找到了解決這種窘境的解方：成為專業投資客。

一開始成果斐然。凱因斯在1919年投入外匯操作，因為戰爭使確保匯率固定的國際金本位制崩潰，個別的貨幣價格大幅波動，凱因斯想利用這種行情變化提高收益，於是參與金融衍生商品中所謂的「期貨」交易。他買進的不是貨幣本身，而是賭貨幣的行情走勢，希望利用金融衍生商品的「槓桿效應」，以最少的資本獲取最大的利潤；然而一旦押錯寶，此舉也意味著承受最大的損失。

一開始，凱因斯確實靠著金融衍生商品大賺一筆。他買進美元、挪威與丹麥克朗（Krone）及印度盧比（Rupie），因為他預測這些貨幣會升值；與此同時，他則出售法國法郎（法語：Franc）、荷蘭盾（Gulden）、義大利里拉（Lira）和德國馬克（Mark），到1920年1月2日，凱因斯已經獲利6,154英鎊，約相當於150,000歐元。

凱因斯的成功打動了他的親戚、同事與友人，大家都對投機生意躍躍欲試。1920年1月底，他們成立了「辛迪加」，調集30,000英鎊，到了四月，獲利已將近9,000英鎊。

到了五月情勢卻逆轉，馬克出乎眾人意料之外再度回升，美元則轉為疲軟，這個「辛迪加」不僅必須關閉，還累積了22,573英鎊的損失。長期來看，雖然凱因斯的判斷正確，德國馬克確實在1923年貶到谷底，但短期來看，他卻徹底破產。凱因斯終於見識到至今仍然正確的道理：「市場的不理性行為，可以比人們的支付能力持續更久。」

不過，凱因斯依舊勇於投資，他這次的標的不僅止於貨幣，更擴大到棉花、鉛、錫、鋅、銅、橡膠、小麥、糖、黃麻與亞麻油等原物料。短短兩年，所有的債務都還清，親戚們的損失都清償，而

他自己的資產也膨脹到超過21,000英鎊。

當時凱因斯還自認能預測景氣循環，因此操作短期投資，但這套短線策略未獲成功。雖然他獲利了，並且在1927年坐擁約44,000英鎊，但他的股票獲利卻低於大盤。

更有甚者，這些利潤很快再度消失。凱因斯未能預見全球經濟危機的到來，因此自1929年起他又再度破產。短短七年之間，凱因斯便兩度失去資產，這促使他改變投資策略：此後他棄短期操作，改為長期投資，並且不再將錢分散在不同的投機工具，而是聚焦幾支股票。

現在，他只投資自己熟悉的公司，不再相信分散風險：「將蛋分散在眾多的籃子，」他以一句古老的英國諺語起頭說，「在你沒有時間或機會找出哪些籃子底部有破洞時，是通往增加風險與損失最保險的道路。」

全球經濟危機甚至提供尋找少數幾支價值股的機會：行情大跌，許多公司價值被低估，這使凱因斯有機會以最低價進場。這一次他主要購買奧斯汀（Austin）和利蘭（Leyland）等汽車公司的股票，但也投資金礦、美國供應商與飛機製造商。這一次策略終於奏效：到了1945年，他的股票價值翻了23倍，華爾街的行情卻只漲三倍，倫敦證券市場甚至原地踏步。

凱因斯不僅是私人投機客，而且是專業的金融管理人：他擔任兩家保險公司監事，這些證券的內幕知識，後來也用在他的《就業、利息和貨幣的一般理論》這部探討金融市場而且詼諧幽默的傑作中。

凱因斯的私生活：布魯姆斯伯里與莉迪亞・洛普科娃

凱因斯熱愛經濟學，但又與經濟圈保持距離，他最親密的友人向來是對經濟一竅不通的藝術家。凱因斯之所以能如此從容又不帶偏見地看待經濟，或許正受益於這種截然不同的私人生活。在他眼中，即便是他自己的理論也非神聖不可侵犯；一旦他開始懷疑自己的理論，便予以摒棄。他終其一生都在追求新知，這讓當時許多人大惑不解。他對一名批評者的答覆相當著名：「事實改變，我看法也就改變。閣下，您會怎麼做呢？」

凱因斯習慣條列事項，因此後人對他的私生活知之甚詳。這項嗜好得自他父親，也因此留下一份他男性愛人的清單，記錄自1903至1905「0」性愛接觸者的名單，而1911年則有過八次，1913年甚至達九次。某些愛人是凱因斯在街上或火車上結識的，但其中兩位則是他一生中的重要人物──里頓・斯特拉奇，特別是畫家鄧肯・格蘭特（Duncan Grant）。

六歲時，凱因斯便認為自己其醜無比；而在他23歲與斯特拉奇成為情侶時，他更在寫給後者的信中表示：「親愛的，我向來，而且我相信未來也一樣，會深受百分百無可撼動的強迫觀念困擾，認為自己的肉體如此噁心，我不該將我的身體強加於人。這種想法如此頑固，致使我不相信，有什麼……能撼動它的。」

凱因斯最引人注意的是他的厚唇，後來維吉尼亞・吳爾芙曾以一頭「飽餐一頓的海豹」或一條「膨脹的鰻鱺」形容他。儘管如此，凱因斯其實擁有一種幾乎無人能抗拒的魅力；他的臉孔或許有點怪，但他風趣、聰明且充滿活力。他熱切地享受每一分鐘，而這種能量也感染他人；另外，他也擁有怡然自得的罕見天賦。

凱因斯從不以自己的同性戀性向為恥，但仍須對此保密，以免遭受嚴厲的刑法處罰。兩個男人間「猥褻」，無論是私下或公開，都會受到最高兩年的牢獄之災。萬一在性交時被逮到，也可能終生遭到監禁。奧斯卡・王爾德（Oscar Wilde）的命運便廣為人知：這位名作家被迫接受兩年的強制勞動，最後於1900年在貧病交加下病逝於巴黎。

　　由於里頓・斯特拉奇與鄧肯・格蘭特的緣故，凱因斯也結識了「布魯姆斯伯里」這個藝文團體的藝術家，自1909年起，這個圈子彷彿便是他的第二個家。該團體以吳爾芙與凡妮莎・貝爾（Vanessa Bell）為中心，而其名稱則因大多數的成員都居住在倫敦布魯姆斯伯里區。這個團體的成員皆來自上流社會，所有男性成員幾乎都曾就讀於劍橋大學，而且都理所當然地認為，僕人是必要的配備。雖然「布魯姆斯伯里」使畢卡索（Picasso）、馬諦斯（Matisse）等人在英倫成名，從而推動英國藝術品味的「現代化」，但這些人本身卻不現代，反倒自詡為貴族菁英。

　　時至今日，「布魯姆斯伯里」這個藝文團體依然是個傳奇，但其成員並未成就廣受認可的傑作，唯獨吳爾芙和愛德華・摩根・福斯特（Edward Morgan Forster）兩位作家揚名於世。不過，這個團體的成員有個共通點：他們都追求與眾不同──儘管有時只是故作姿態。重要的是要有才智、有見解，而且永遠不無趣，每句話都要以亮點作結。

　　1921年，當凱因斯首次愛上女人時，這種談話文化大受干擾。這位俄國芭蕾伶娜莉迪亞・洛普科娃（Lydia Lopokova）暱稱「蘿皮」（Loppy），她並非知識分子，藝評家克萊夫・貝爾（Clive Bell）便曾在一封信中大吐苦水：「莉迪亞嚴重破壞了所有的談話……談話

內容充滿智慧時，她就聽不懂；內容私密時，她當然不知道我們在講什麼……她唯一的話題是俄國芭蕾……及顯而易見的常識。你實在無法想像，那令我感到多無趣。」

莉迪亞於1891年生於聖彼得堡（Sankt Petersburg），父親是引座員。靠著他在劇院的關係，他成功將五名子女中的四名送進皇家芭蕾舞學校，莉迪亞更是成就斐然：自1910年起她便隸屬俄國芭蕾（Ballets Russes）的成員，這個流派在舞團經理人謝爾蓋‧達基列夫（Sergei Djagilew）的領導下，躍升為全球最富創意的芭蕾舞團，並且在全歐大受歡迎。

莉迪亞身形小巧、精壯，長相也不特別漂亮，她雖不符合首席女芭蕾舞者（Primaballerina）的經典形象，卻是一顆閃亮的明星。後來吳爾芙曾經形容她的頭部是「鴿鳥蛋」，但莉迪亞富有個性又迷人，能逗趣，也能令人憐惜，深受觀眾喜愛。

因此，凱因斯與莉迪亞在1925年8月結婚時，便成了全球矚目的大新聞。兩人婚姻非常幸福美滿，因為凱因斯喜歡照顧他人，而莉迪亞則非常依賴他人，但她同時也很聰明、富有自己的特色，總是能為凱因斯帶來驚喜。莉迪亞從未接受過正規的學校教育，因此她永遠不可能說出伊頓寄宿生所期待的話。雖然「布魯姆斯伯里」的成員覺得她無趣，她卻能逗樂凱因斯。

兩人前往俄國度蜜月，以便拜訪莉迪亞在列寧格勒（Leningrad）的兄弟姊妹。凱因斯對於散布恐怖氣氛的史達林主義（Stalinismus）極為反感，並於不久後在一篇文章[17]中寫道：「一種主要的表現在於，投入數百萬的金額，以便在每個家庭與家族群體中爭取到一個眼線，這樣的政治叫我如何敬服？」此外，他還有源自劍橋畢業生的社會偏見：他難以忍受，共產主義「頌揚愚鈍的無產階級，並且厚愛無

產階級更甚於資產階級與知識界。」因為正是這些菁英「蘊含著所有人類進步的種子」。

此外，凱因斯也首度表示他對馬克思的看法：他稱《資本論》是：「一部過時的教科書，就我所知，它不僅在科學上錯了，對現代世界也不重要，或者並不適用。」後來，凱因斯還曾多次貶抑馬克思，但他其實從未讀過馬克思的作品。

凱因斯通常深具批判精神，但有時也會被偏見牽著鼻子走；關於這一點，在他的圈子裡膚淺且未經反省的反猶太主義也是一個緣由，在那裡，反猶太主義被認為是理所當然。例如他曾在一段話裡順帶提到，俄國共產主義也無法使「猶太人較不貪婪」。不過，當時不僅猶太人受到負評，幾乎任何族群都背負著負面的刻板印象。雖然凱因斯與俄國女子結婚，他卻曾寫道，俄國人的「天性」帶有「某種程度的獸性」。在當時，刻板印象還被視為無傷大雅，直到納粹因種族仇恨奪取數百萬人的性命後，人們的觀點才有了改變。

凱因斯告別新古典經濟學派

凱因斯首度對新古典經濟學派產生懷疑時，已年近不惑。在此之前，他雖然曾對此學派提出零星批評，對其其中心觀點卻全盤接受，這些觀點是他在孩提時代從父親內維爾，繼而從恩師阿弗雷德・馬夏爾處學到的。然而，第一次世界大戰後出現一種令人困惑的全新現象：英國的失業率不僅沒有降低，反而連續數年高達10%。新古典經濟學派對此束手無策，因為他們的論點從「均衡」出發，失業頂多只是一時的現象，結果卻有百萬多人沒有工作，這個理論究竟哪裡出錯？

凱因斯立刻給出第一個解答：英國不該重返第一次世界大戰中崩潰的金本位制。戰前，一英鎊相當於4.86美元，而如今，英國物價漲幅雖然高出美國許多，英國政府卻希望重返這個匯率。如此一來，重返戰前的金本位制便意味著，英國出口品會貴上10%，從而在全球市場失去競爭力；而為了恢復競爭力，英國工資必須下降10%。凱因斯悲觀預言，如此縮減工資「在社會與政治上都是不可行的」。

　　為了說服英國人民，凱因斯先是在報紙上發表文章，接著在1923年發表《貨幣改革略論》（*A Tract on Monetary Reform*），凱因斯最膾炙人口的名言「從長期看來，我們都會死。」（In the long run, we are all dead.）也出自這部作品。後來新古典經濟學派老愛散播這句話，暗示凱因斯不過是發展一種毫無實質內容的特設理論，但只有將這段話從其脈絡抽離出來的人才會如此說，因為這段話的完整內容是：「從長期看來，我們都會死。在這種動盪的年代，如果經濟學家只能告訴我們，風暴久久平息後，大海必將恢復平靜；那麼，他們就想得太簡單了。」凱因斯其實是嘲諷新古典經濟學派總愛提出空洞的允諾，宣稱在遙遠的未來一切都會變得更好，要求企業職工做出重大犧牲。[18]

　　許多經濟學家沾沾自喜的態度總是令凱因斯憤慨：他們穩坐高薪的教席，卻老愛主張其他人該犧牲，而金本位制恰好反映出這種現象：出口工業國的工人薪資下降，教授的薪水卻不動如山。

　　在這場金本位制的攻防戰中，倫敦市動員所有遊說力量，最後凱因斯打輸了這一仗。這座金融巨擘將「讓英鎊重返昔日對外價值」升級為「國家榮譽」的問題。銀行業也期盼英鎊再度成為國際主要貨幣，卻不了解，歷史已經無可逆轉。自第一次世界大戰起，美國

便成了超級經濟大國，如今國際金融風向已由華爾街（Wall Street）操控。

　　當時的英國財政部長是溫斯頓·邱吉爾（Winston Churchill），此人後來成為英國首相，帶領英國走過第二次世界大戰，並躋身二十世紀最重要的英國政治家。邱吉爾知道凱因斯的理由，甚至也能理解，[19]卻還是做出後果嚴重的錯誤決策：1925年4月，他再度採用之前的金本位制；這一次，凱因斯的反應一如對凡爾賽條約，他立刻發文抨擊，而且標題與前書僅有些微差異：《邱吉爾先生政策的經濟後果》（ *The Economic Consequences of Mr. Churchill* ）。

　　凱因斯以外行人也能理解的方式說明，一旦工資以及由此帶動的物價降低10%，誰將是贏家，誰會是輸家。受惠的是富人，他們用一英鎊買到的物品突然變多。輸家則不僅是工人，還包括所有貸款投入生產的企業家。物價滑落表示營業額減少，也就代表越難以支付借款利息。

　　因此，通貨緊縮大大不利於社會：享有利息收益的食利者（譯註：「食利者」是指靠股息、利息、租金收益等生活的人）變得更富有，企業員工與企業主卻變窮；沒有實質績效的收入受惠，實質績效卻受罰。貨幣並非如新古典經濟學派所稱是中立不偏頗的，貨幣可能惠及某些群體，損及某些群體。

　　昔日的金本位制度重新採行後，以工業為主的英國北部受創最劇。當時，煤炭是重要的輸出品，結果一夕之間煤炭變貴，煤礦工人只好犧牲部分工資。凱因斯憤慨寫道：「礦工只能在餓死與屈從之間選擇，其他階級則從中獲利。」[20]

　　正如凱因斯所強調，貨幣也可能成為階級鬥爭的工具：「真相是，我們卡在兩種經濟社會理論之間，其中一種堅信薪資制定必須

對各階級都『公平』且『適當』；另一種理論——經濟至上論——則認為，薪資該由經濟壓力，由所謂『無可動搖的事實』決定；為了整體的均衡，我們那強大的機器應該輾壓一切，不考慮個別群體的偶發性後果。金本位制相信純粹的機率，相信『自動調節』，並且對社會現象普遍冷漠不感興趣，金本位制成了位居我們體制最上層者的核心象徵及偶像。」[21]

　　凱因斯對新古典經濟學派火力大開，由此可見他對自己承襲自父親與馬夏爾的理論架構有多不滿意，但此時他尚未發展出自己的理論。後來他的弟子奧斯汀・羅賓遜（Austin Robinson）如此描述這個階段的凱因斯：「設使梅納德・凱因斯死於1925年，那麼，了解他才智的力量與獨創性的人，將很難使那些不了解他的人信服。」

　　正如凱因斯的警告，金本位制為英國帶來了大災難：一百多萬人依然失業，許多企業幾乎沒有任何利潤。與此同時，英格蘭銀行卻無法降息因應，因為降息將使錢流向國外，從而威脅一英鎊對4.86美元的固定匯率。

　　英國是歐洲國家中的異數，其他國家都是在本國貨幣貶值後才採用金本位制的，其中法國貨在全球市場的價格比英國貨便宜約30%，更帶動了法國經濟的榮景，就連德國經濟也自1924年起強力反彈，唯獨英國將自己與匯率過高的英鎊綁在一起，導致經濟停滯不前。

　　在這種前途茫茫的情況下，凱因斯端出他的計畫，如今這種辦法已經成為重大危機的常用措施：他提出後來稱為「赤字支出」（deficit spending）的建議：政府應貸款並展開投資方案以刺激經濟，雇用失業者。當時可行的方案夠多，凱因斯列舉如下：造屋、鋪設電話線、擴建鐵道、沼澤排水工程、擴充倫敦地鐵，建設新道路、

船塢與海港。

　　雖然當時的反對黨自由黨需要競選政策，凱因斯卻依然使他們贊成這項措施，因此曾任首相的自由黨人勞合‧喬治（Lloyd George）於1929年3月提出一項就業計畫，預計每年花費一億英鎊，但保守黨政府拒絕這項「不可靠」的預算，並以「安全第一」的說法回擊。這一次，凱因斯同樣以無比的熱情投入政策戰並發表新的小冊子，標題為：《勞合‧喬治辦得到嗎？》（*Can Lloyd George Do It?*）

　　根據凱因斯的演算，一億英鎊看似昂貴，實際上卻不費分文。這篇論戰文熱情洋溢，並且利用形象生動的比較，首先向讀者說明，就業不足的代價有多昂貴。自1921年起，英國為了補助失業者已經付出五億多英鎊，相當於「可以為三分之一的家庭各提供一輛汽車」。

　　更糟的是失業導致的整體損失。平均而言，當時每位就業者一年能生產約220英鎊的價值，若能充分就業，則1921年將能賺到大約20億英鎊：「這比同盟國向德國索求的戰爭賠款總合還多。」

　　凱因斯希望能讓英國人民理解，收支平衡的國家預算本身是不具任何價值的：「身體往後一靠，謹慎地搖搖頭或許顯得很聰明。但在我們等待時，失業者的勞力未獲善用，這對我們的帳戶沒有任何好處……而是無可挽回的損失。」

　　未來在凱因斯的理論中扮演極重要角色的觀點首度出場：國家投資的每一英鎊都會再度消費，從而創造更多需求。這種觀點後來發展為被稱為「乘數效應」（Multiplikatoreffekt）的論點。然而，當時凱因斯仍然無法將這種「間接就業因素」予以量化，因此他曾略帶無奈地表示：「想將這種效應以某種精準的形式加以說明，是不

可能的。」

「赤字支出」雖為一種創見，但最初純粹只是基於實際考量，凱因斯僅僅想紓緩英鎊太貴衍生的後果，尚未結合高瞻遠矚的理論創見。當時，凱因斯雖然部分脫離新古典經濟學派的路線，卻依然相信，只要不像英國被錯誤的匯率所束縛，經濟終歸會趨近均衡的。

此時凱因斯已名滿天下，卻尚未有過任何理論作品，因此同業們對他的《貨幣論》（*A Treatise on Money*）莫不引頸企盼。1930年這部著作出版，凱因斯以五年的光陰撰寫這本書，但他對結果並不滿意。他向母親表示：「就藝術角度而言，這是個大失敗——撰寫期間我的觀點不斷改變，無法真正統一。」另外，他也在序言中告訴潛在讀者，「如果我能重來，或許我就能寫得好得多、短得多。我覺得自己就像在莽林中開路的人，離開這條路以後才發現，我其實可以走一條比較直接的路。」

其次是經濟實況也出現了變化。起初人們以為經濟危機很快就會過去，結果在1931年，這些危機卻匯聚成嚴重的銀行危機，金本位制崩潰，戰爭賠款止付。凱因斯說對了，但這對他毫無用處，因為全球經濟危機也顯示，他書中的核心前提並不適用；光靠利息是無法調控經濟的。

《貨幣論》依然認為，中行能抵抗所有的不景氣：經濟過熱時，英格蘭銀行應該調升利率，使貸款變貴，從而使景氣降溫。而在投資疲軟時，央行則該調降利率，使貸款變便宜，企業擴充產能變得值得。

但此時央行顯然束手無策。當時已趨近零利率，卻沒有人願意放款或貸款，許多銀行宣告破產並且從市場上消失，但倖存的銀行也因為風險過高，不再放款。另一方面，企業也不想申請貸款，因

為公司產能已經過剩，投資或拓展產能都沒有意義。凱因斯研究央行貨幣政策行之有年，如今這政策卻無用武之地。

這時凱因斯已近知命之年，卻必須正視他的重要著作本該闡釋的理論廢墟。但他不僅沒有灰心喪志，反而立刻著手進行下一本書，並且很快便確定，自己正在進行一場理論革新。1935年1月1日，他向作家蕭伯納（George Bernard Shaw）表示：「我相信，我正在撰寫一本將會全面革新世界思考經濟問題方式的經濟理論書──我估計，不是馬上，但未來十年內一定會。」

這項「革命」比他的預期來得更早。1936年凱因斯的《就業、利息和貨幣的一般理論》甫發表，誠如他的傳記作者唐納‧摩格理吉所下的斷語：「接下來的事大家都知道了。」這本書立刻在全球引起熱議，並且持續改變經濟學直到今天（參見第七章）。

不治之症

後來，凱因斯幾乎不再關注《就業、利息和貨幣的一般理論》，他雖然還發表數篇文章闡明自己的中心論點，但自1937年起，他便病入膏肓。

他得了心肌梗塞，此後未再完全痊癒。後來發現，他的扁桃腺長期受到鏈球菌感染，而鏈球菌也潛伏在心瓣膜。當時抗生素尚未問世，因此並沒有有效的治療方法。

凱因斯返回提爾頓（Tilton）的鄉間別墅生活兩年，後來病情好轉，他在二戰期間又能再次協助財政部。當時他的職位非常特殊：他以私人身分不支薪，甚至還帶著自己的女秘書過去。

與一戰初期大不相同的是，這一次沒有人認為戰爭很快會結束。

英國人很清楚，他們必須動員所有國民經濟，才能打敗希特勒。但這種認知帶出的問題是，英國的經濟生產力究竟有多少。答案沒有人知道，因為當時還沒有核算國民經濟的方法。

此刻必須盡快研發這種統計方法，才能估算在不使國民餓肚子的情況下，能製造多少武器、飛機與坦克。在此之前已經有其他經濟學家作了準備工作，[22] 但凱因斯對這些模型做了大刀闊斧的改變：他不計算國民所得，而是聚焦於生產，現代的國內生產毛額（Bruttoinlandsprodukt，簡稱 BIP）就此誕生了。

而這項大力貫徹的方案，成效之大也令人驚豔，正如美藉經濟學家約翰・肯尼斯・高伯瑞後來所說：相較於德意志國，雖然英國的經濟力低了 30%，製造的軍備產量卻已在 1941 年超越德國。[23] 二戰結束後，國民經濟核算的制度更通行全球，在某些史學家眼中，這堪稱「或許是凱因斯最偉大且最持久的勝利。」[24]

此時政治上的表揚也接踵而來：1942 年，凱因斯受封為提爾頓男爵（Baron Keynes of Tilton），並成為上議院議員。「如今你，」以他為傲的母親在寫給他的信中表示，「為我們家族的歷史戴上榮冠！」

凱因斯或許有機會活得更久，但自 1943 年起，他決定不再顧慮自己虛弱的心臟，經常飛往美國協商戰爭貸款及戰後擬採行的全球貨幣新體系事宜，一待就是數月。

凱因斯最後一次自美返英時，他臉色蒼白、精疲力盡，幾星期後，便在 1946 年 4 月 21 日死於心臟衰竭。

註釋

1 有關凱因斯的生平概況，作者主要採用兩部權威著作：羅伯特‧史基德斯基，《約翰‧梅納德‧凱因斯》（*John Maynard Keynes*, 2003），及唐納‧摩格理吉，《梅納德‧凱因斯》（1992年）。除非特別註明，否則本書摘錄的內容皆出自這兩部作品。早在1951年便有羅伊‧哈羅德（Roy Harrod）撰寫的凱因斯傳記出版，哈羅德師承凱因斯，終生與凱因斯往來。然而，在哈羅德的傳記中對凱因斯的私人生活缺乏許多重要說明，是因為當時同性戀在英國會遭受懲罰。

2 參見吉拉德‧布勞恩貝格（Gerald Braunberger），《人人都看得懂的凱因斯：危機經濟學家的復興》（*Keynes für jedermann. Die Renaissance des Krisenökonomen*）。

3 參見布勞格，《經濟學方法論》（*The Methodology of Economics*），第72-76頁。

4 凱因斯在伊頓公學的第一年贏得10項獎項，第二年18項，第三年11項。

5 1912年，凱因斯試圖延攬哲學家路德維希‧維根斯坦（Ludwig Wittgenstein）入會，但第一晚維根斯坦就被嚇得退出。

6 由於瓦爾拉斯的一般均衡（allgemeines Gleichgewicht）理論在運用上卡關，因此阿弗雷德‧馬夏爾（1842-1924）將部分均衡（partielles Gleichgewicht）的概念導入經濟學，只針對單一市場進行分析，至今這種方法仍然深受主流經濟學歡迎。不過鮮少有人提起，所謂部分市場純屬虛構，事實上所有市場彼此環環相扣。此外，馬夏爾也提出經濟學上極為著名，同時是每位經濟學學生在第一個學期便會學到的市場曲線圖（Marktdiagrmm）：供給與需求曲線交叉的那一點便是市場價格（Gleichgewichtspreis）的落點。一如新古典經濟學派的其他模型，此模型同樣以完全競爭為前提。

7 亞瑟‧賽斯爾‧庇古（1877-1959）採納馬夏爾的部分均衡理論，並運用在各種實務問題上。他最廣為人知的發現是負面「外部效應」（externe Effekte）。雖然外部效應造成花費，市場卻沒有對此定出價格。舉例來說，環境污染便是一種外部效應，而若想向製造污染者收取費用，便須將損害納入考慮，亦即予以「內部化」（internalisiert），因此庇古提出環境稅的觀點，後來這種稅也以他的姓氏稱為「庇古稅」（Pigou-Steuer）。此外，維爾弗雷多‧帕雷托認為單一個體的邊際效用彼此從無比較（參見第五章註6），這種觀點庇古並不贊同，庇古堅信，如果將富人的財富再分配給窮人，將能提升整體社會的邊際效用，因此他也提出累進所得稅的建議。

8 凱因斯發現，他的天才學生也不贊同自己博士論文的觀點。他在一封信中表示：拉姆齊和其他年輕男子們相當固執，他們依然認為機率要不是能精準測量且與頻率相關，就是僅具有心理意義，而且絕對不合邏輯。凱因斯所說的拉姆齊便

是傑出的數學家弗蘭克‧拉姆齊（Frank Plumpton Ramsay, 1903-1930）。拉姆齊年方21歲便成了國王學院的研究員，他既是「劍橋使徒」，也是路德維希‧維根斯坦的摯友，並且將維根斯坦的《邏輯哲學論》（*Tractatus logico-philosophicus*）譯成英文。他曾為凱因斯編輯的《經濟學雜誌》撰寫過三篇文章，至今這些文章仍被引用。此外，他還針對最理想的賦稅該如何，發展出一種理論。直到今天，拉姆齊依然是一位極重要的經濟學家，可惜他在26歲時死於一場失敗的腹部手術。

9　時至今日，這本書的第二章依然值得我們閱讀。這一章並非專門針對印度的情況，而是探討一般的金本位制。凱因斯以簡明的方式闡述當時金本位制之所以滯礙難行，原因在於它以黃金為基礎。因此重要的對策是，倫敦這座金融中心應該引導全球資本流動，使英格蘭銀行（Bank of England）藉由其央行貼放利率操控全球金融市場。

10　一場戰爭究竟有多昂貴，在之前的和平年代中有過密集探討：諾曼‧安吉爾（Norman Angell）這位政論家於1910年發表《大幻覺》（*The Great Illusion*），本書暢銷全球，在一年內便翻譯成15種語言〔德文書名：《錯帳：戰爭會帶來什麼？》（*Die falsche Rechnung. Was bringt ein Krieg ein?*）〕安吉爾估算，即使對戰勝國而言，戰爭帶來的鉅額損失，都將使戰爭變得不划算。

11　有關這場金融危機的詳情可參考理查德‧羅伯茨（Richard Roberts），《拯救倫敦金融城：1914年金融大危機》（*Saving the City. The Great Financial Crisis of 1914*）。英格蘭銀行只有價值2,400萬英鎊的的黃金儲備，因此黃金很快便用光。德意志帝國銀行（Reichsbank）儲存的黃金價值4,000萬英鎊，美國的黃金儲備甚至高達一億四千兩百萬英鎊。英國身處矛盾的情況：英國採行金本位制，倫敦更是全球最大的金融中心，但英國的黃金卻少得可憐。這種落差再次顯示，金本位制純屬虛設，即使沒有黃金，國際貿易依然能夠進行。在此之前，英國為了節省開銷，大大減降其黃金存量。（參見羅伯茨，《拯救倫敦金融城：1914年金融大危機》，第75-76頁。）

12　在各種措施合力助攻下，英國黃金短缺的情危機才終於解除。其中一個實務問題是：當時英國沒有發行小額紙鈔，只有面額五英鎊，相當於今天100歐元的紙幣，因此所有小額支出都須以金幣支付。為此，財政部自行印製紙鈔，所有公家單位都接受這種紙鈔，但不可兌換黃金。果然一如預期，這種紙幣部分取代了金幣，因此黃金得以貯存在英格蘭銀行。凱因斯著手撰寫備忘錄時，印製紙鈔的政策已經敲定，但私人銀行更提出進一步的要求：他們連「真」紙幣的黃金準備也想一併取消。凱因斯堅決反對廢除紙鈔與黃金的可兌換性，他擔心，

如此一來會造成原本想避免的恐慌。此外，他也擔心此舉將使倫敦作為金融中心的國際聲望無法修復。凱因斯的想法沒錯：金本位制繼續保留，存戶的恐慌也得以撫平。

勞合·喬治證明自己是個天才，他只用區區數日，就證明自己「躋身頂尖金融專家」。他還做了一項凱因斯沒有參與的決策，迅速平息當日的金融危機。這項行動名為「凍結政策」（Tiefkühl-Strategie），各銀行只需支付5%至7%的利息，便能將所有問題期票轉售給英格蘭銀行，於是風險不再由銀行負責，改由納稅人承擔。勞合·喬治預期此舉將造成4,000萬英鎊的損失，結果卻出人意表：戰後損益清算的結果，英國甚至獲利650萬英鎊。

13 凡爾賽條約（Friedensvertrag von Versailles）中尚未擬定德國賠款的具體數字，最後的金額是在1921年5月於倫敦舉行的賠款會議上敲定的。不過，早在1919年，法國人便要求德國至少須賠償1,200億金馬克，而在倫敦協議的金額則為1,320億金馬克，甚至高於法國當時的要求。

14 查爾斯·金德伯格（Charles P. Kindleberger），《西歐金融史》（*Financial History of Western Europe*），第297頁。

15 當時凱因斯提出一種全面性的債務免除方案，因為法國人不只希望藉由德國賠款彌補在戰場上的損失，更需要這筆錢清償對英國的戰爭債務；反之，英國則積欠美國大筆債務。倘使同盟國彼此取消債務，則美國必須捨棄16.68億英鎊，英國將損失6億5,100萬英鎊。反之，義大利得以免除七億英鎊，法國可免除5億1,000萬英鎊的債務，但美國卻拒絕這種方案。結果美國一無所獲：最晚在全球經濟危機出現後，這些債務絕大多數都變得毫無價值。〔亞當·圖茲（Adam Tooze），《洪水：世界大戰和全球秩序再造》（*The Deluge. The Great War and the Remaking of Global Order*），第293頁以下。〕

16 凱因斯在他的暢銷書中也曾表示：「據說列寧說過，摧毀資本主義體制的最佳方法，便是瓦解它的貨幣制度。」這段話後來成了大家喜愛引用的列寧名言，但在列寧的著作中並未見過這樣的說法。（金德伯格，《西歐金融史》，第321頁）。

17 凱因斯，《蘇聯掠影》（*A Short View of Russia*），1925年，收錄於凱因斯，《勸說集》（*Essays in Persuasion*），第297-311頁。

18 第III章，第IV節有一段對期貨市場的精采描述，凱因斯在那裡整理、爬梳了自己從事金融衍生商品的投資經驗。

19 邱吉爾並非輕率下了這個錯誤的決策，他曾在1925年2月致函負責此事的金融管理員（Finanzstaatssekretär）奧托·尼梅爾（Otto Niemeyer）：「在我看來，財

政部從未研究凱因斯先生稱之為『匱乏中的失業矛盾』的更深層含意。而英格蘭銀行總裁對英國享有全世界最高的信譽度，而與此同時，有一百萬與四分之一的人失業的狀況至為滿意……我寧可見到金融巨頭氣餒稍減，而工業界較為滿意。」1925年3月17日，邱吉爾甚至特別安排一場晚宴，邀請凱因斯及財政部與英格蘭銀行的高級官員赴宴。然而，正如邱吉爾本人所坦承，他並非經濟專家，而凱因斯又是少數，因此邱吉爾最後採用多數人的意見。不過，凱因斯與邱吉爾的私人情誼並未受到這次衝突影響，凱因斯依然是邱吉爾創立的「The Other Club」成員。

20 如同凱因斯的預測，英國礦工自1926年5月1日起展開無限期罷工，抗議工資削減；但同年秋天，儘管訴求得不到結果，由於工會已經沒錢，他們不得不中止抗議，接受較低的工資。依據凱因斯的深入研究，如果各行各業的薪資與物價都同步且以同等幅度降低，就能承受金本位制的衝擊，因為薪資與物價同步下降，則實質購買力維持不變：企業職工賺的錢雖變少，購買物品的開銷卻也減少。只是，資本主義並未有全面性薪資減降的機制，因為並非所有行業都受到全球市場的壓力。重新採行金本位制後，英國「受保護」的產業薪資與價格並未改變，致使出口業必須獨立承擔一切的調節壓力。

21 凱因斯，《邱吉爾先生政策的經濟後果》，1925年。收錄於凱因斯，《勸說集》。第244-270頁，此處參見第261-262頁。

22 起自1929年的全球經濟危機出現的一些問題，只能以總體經濟核算才能回答：失業人數究竟有多少？人民的錢還足夠維持生計嗎？商品產量下降多少？還有，是哪些產業？經濟學家西蒙・顧志耐（Simon Kuznets）接受美國參議院委託，推算1929年至1932年間美國的國民所得，結論是減少一半，其中工業甚至減少70%，營造業減少80%，唯獨公共事業有所成長。而在英國，經濟學家科林・克拉克（Colin Clark）也已率先計算國民所得。凱因斯並非獨力研發國內生產毛額的核算方法，具體的統計係由年輕的經濟學家詹姆斯・米德（James Meade）與理查德・史東（Richard Stone）執行，兩人與顧志耐後來都獲頒諾貝爾獎。關於國內生產毛額的發展概況可參考菲利普・勒佩尼斯（Philipp Lepenies），《GDP簡史：論GDP對世界政治經濟格局的影響》（*Die Macht der einen Zahl*），2013年。

23 另請參考赫爾曼，〈打敗希特勒的數據〉（Die Zahl, die Hitler besiegte），《日報》，2015年5月2日。

24 勒佩尼斯，《GDP簡史：論GDP對世界政治經濟格局的影響》，第73頁。

第七章

確定的唯有不確定性：
《就業、利息和貨幣的一般理論》
（1936年）

　　凱因斯是優秀的作者，但他的《就業、利息和貨幣的一般理論》讀來卻令人備感艱辛，至今仍然有經濟學家抱怨這部著作難懂，其中一些批評如下：「尤其第二篇簡直是場惡夢。」[1]「普遍認為，這本書基本上幾乎令人難以理解。」[2]「一部複雜、組織差勁，有時又語意不明的作品。」[3]凱因斯自知這部作品並不完善，他甚至在序言中警告讀者，「撰寫本書時，作者歷經長期掙扎，以求擺脫老舊的思維模式與說法。」[4]

　　至於書名則別具巧思，「一般理論」二字看似平淡無奇，卻目空一切，而且有雙重含義，並精準勾勒凱因斯所關注的議題。第一層含意很清楚：凱因斯認為，只有他才準確闡釋了經濟的發展過程，無論景氣繁榮或危機時期，他的理論都是「普遍」（general）適用的；而新古典經濟學派則被降級為「特例」，他們的理論僅在充分就業的偶發情況下才適用。

　　此外，「一般理論」這個標題還蘊含著許多讀者起先不會注意到的第二層含意，因此凱因斯在1939年為本書法文版撰寫的序言中，更進一步解釋，自己想以書名中的形容詞「general」說明什麼：

「我主要關注的是總體經濟體系的行為。」凱因斯不同於新古典經濟學派，他處理的並非單一顧客或公司，而是觀察總需求與總投資；這是一項革命性的創見！凱因斯獨力開創了一門新學科，即所謂的「總體經濟」，它探討的是整體經濟普遍、全面的規律性。

書名的其他部分同樣精準呈現凱因斯所關切的內容，《就業、利息和貨幣的一般理論》這三種議題的組合再一次與新古典經濟學派正面交鋒，因為後者一向宣稱，貨幣是「中立」的，像一層覆蓋經濟的「面紗」，對失業率或工廠產能是否滿載等不具任何影響。凱因斯將「就業」、「利息」與「貨幣」並列，從而清楚表示：貨幣並非中立，貨幣對資本主義具有莫大意義。

新古典經濟學派不懂自己的理論

在凱因斯撰寫《就業、利息和貨幣的一般理論》期間，失業人數達數百萬，但新古典經濟學派卻無法解釋這種大眾的困境，因為他們認為就業市場如同蔬菜市場：一旦馬鈴薯過多，價格便會下降，直到所有馬鈴薯都能找到買家。同理，工資會一再下降，直到所有失業者都能找到工作。

然而，即使在新古典經濟學盛行的美國，這種漂亮的理論也行不通：美國對企業職工幾乎沒有任何法律保障，因此1929年經濟危機一起，薪資便大幅滑落，但並未如新古典經濟學所預示，帶來充分就業；美國的失業率同樣高達25%。

由此可見，就業市場的運作有別於馬鈴薯市場。何以如此？凱因斯的解釋給予新古典經濟學重重一擊，他無需提出新理論，只消點明新古典經濟學並未將自己的基本觀點思考到底，便可揭露該學

派的思維錯誤。

　　如果工資下降，則企業家的支出也下降，於是商品價格降低；到這裡都符合新古典經濟學的思維。然而，新古典經濟學派卻沒有考慮其中的含意：商品價格降低，代表公司營業額也會減少，企業家名義上少付了薪資，收入卻也減少，因此實質情況未有任何改變：薪資支出與收益的比例依舊不變，[5]公司老闆根本未受惠。

　　對職工而言，情況也沒有改變：他們的薪資雖減少，但商品價格下降，因此實質購買力並未改變。職工薪水雖變少，但商品價格也變得較低廉，因此他們還是買得起跟從前同樣多的商品。

　　這種推論極為重要：在薪資上傷腦筋是沒有用的，失業的原因不在「就業市場」，而減薪也無法帶來充分就業。[6]

　　新古典經濟學派一如往常得到錯誤的結論：他們不是以總體經濟的視角，而是卡在微觀經濟學的觀點，天真地以為總體國民經濟的運作與單一企業的運作毫無二致。

　　對單一企業而言，若薪資支出減少，從而帶動商品價格降低，企業便能擁有競爭優勢，可以雇用更多員工，擴充規模。但新古典經濟學派卻未發現，單一企業的情況無法套用在總體國民經濟上。設使每家企業的員工薪資都下降，則個別的企業便不具競爭優勢，於是商品產量維持不變，只是成本降低，而就業與失業情況依然維持不變。

　　連凱因斯都不解，為何沒有人早早發現新古典經濟學派的思維錯誤。他推測，這種保守理論之所以如此頑強，是因為它為菁英份子的利益服務。凱因斯如此評論新古典經濟學：「該學說所得出的結論與普通未受教育之人所期望的極為不同，這就增加了該學說的學術威望。它的教義在實踐上的嚴格性和通常表現出來的難以接受

反而使其從中獲益。它具有的可以用來建立一個宏大而邏輯一致的上層建築特點賦予它美感，它能將社會上許多不公平和顯而易見的殘酷事實解釋為進步過程中不可避免的意外事件……這使它得到了當權者的讚賞。這個學說為單個資本家的自由行為提供了一個辯護的理論依據，使它得到了當權者背後的主要社會力量的支持。」[7]

對於自己輕易被貼上當權階級幫凶的標籤，凱因斯的新古典經濟學派同行可並不開心。庇古便曾在一篇評論中對於凱因斯以「惡毒的尖銳字句」將其他經濟學家一律描述成「無能、本業不精的一幫人」深表不滿。

凱因斯對自己的作為非常清楚，在《就業、利息和貨幣的一般理論》付梓前，他已先請交情好的同事與學生校閱數次，其中經濟學家羅伊・哈羅德更試圖阻止凱因斯與新古典經濟學派正面交鋒。然而，哈羅德的反對反而更堅定凱因斯不走溫和路線的決心。他回信表示：「你的反應……告訴我，我甚至該加強，而非減弱我對古典學派[8]的攻擊火力。我的動機自然不在吸引讀者，但若想獲得理解，則必須有人閱讀。從你那裡，我也見到令我憂心的傾向：大家表現得像是接受我的論點，目的卻是想尋求折衷方式，以拯救那些深受喜愛的觀點；但唯有至少部分曲解我的論文，才有可能……我要引發大騷動，因為唯有透過由此激發的爭論，我想說的，才能獲得理解。」[9]

凱因斯果然有先見之明：新古典經濟學派立刻設法使凱因斯的論點無法發揮作用，他們先將凱因斯的理論摻假，繼而簡化，再偷渡到自己的理論中。

儲蓄非美德，反而很危險

　　雖然凱因斯拆毀了新古典經濟學派，但問題依存在：失業該如何解釋？對此，凱因斯的答案是，整體社會需求決定多少人有工作。他將門外漢早就知道的，轉化成了理論。其中有句名言出自某位姓名不詳的流水線工人之口：「沒人買車，生產汽車就毫無意義。」[10]

　　貨幣，加上人們可能儲蓄，導致需求起落不定。為了儲蓄，人們並沒有花光收入，而是儲存部分收入，以便為不確定的將來未雨綢繆。但錢一進入轉帳帳戶就危險了：如此則需求不足，製造的商品無法完售，銷售危機於是出現。

　　新古典經濟學派自然也了解，人們有儲蓄的習慣，但他們認為這樣並不危險，甚至推崇知足是美德，盡可能將最多錢存到銀行戶頭，被視為是一種楷模。這種觀點並非毫無道理，因為沒有把錢全部拿去消費，才有可能投資。

　　但省下來的錢也不該過多，因此新古典經濟學派不得不假設，儲蓄總是和投資所需的錢相當，而調控二者均衡的則是利息。他們的想法是：儲蓄過多則利息下降，貸款變得相對便宜，促使企業再度投資，而由於把錢存在銀行裡變得不划算，儲蓄者的消費力道也會增強；如此一來，美好的均衡便指日可待。

　　新古典經濟學派看待貨幣猶如看待汽車等商品：汽車太多則車價下滑，各種折扣紛紛出籠，直到所有汽車都找到買主為止。同理，貨幣過多時，利息也該下降。

　　由此可知，如同凱因斯的批評，新古典經濟學派一直停留在交換經濟的模式中，他們不過把貨幣當成在每週舉辦的集市上便於買賣的媒介，卻誤解了貨幣在資本主義中具有的兩種核心功能：貨幣

不僅是交易媒介，也是儲存財富的工具。

人們儲蓄的主要目的不在於獲取利息，而在於貨幣具有銜接當前與未來的獨特能力。儲蓄的目的，在為明日作準備。但如此一來便會出現一個問題：我們對未來一無所知，因此我們只是盲目儲蓄，聽任情緒、希望與期待擺佈。

不同於新古典經濟學派的理解，利息並非由現有貨幣供應量形成的價格，利息可以衡量一個社會多缺乏安全感：如果大眾認為未來會更差，儲蓄者與投資人便會緊抱手上的貨幣，不用於投資，寧可放在轉帳帳戶等之上。結果是，貨幣量雖充裕，利息卻飆升，扼殺了所有經濟活動。反之，如果大眾對未來高度樂觀，則利息下降，投資也變得活絡。由此可知，光是心理因素便足以引發銷售危機，恐慌、信心或不安等因素都會對經濟造成一定的影響。

對新古典經濟學派而言，將利息視為一種心理指標，而非貨幣的批發價，這種觀點實在太離奇了，因此他們起初徹底誤解《就業、利息和貨幣的一般理論》的內容。凱因斯這部著作迅速引發全球性討論；一夕之間，全球重量級的經濟學家莫不談論此書，但凱因斯自己讀到這些評論時卻嚇了一跳，他發現自己有必要將自己的全部理論再從頭解釋一遍，因此於1937年寫了一篇題為〈就業的一般理論〉（The General Theory of Employment）[11]的短文，篇幅只有14頁。

這篇短文一如凱因斯的平日風格，不僅詼諧、清晰明瞭，其核心論點更清楚顯示《就業、利息和貨幣的一般理論》何以深具革命性：凱因斯將金融市場置於中心位置，認為資本主義乃是受證券交易所、未受調控的貨幣擴張與風險交易等推波助瀾的社會體系。凱因斯是第一個了解貨幣與生產二者關聯的人。

凱因斯這篇短文雖寫得清楚明白，卻不是寫給門外漢看的。他

設定的前提是，他的讀者已經了解現代的貨幣擴張是如何運作的。在此，我們有必要先簡單介紹貨幣。

簡單介紹：貨幣從何而來？

貨幣是個大謎團，人人都在用，但幾乎沒有人真正了解它。庫爾特‧圖霍斯基（Kurt Tucholsky）以諷刺的筆調精闢地點出這種迷惘：「當人們不解自己何以沒錢時，這就是國民經濟學。」[12]

貨幣相當奇特，雖然它「無中生有」，卻具有價值。歐元國家印製的鈔票，最高面額雖為500歐元，但實際上，這些鈔票不過是花幾分歐元就能印製的紙片。更令人瞠目結舌的是存放在轉帳或存款帳戶上的錢：這些錢不過是銀行電腦上的數字，但為何這些「轉帳貨幣」（Giralgeld）這麼有價值？

根據人們平日的經驗，大家可以用貨幣購買商品與服務，因此貨幣具有價值，否則這種信任便會潰堤。貨幣要有價值，必須人人的經驗都顯示，可以用歐元付房租或預訂旅遊。因此，貨幣可說是由經濟表現擔保的。

但為何如此？貨幣與商品數量兩者的關係又如何？許多人往往對此誤解：他們認為，是銀行存戶把錢拿去銀行，銀行再將這些錢借貸給企業家投資以擴大生產。

實情卻非如此：銀行不需要存戶便能提供貸款。銀行放貸時，只消把這筆數額計入客戶帳戶就行，存款是後來才產生的。

且舉一個小例子加以說明：營造公司A需要一輛要價100,000歐元的新運輸車，於是向自己的銀行申請貸款。銀行核准這筆貸款，將100,000歐元計入A公司的轉帳帳戶上，於是A公司便將這筆錢匯

入汽車經銷商B的戶頭上，買到那輛運輸車。現在，B的戶頭上多了100,000歐元，可以自行決定這筆錢是要儲存或支出。

經由一次放貸，貨幣供應量便多出100,000歐元。營造公司A以它之前沒有的貨幣支付運輸車的款項，反之亦然：貸款償還時，貨幣供應量便再次縮小，金融資產擴張的金額就和整體貸款增加的速度同樣迅速。

如果貸款用在投資實體經濟，則貨幣供應量攀升並不危險，因為如此一來生產的商品數量同樣增加，成長的經濟表現等於為新增的貨幣提供了擔保。

新古典經濟學派的未解之謎：利息如何運作？

十九世紀末，某些經濟學家已經發現，貨幣擴張拋出兩個令人困惑的問題：一、如果銀行能自行創造貨幣，那麼儲蓄還有何用？二、如果投資者與儲蓄者彼此毫無關聯，經濟該如何取得平衡？

找尋第一個問題的答案還算簡單，而且這個答案至今依然適用：儲蓄是必要的，如此才能將勞動力投入於資本財的生產。如果家家戶戶都不存錢，而是把所有的錢用來購買汽車或休假旅行等消費性商品，則所有可用的勞動力都全部用於製造這些消費性商品。如此一來，雖然大家都很快樂，卻活得像沒有未來，會消耗自己的所有資產。反之，如果能夠儲蓄，就會捨棄部分消費，不會把所有的勞動力都投入於生產消費品，而是留存部分勞動力投入於機器或建築等資本財的生產。

第二個問題則令人大傷腦筋，人們想儲蓄就儲蓄，而銀行只要認為放款有利可圖，便任意創造貨幣，與人們的儲蓄毫不相關。既

然銀行可以「無中生有」，變出貸款，那麼我們實在不清楚，利息究竟還有什麼意義。

凱因斯也多次想破解這個謎題，[13]直到他寫了《就業、利息和貨幣的一般理論》這本書，才終於有了突破。事後回顧，我們不禁訝異，凱因斯如此重要的念頭，其中的道理何其簡單：他仔細觀察家庭、金融投資者與企業家對待貨幣的實際情形，發現利息所扮演的角色，與新古典經濟學派所設想的截然不同。

凱因斯第一個發現是：存戶大都不在意利息多寡，他們是為了籌畫未來而儲蓄：他們希望在失業或老年退休金不夠時能有所保障，他們希望規劃子女未來的教育基金或者只是希望能留下一筆遺產。

因此，消費與儲蓄率相對穩定，而且無關乎利息高低。影響儲蓄率的，主要是人們的可支配收入。這種想法很簡單：錢賺得越多，就能存越多。

乍看之下，或許這種想法不特別創新，卻具有革命性的後果：如果多數家庭執意儲蓄，此時若想避免銷售危機，則資本財的支出必須同樣規律流動。然而，正如凱因斯所指陳，投資不僅不穩定，甚至是高度不穩定。

有別於新古典經濟學派的想法，一項投資是否划算，並非全然取決於公司所有者，亦即「真正」的企業家，實際情況複雜得多：最重要的「投資者」是活躍於金融市場的投機與投資客；某項投資是否能獲利，是由證券交易市場決定的，推動現代資本主義的是投機。

許多新古典經濟學派人士未曾從內部觀察證券交易所的情況，因此他們難以理解這種觀念。他們認為，「利息」是借款人依據貸款協議的規定，必須繳納的固定名義（nominal）百分率。但凱因斯

可是個職業投資客，他深知對金融投資客而言，唯一重要的是在金融市場上形成的「實質」獲利，而這種利潤與名義利率往往落差極大，因此他在〈就業的一般理論〉這篇短文中試圖再次向同行從頭解釋，資本市場是如何運作的。

重要的不是利息──是投機活動

當恐慌爆發時，便暴露出金融市場的詭譎莫測：一旦投資人認為企業即將破產，他們便會設法儘速挽救自己的資產，出脫手中持股或公司債券，落袋為安。由於投資客全都同時想賣出，促使有價證券行情暴跌；反之，債券殖利率則達到天文數字的高度。在此我們且以一個虛構的案例演算：假設某公司發行100,000歐元的債券籌資興建新廠房，期限為五年，年息5%，亦即5,000歐元。兩年後，金融市場突然出現恐慌，所有的投資人都同時想出脫手上的有價證券，導致債券價格砍半，原來100,000歐元的債券，如今只消50,000歐元便可持有。

這對債券殖利率意味著什麼？只要債券尚未到期，如今殖利率就不只5%，而是飆升至10%，因為這項公司債的新持有者現在只消付出50,000歐元，就能持續獲得年息5,000歐元。更棒的是：一旦公司債到期，公司付清款項，那麼債券的新持有者雖只付出50,000歐元成本，卻能得到100,000歐元，再次獲利50%。

這筆美好的演算當然有其潛在的問題：債券的殖利率收益雖可能極高，但不確定性也同樣高：這家公司可能真的破產了，一毛都不付；如此，則公司債的新買家不僅獲利為零，還損失了50,000歐元。許多投資人不想冒這種風險，他們寧可守住自己的錢。

因此，正如同凱因斯所說的，債券殖利率是流動性需求（Liquiditätspräferenz）的計量單位。投資報酬是金融市場形成的「不確定性」給予的獎賞，同時也決定新貸款的利息多高。在人心惶惶的年代，債券殖利率以及伴隨而來的利息支出會飆升，致使公司領導人無力投資。

股票情況也類似：投資人一旦恐慌，股票行情便會暴跌，再也無人投資新機器，因為買進現有企業的股票，要比擴充新產能便宜。

雖然恐慌只是一種感受，後果卻是實實在在的：投資不再划算。由此引發的連鎖效應將會迅速吞噬整體國民經濟。訂單短缺，首先是機械製造或建築業員工遭到解僱，而這些失業者買不起許多消費品，導致消費品行業同樣失去許多工作。如此這般，需求持續減少，更多工作機會消失，經濟更是如同自由落體般急速墜落。

最晚在社會上窮到再也無人有餘力儲蓄時，這種跌勢才會終止，但這種新的均衡並未如新古典經濟學派所樂觀設想的帶來充分就業，而是大規模的失業。

凱因斯是第一位破解馬克思與恩格斯在《共產黨宣言》中描述過的謎團之人，他能解釋富裕何以走向貧困；還有，失業者雖想工作，為何工廠依然閒置。

其中的關鍵就在貨幣：一旦未來顯得過度不確定，貨幣就可能停滯不動，因此主導因素是人們的期待、偶發事件，以及人們的羊群效應。

因此，新古典經濟學派宣稱人類是經濟人（Homo oeconomicus），能利用數學準確計算花費與效用，並運用策略增加自己資產的這種模式已經過時了。凱因斯認為這種論點荒謬無比：「對古典經濟學採用的方法而言，資產是特別不合適的題材。」

凱因斯的著眼點不在人類的具體樣貌，他無意評斷投資人是否理性，他關注的是：即使是完美的經濟人也無法得知，如何使自己的資產最大化。理由很簡單，因為我們缺乏計算最佳值的數據，唯一確定的是不確定性。[14]

直到今天，許多新古典經濟學派人士仍然無法理解這種觀點，他們仍深信人類能做出理性抉擇，只須好好估算「風險」，儲蓄者與投資人就能將資產正確投資並增殖。（參見第八章）

許多新古典經濟學派人士誤解了凱因斯，但錯不在他，因為他已說得一清二楚。在探討「風險」時，他絲毫不仰賴偶然，在闡述「可估算」不過是種虛構時，他的論述極為精準。即使是《就業、利息和貨幣的一般理論》，在描述投資人切身的痛苦時，內容也一掃枯燥無趣，寫得非常詼諧幽默。[15]

經濟人沒勝算：因為風險並不存在

如今，當儲戶前往銀行，準備把錢拿去投資時，首先必須填寫一份表格，說明自己的「投資屬性」究竟是「穩健」、「保守」、「積極」或是「具備風險意識」。這種自我評估決定銀行要向儲戶推薦存款證（Sparbrief）或大膽積極的不動產投資信託（Immobilienfonds）。

乍看之下，銀行的作法似乎頗有道理，而且以客戶為導向，其實當中存在一個問題：金融投資的風險無法有效估算，將顧客與他們的金融產品分門別類，不過是在創造一種不存在的安全假象，因為「風險」一詞，前提是它有一定的概率，彷彿未來就像擲骰子，出現「一點」的機率恰好是六分之一。

但未來並非具有特定風險，未來是「未知」的。對此，凱因斯

曾經舉例說明：「歐洲某場戰爭的前景、20年後的銅礦價格與利率、某項新發明是否會過時，或是1970年，當時的社會制度下私有財產所扮演的角色等，這些都是不確定的。這些議題並沒有科學基礎能提供可以計算的機率；我們就是不知道。」

人類處於兩難，他們無法衡量自己的行為後果，卻又不得不有所作為。這個事實令人在情感上如此難以消受，因此遭人排擠；而客觀上的不確定，也被轉換為主觀上的確定。凱因斯特別提出三種人們用來「保護自己是理性經濟人面子」的策略。

首先，人們會假裝未來將如同現在，將現狀無限延伸。雖然人人都知道新的事件不斷發生，卻漠視這種不確定性。如此，伴隨而來的便是第二種策略：假設今天的股市行情能準確反應企業的未來價值。雖然個人隱約察覺自己可能弄錯，卻寧可遵循第三種策略——跟著大眾走，相信多數的國人絕對錯不了，結果便是著名的羊群效應：所有金融投資人都做出相同的決策。

這種行為並非不理性，因為這是人們所擁有的最佳前進路線。我們只能以自己的預期決定方向，而此舉又會形成一種極為獨特的合理表現：重要的不是未來（未來反正不確定又未知），人們依循的是他人的預期。能掌握其他投資人的感受與希望的投資客，往往特別成功。

凱因斯以地方報紙舉辦的選美競賽比喻證券交易所的現象：專業投資猶如一場選美比賽，「參與票選者必須從上百張相片中選出六張最美的臉孔，誰的選擇最符合所有票選者的平均偏好，此人就能獲獎」。聽起來已經夠複雜了，實際還更加複雜：「目的不在選出自己眼中最美的臉孔，也不在平均觀點所認為的最美臉孔，而是來到第三個層級：運用我們的智力，預測人們平均所預期的，平均

的看法會是什麼。」

　　凱因斯本人嚐過苦頭，他深知跟隨羊群做出錯誤判斷的代價可能多高。1919年開始操作外匯投資時，他還相信身為貨幣專家，自己的專業知識絕對足夠。但正如我們之前所說，他押馬克匯率會下跌，德國馬克卻逐漸回穩，美元走勢反而疲軟，使他痛失22,573英鎊。儘管長線來看凱因斯沒錯，1923年，馬克匯率甚至跌到谷底，但短期之內他還是慘賠。

　　如今凱因斯發現，其中的奧妙在於預測其他投資人的預期，並且在市場令人擔心前就率先退場。凱因斯以「耶路撒冷之旅」描述證券交易；唯有及時抽身又不是太早見好就收的人，才能獲勝。

　　只要「不會發生無可預期的事件」這個錯誤的基本假設適用，此種策略便相對管用。然而，不受歡迎的意外既無法避免又不少見，因此，凱因斯諷刺地寫道：「所有這些漂亮、體面的技術，適合裝有護牆板，品味高雅的董事會會議大廳……再次潰敗。」投資人在乖乖跟著羊群走，結果飽受損失時，依然能自我安慰：沒有人能責怪他們。「生活經驗教導我們，對自己的聲譽而言，以尋常的方式失敗，要好過以不尋常的方式成功。」

　　如此一來，凱因斯又回到了《機率論》的主題。當時他致力探討：既然知識往往不完整、不確定又有限制，那麼命題能闡明多少真相？現在他將這個扣問用在證券交易所，試圖探究，未來既然未知，人們的預測又如何形成。[16]凱因斯努力研究金融投資人的心理，此舉也成了數十年後才興盛的研究分支「行為經濟學」的開路先鋒。

金融市場獨霸

凱因斯自己是專業投資客，因此他極力警告必須慎防證券賭局成為自我目的，致使企業的可能獲利不受重視，而由金融投資人的羊群效應獨霸。他寫道：「如果投機客有如企業經營這條穩定大河上的泡沫，或許他們就不會釀成災害；但若企業經營變成只是投機漩渦中的一顆泡沫，情勢就會變得棘手。一國的資本積累一旦成了某種賭場的副產品，任務就有失敗的危險。」凱因斯這段話留下一個至今常用的譬喻：在論金融市場時，「賭場資本主義」（Kasinokapitalismus）已經成了固定的說法。

凱因斯還建議向所有金融業務收取營業稅，遏止股票與金融衍生商品的投機過熱：「一般認為，賭場應該難以進入而且昂貴，如此才符合公眾利益。」這個構想不只深受反全球化組織「課徵金融交易稅以協助公民組織」（Association pour la taxation des transactions pour l'aide aux citoyens，縮寫為Attac）贊同，近來甚至廣受歐盟各國的金融部長討論。[17]

因此，凱因斯擬訂一種迥異於新古典經濟學派的情境（Szenario）。他的前輩們所設想的投資行為非常簡單：企業家向銀行申請貸款，只要風險不過高，銀行通常樂意核發。但凱因斯指出，金融市場的存在使投資成為高度複雜的過程。在他看來，「投資」具有雙重意涵：雖然擴充產能以創造更多盈利的「正常」企業繼續存在，但它們通常不是向銀行貸款以取得必要的資金，而是發行股票或公司債，出售給「投資」這些有價證券的金融投資人。凱因斯不再使用「銀行」這種說法，而是將銀行歸類為金融投資人，因為銀行是最大的債券及股票代理商。如此，則投資者分為兩種，而他

們的期待也各不相同：企業希望提高銷量，著眼於長線收益；金融投資者主要著眼於賺取短線價差。[18]

　　凱因斯向來勇於提出激進的想法，因此在《就業、利息和貨幣的一般理論》中也探討是否該直接廢止證券交易，以終結四處橫行的投機行為。股票與公司債也能「像婚姻」一樣：金融投資人必須與證券長相廝守，不離不棄。「投資人不得不聚焦於長期展望。」

　　雖然凱因斯認為這個構想頗為誘人，但也了解證券賭場若全面關閉可能出現的「困局」：如果金融投資人無法隨時出售手上的有價證券，他們將一窩蜂地潰逃，不再投資。「純粹只因每位投資人都能自以為自己的投資是『流動』（liquid）的（……）他就安心，從而大幅提高他投入風險的意願。而如果有價證券缺乏流動性，可能會大幅提高新投資的難度。」

　　凱因斯是率先將金融市場列為分析重點的經濟學家，因為金融市場決定社會的投資高低。可惜這些投資無法確保經濟穩定，隨時可能出現家庭的儲蓄額遠多於企業在設備上的投資，形成需求不足。

　　一旦出現銷售危機，不僅會危及就業機會，部分儲蓄資產也將化為烏有；凱因斯稱此為節儉的矛盾（Sparparadox）：人們越想多多儲蓄，最終儲蓄反而變少。乍聽之下，這種想法似乎很離奇，卻是我們在日常生活中經常可見的：經濟萎縮則企業破產，股票失去價值，無法支付貸款利息，辦公建築空置，昨天還在的資產，今天就失去了價值。

　　新古典經濟學派人士大都認為，必須好好儲蓄，之後才能投資，凱因斯卻翻轉這種觀點：存款高低取決於投資。沒有投資，儲蓄起來的資產便失去價值，再度化為泡影。

　　直到今天，仍然有許多新古典經濟學派人士無法理解這種觀點，

他們依舊認為，資產就如藏寶箱，它一直都在，只消打開來，就能知道自己有多富有。然而，資本主義並不是這麼運作，凱因斯一如亞當‧史密斯與馬克思，他同樣強調，資產（亦即資本）是在過程中形成的。雖然資產可以在年底結算，但沒有固定大小，到了下一個基準日可能就消失了。

就此而言，凱因斯並非如某些人所誤傳的，只是提出危機理論。[19]他的理論既是通論又深具革命性。在此，我們謹再一次總結凱因斯與新古典經濟學派的主要差異：凱因斯思考的是過程，而非靜態；他認為貨幣不僅是交易媒介，也是資產的儲存器（Vermögensspeicher）。他重新定義利息，認為利息是在金融市場形成的一種投資收益。他認為「經濟人」的說法已經不適用，因為未來是未知的，風險也無法計算。反之，經濟乃受集體期待操控，而所謂的集體期待，說得坦白些就是羊群效應。具有關鍵影響力的是金融市場，不是勞動市場。重要的是總需求，因此面臨危機時降低工資不僅無效，甚至有害。[20]此外，凱因斯也是首位真正的總體經濟學家：他發現，國民經濟不僅是各部分的總和，因此他的著眼點不在個別的企業或家庭，而是聚焦於投資與消費支出等「總量」（Gesamtaggregate）。

凱因斯也是第一位解釋市場何以並非趨向均衡，失業問題何以頻頻出現等現象的經濟學家。此外，他不僅提出分析，更提出政策上的解方：企業投資不足時，國家便須出手干預。

市場失能，則國家必須干預

原則上，國家可運用中央銀行的「貨幣政策」與政府的「財政政策」兩種方式調控經濟，而在一般情況下，只需由央行出手即可。

制定短期利率屬央行的標準任務，這種措施往往便足以帶領焦慮的金融投資「羊群」。[21]

但是在面對重大金融危機之際，央行往往束手無策，因為經濟陷入「流動性陷阱」（Liquiditätsfalle），即使央行貼放利率為零，依舊沒有人想投資，也沒有人貸款。企業產能過剩，許多公司過度負債，它們寧可清償舊債，不願另舉新債。

如此則貨幣政策無法奏效。有個說法極為貼切，認為央行試圖「推繩子」（pushing on a string），其所描述的便是這種困境。此種危急之秋只有政府能處理，政府必須自己貸款投資，而非寄望由企業從事投資；如今我們稱這種策略為「經濟上的反周期政策」（antizyklische Konjunkturpolitik）。

但基於自己的慘痛經驗，凱因斯深知許多政治人物不肯貸款，並恪守國家財政必須「穩定」的觀念。凱因斯在《就業、利息和貨幣的一般理論》以揶揄的筆調寫道，他們寧可接受「在地上挖坑，號稱開採金礦」這類毫無效果的措施。

他更辛辣地建議財政部不如「用舊瓶子裝滿鈔票，埋在廢棄礦坑深處」，再「以家用垃圾填滿」，接著政府可以完全「自由放任」，將這些礦坑的開採權拍賣給私人投資者，讓他們雇用失業者再將這些鈔票挖出來。「建造房屋等措施自然較為有效，但如果這麼做會遭遇政治的和實際的困難，那麼，這個建議總比什麼都不做要好。」[22]

凱因斯能證明，政府刺激景氣的方案規模無需特別大，便足以推動經濟發展，因為如此便能產生「乘數效應」：政府投資的每一英鎊都會再花用掉，從而創造更多需求。[23]於是，凱因斯宣告了一個佳音：資本主義不會滅亡。經濟危機雖可怕，卻也不難解除。

然而，凱因斯不僅要消滅不景氣，更認為整體資本主義有待改

革，並且須限縮金融市場的力量，因此凱因斯要求強化公共建設，因為公共建設能穩定經濟。直到今天，一旦發現「國家支出比率」（Staatsquote）上揚，而且存在國家壟斷，新古典經濟學派便難以接受。反之，凱因斯則認為鐵道或供水系統等設施無需追求利潤，而是要穩當評估其支出與收入，如此，至少還有幾種領域不受金融投資人的羊群效應操控。

但凱因斯意不在全面廢除金融市場，在蘇聯期間，他親眼見證計畫經濟（Kommandowirtschaft）效率低下又殘酷，他認為國家與私人經濟相輔相成的混合型體系最為理想。他以諷刺的筆調寫道：「當積累錢財與資產的機會出現，人類的危險偏好便會轉向相對無害的管道……人們折磨自己的銀行戶頭，總比折磨自己的同胞要好……為了滿足這種偏好，其實不必像目前這樣，押上如此鉅額的賭注。」

為使金融市場略微降溫，凱因斯希望針對大資產課稅，尤其是遺產繼承人，因為他們是無功受祿者。這項建議聽起來頗具革命性，但凱因斯認為自己的立論並非左派，而是「溫和保守」（moderat konservativ）。他意圖修正，而非廢除資本主義；他雖贊成向富人課稅，卻非出於憎恨，而是為了避免他們損害他們自己的資產，因為富人往往過度儲蓄，導致需求不足，最終扼殺經濟。人人都想積聚財富，後果卻是整體資產縮水。

富人無法單靠一己之力從這種「節儉的矛盾」中脫身，他們需要國家相助。政府必須向富人課稅，吸走部分的有害儲蓄。凱因斯認為國家具有一大優勢，但這種優勢鮮少受到讚揚：國家絕對不會儲蓄；徵收的稅款很快就會花出去，從而刺激經濟。

凱因斯認為，階級鬥爭、貧富必要的對立等並不存在。他當然很清楚，剝削隨處可見，但剝削並非資本主義體制內的固有特質。

恰好相反：積聚財富反而有害，而且會阻礙資本主義的開展，因此凱因斯寄望「食利者的安樂死」[24]。

貨幣不該自由貿易

《就業、利息和貨幣的一般理論》雖為通論，內容卻非無所不包。凱因斯希望藉由這本書說明大規模的失業從何而來，凡是沒有直接觸及經濟危機的觀點一律捨棄，因此書中並未探討國際貿易與國際貨幣關係等議題，而這些恰好是凱因斯一生所致力鑽研的。

但二戰很快便為他提供彌平這個缺口的機會。凱因斯一如多數英國人，打從戰爭一開始便堅信對抗希特勒的戰爭必將勝利；其中一個原因是，他認為美國遲早會重新出手干預歐洲事務。歷史看似重演，但這次存在本質上的差異：一戰期間，英國的目標在重建十九世紀的狀態；二戰時，人人皆知，歐洲若想持續享有和平，就需要全新的世界秩序。

自1941年起，凱因斯便開始擬定全球貨幣體系，這套體系後人稱之為「凱因斯計畫」（Keynes-Plan）。[25]凱因斯不贊成對貨幣「自由放任」，他認為外匯不應採行自由貿易，目標則在阻斷貨幣投機行為；這種投機行為令他在第一次世界大戰後獲得高額利潤——與損失。

與此同時，凱因斯也力阻各國重返嚴重缺乏應變能力的金本位制，因為這種老舊體制要求一國的進口大於出口時，該國必須提供實體黃金。[26]凱因斯對抗金本位制已逾20年，這次他滿懷希望，認為廢除這種「野蠻遺跡」的時刻終於到來：當時所有黃金幾乎都在美國，各國的黃金不多，無法為本國貨幣擔保。兩次世界大戰期間，

美國供應了一大部分的武器，並要求其同盟國以黃金抵償。如今黃金全都集中在諾克斯堡（Fort Knox），而大家也發現，黃金其實沒有多大用處。

凱因斯規劃一種名為「國際清算銀行」（Internatioanl Clearing Bank）的央行取代金本位制。各國在該行均應有帳戶，以處理其對外金流。若某國的出口大於進口，該國在國際清算銀行便有結存款；反之，若某國的進口大於出口，該國便負債。

這些帳戶的記帳單位是一種稱為「班科」（Bancor）的人工貨幣，各國通貨與班科的匯率都是固定的；名義上，班科雖依然和黃金掛鉤，卻不得兌換黃金。[27]

其實這種對黃金的依賴並無必要，凱因斯只是不想嚇壞那些在許多國家中，依然掌控發言權的黃金拜物狂。

當然，必須避免某些國家總是進口大於出口，以致債台高築。因此，當赤字過高時，就必須採取懲罰性利息（Strafzins），而該國也必須將其貨幣貶值，使其國產品在全球市場上變得較廉價，提高出口機會。

凱因斯認為不僅貿易赤字國該受罰，貿易順差過高的國家也須接受制裁，它們的班科結存款同樣必須繳納懲罰性利息。此外，這些「出口冠軍」尚須將自己的貨幣升值，使其產品在其他國家變貴。凱因斯力圖避免出口國坐享利潤，因為這表示，它們可將本國的失業問題推給鄰國。

凱因斯的體系極具吸引力，因為它並未要求各國繳納「真正的」貨幣，取而代之的是一種能施以真正壓力的記帳系統。[28] 長期來看，出超國必須增加進口，入超國須提高出口。班科不僅能禁止外匯炒作，也能避免任何一個國家破產。

整體設計聽起來或許有點複雜，技術難度也高，但凱因斯所規劃的體系只要稍加調整，便有機會防止歐元危機（參見本書第九章）。

凱因斯生命的最後幾年都在為他的全球貨幣體系奮鬥，可惜最後英國未能勝出。美國乃經濟超級大國，一點也不想將自己的地位拱手讓給班科體系，於是端出於自己有利，並鞏固美元作為全球主要貨幣的計畫。[29]

1944年，在美國布列頓森林（Bretton Woods）簽署一項全球貨幣新制的協定，其核心內容完全傾向美國：沒有班科，所有貨幣都與美元勾連，而美元又與黃金連結，一金衡盎司固定兌換35美元。美元不同於班科，並非單純的記帳功能，是可以充分兌換的：擁有美元的人隨時能以美元兌換黃金。

但事實證明這只是癡人說夢。經歷數次「黃金危機」後，美國總統理查・尼克森（Richard Nixon）於1971年片面宣布，美國不再遵守美元隨時可兌換黃金的國際協定，此舉等同廢止了布列頓森林協定的貨幣體系。

此後，外匯市場一片混亂，目前全球每日從事的貨幣投機，金額高達四兆美元。沒錯，是「每日」交易額。凱因斯理論上提出的情況如今真實上演：資本主義受到金融市場所操控，變成全球性的大賭場。

儘管如此，現在的大學幾乎不再教授凱因斯的理論，如今由一種新古典經濟學派的現代變體獨霸，而該流派要不是漠視貨幣議題，就是故意曲解。為何如此？

註釋

1 史基德斯基（Skidelsky），《約翰·梅納德·凱因斯》，第531頁。

2 奧利維爾·布蘭查德（Olivier Blanchard），《總體經濟學》（*Macroeconomics*），第107頁。

3 高伯瑞，《經濟史：以古鑑今》（*A History of Economics. The Past as the Present*），第232頁。凱因斯的代表作如此漫無頭緒，因此有人建議先從個別篇章讀起，以了解其理論核心，例如凱因斯的傳記作者史基德斯基便建議讀者從第二章讀起，接著讀第八至第十三及第十八章〔史基德斯基，《凱因斯：牛津通識讀本》（*Keynes: A Very Short Introduction*），第88頁〕。

4 1936年，凱因斯這部代表作已譯成德文，但其中錯誤頗多。第十版（2006年）與第十一版（2009年）內容雖經修訂，但直到2016年秋，由財經記者妮可拉·黎貝特（Nicola Liebert）執筆的全新完整譯文才問世：凱因斯，《就業、利息和貨幣的一般理論》（Duncker & Humblot）。

5 亞瑟·庇古提出「實質餘額效果」（Geldvermögenseffekt，英文：real balance effect），試圖挽救新古典經濟學派的理論：當薪資與商品價格雙雙下降，則有「錢」的人能用儲蓄購買更多商品，刺激需求增加，從而創造新的就業機會。然而，這種很快被人稱為「庇古效果」的效應，也奠基在一個錯誤的觀點上：當薪資與商品價格下降，有「錢」人確實受惠，但與此同時，負債的公司所有者與家庭卻會受累，因為當營業額與薪資下降時，支付貸款利息就變得更吃緊，債務人必須縮減消費因應。如此，則總的來看需求不會增加，因為有「錢」人的獲利是債務人的損失。

6 這段論述參見凱因斯《就業、利息和貨幣的一般理論》第二章第II節。在第十九章，凱因斯再次探討價格與薪資變動時的效應，這一次他同時納入自己的論點，例如企業家的預期所扮演的角色，並且考慮到，現實中價格跌幅往往大於薪資；結果再次顯示，薪資下降無法帶動失業率下降。

7 本書引用的《就業、利息和貨幣的一般理論》內容，皆為作者自譯。

8 凱因斯對經濟學理論史的了解還相當表面，他以為亞當·史密斯與大衛·李嘉圖的立場多少與新古典經濟學派相同，因此經常以「古典學派」概括他的前輩與同行（參見《就業、利息和貨幣的一般理論》，註1）。凱因斯這種理論上的不精確乃承襲自他的老師阿弗雷德·馬夏爾。馬夏爾在《經濟學原理》試圖抹去古典經濟學與新古典經濟學的差異，他宣稱短期來看，一家公司的產量係由新古典經濟學的邊際效用（即需求）決定；長期來看則取決於生產成本。馬夏爾以這種方法巧妙略過，在古典經濟學與在新古典經濟學中，生產成本是由截

然不同的因素決定的。皮耶羅・斯拉法特別強調其中的差異（參見本書第四章註16），而凱因斯與斯拉法雖交好，卻顯然沒有特別留意斯拉法的理論作品。此外，何以至少就凱因斯的觀點來看，古典經濟學等同於新古典經濟學？其中還包括第二個理由：儘管這兩種理論差異極大，二者對貨幣的觀點卻頗類似，都相信必須先有儲蓄（馬克思：積累）才能投資。凱因斯主要自詡為貨幣理論家，卻以為這兩種學派的其他差異微不足道。

9　援引自史基德斯基，《約翰・梅納德・凱因斯》，第525頁。

10　同前註，第469頁。

11　凱因斯，〈就業的一般理論〉，收錄於《經濟學季刊》，（*The Quarterly Journal of Economics*），1937年，第209-223頁。

12　圖霍斯基，《國民經濟學概述》（*Kurzer Abriss über die Natioanlökonomie*），1931年。

13　凱因斯早在1931年便在《銀行家該對危機與蕭條更迭負多大責任》（*How Far are Bankers Responsible for the Alternations of Crisis and Depression*）中探討過貨幣擴張的問題，而他的重要作品《貨幣論》（1930年）主要探討，貸款既然是「無中生有」，不需要有人儲蓄，那麼利息如何使儲蓄與投資一致。

14　如今，行為經濟學（Verhaltensökonomie）已經進行過許多實驗，實驗結果全都顯示人類並非經濟人，我們沒有能力以理性應對風險。其中最著名的是阿莫斯・特沃斯基（Amos Tversky）與丹尼爾・康納曼（Daniel Kahneman）的實驗，它們證明損失帶來的痛苦大於獲利的喜悅，這也影響到股票投機客的投資行為。〔參見康納曼，《快思慢想》（*Thinking, Fast and Slow*）〕。

15　凱因斯對金融市場的論述見於《就業、利息和貨幣的一般理論》第十二章，這也是這部作品中，凱因斯自認重要的一章。從他在〈就業的一般理論〉中，將此處發展出來的論點詳詳細細地重複一遍便可見一斑。儘管如此，長久以來遭到凱因斯信徒忽視的也正是這一章，其中一個例子便是哈佛大學經濟學家阿爾文・漢森（Alvin Hansen, 1887-1975），漢森對《就業、利息和貨幣的一般理論》在美國的推廣貢獻卓著，但在他的介紹性作品《凱因斯導論》（*A Guide to Keynes*, 1953）中，他雖推崇《就業、利息和貨幣的一般理論》的第十二章「極為傑出」，卻僅以兩段內容帶過（第125頁）。

16　凱因斯將《就業、利息和貨幣的一般理論》與他的博士論文深度連結。（參見註61）。

17　後來，諾貝爾獎得主詹姆士・托賓（James Tobin）採用凱因斯徵收金融交易稅的構想，後來金融交易稅常稱為「托賓稅」。課徵托賓稅的要求，於1998年在法國促成反全球化網絡「課徵金融交易稅以協助公民組織」的建立，該組織的

全名便已明確點出金融交易稅。2007年金融風暴後，歐盟也開始考慮實施金融交易稅，擬針對股票交易徵收0.1%，金融衍生工具徵收0.01%的稅。如此則短線微利的交易不再划算，希望藉此放緩交易熱度。可惜歐盟會員國對如何執行意見不一，這項方案暫時以失敗告終。為了避免一種常見的誤解，且容我先加以澄清：金融交易稅雖能避免市場過熱，卻無法遏阻真正的投機泡沫：如果投資人相信股票行情會大漲，那麼0.1%的稅也無法嚇阻他們。

18 如今金融市場的勢力甚至大過凱因斯的描述，因為企業必須以股東價值（Shareholder-Value）為導向，不斷拉抬自家股價。

19 某些純危機理論只著眼於闡明經濟不景氣的過程，這些理論並非經濟通論。例如美籍經濟學家艾文‧費雪（Irving Fisher）曾於1933年解釋「債務通縮」（Schuldendeflation）：當時許多金融投資人借貸以從事股市投機，希望將利潤「槓桿化」，以少許資本獲取最大收益。然而，一旦金融市場行情潰跌，這種高風險策略便會引發一連串的連鎖效應，導致投機客無力償付貸款。為了至少能清償部分貸款，這些投資人被迫賤賣手上的持股或其他如房產、汽車等實物資產（Sachwert），此舉又導致資產價格持續下跌，最終令債務人陷入惡性循環：出售的實物資產愈多，價格跌勢愈凶；但價格跌得愈慘，由於債務的名義金額（Nominalbetrag）不變，債務人於是更無力還債。雖然債務人都力求清償債務，實際上的債務仍在增加，正如費雪所言：「債務人付得越多，就欠得越多。」《大蕭條的債務通縮理論》（*The Debt-Deflation Theory of the Great Depression*）。債務通縮之所以危險，不僅因為它會導致各種基金、銀行破產，更因為它也會改變體質健全公司的投資行為。台裔美籍經濟學家辜朝明（Richard C. Koo）稱此效應為「資產負債表衰退」（Bilanzrezession），當時所有企業的資產負債都出現巨大缺口，因為資產價格暴跌25%至50%，名義債務卻維持不變，就連謹慎經營的公司，帳面上也過度負債，而為了想儘速償債，這些企業只好捨棄非必要投資，寧可將持續性收入用於還債。如此這般，使危機不斷惡化。〔辜朝明，《總體經濟的聖杯：資產負債表衰退啟示錄》（*The Holy Grail of Macroeconomics. Lessons from Japan's Great Recession*）〕這些危機理論莫不詳述金融危機之際投資何以縮手，而總需求也崩潰。另請參考赫爾曼，《資本的世界史》，原文第169頁以下。

20 在某種特殊情況下，調降薪資對某些國家可能有用，例如歐盟區：德國推行「2010大議程」（Agenda 2010），壓低實質薪資，以提升德國企業的競爭力。但這種作法之所以奏效，僅是因為歐元區沒有匯率問題。假使德國仍然使用馬克，鉅額的出口順差將會導致德國貨幣升值，從而使德國的薪資優勢再度消失。

此外，並非所有歐元國都能複製德國的薪資手法，這在邏輯上便很清楚：不可能所有國家的出口都大於進口。另請參考本書第九章。

21 有意了解央行貨幣政策的讀者，可參考迪爾克・彥茨（Dirk Ehnts），《貨幣與貸款：一個歐元視角》（*Geld und Kredit: eine €- päische Perspektive*）這部淺顯的入門書。

22 有意閱讀詼諧辛辣的文章者，可參考《就業、利息和貨幣的一般理論》第十章第VI節，凱因斯在文中將保守派政治人物嘲諷得淋漓盡致。

23 「乘數效應」具體有多大，要視所有家庭從收入中支出多少，以及因為他們儲蓄，而沒有投入需求的金額而定。這種消費與儲蓄傾向兩者間的關係，凱因斯稱之為「消費函數」（Konsumfunktion）。正如我們之前所說，消費函數的絕大魅力在於它相對穩定：家庭支出不似企業投資那般變動劇烈，政府能相當準確地計算，政府的刺激景氣方案帶來的家庭額外收入，有多少會重新投入所得循環流程（Wirtschaftskreislauf）中。乘數效應並非由凱因斯所創，而是在1930年由其弟子理查德・卡恩（Richard Kahn）提出的。但1929年，凱因斯在那本選舉小冊《勞合・喬治辦得到嗎？》中首度呼籲政府施行創造就業方案，已間接勾勒出乘數效應的觀點。不過，凱因斯當時尚不知該如何計算「間接就業因數」，後來卡恩某次於蒂羅爾（Tirol）一帶的阿爾卑斯山區度假健行時才有了大突破。他思考：乘數效應何以並非永無止盡？卡恩發現一些限縮需求效應的「漏洞」：家庭將部分收入儲蓄起來，而企業也以庫存滿足部分額外需求，並非立即從事新投資。此外，部分金錢花在進口貨上，錢因此流到國外。不過，在凱因斯的時代，全球經濟危機使國際貿易多數崩潰，因此進口效應微乎其微。反之，現今對外貿易至關重要，單一國家幾乎無法靠一己之力實施獨立的刺激景氣政策。自2007的金融危機後，刺激景氣方案之所以奏效，是因為幾乎全球各國都同時實施相同決策。

24 另請參見赫爾曼，《資本的世界史》，原文第176頁以下。

25 凱因斯，〈凱因斯計畫〉，1942年，收錄於基斯・霍斯菲爾德（J. Keith Horsefeld）編，《國際貨幣基金組織1945-1965》（*The International Monetary Fund 1945-1965*），第三卷：文獻（國際貨幣基金組織，1969年），第3-18頁。

26 早在十九世紀時，金本位制實際上已經廢除，對外貿易逆差通常不再以黃金，改以全球金融中心倫敦所提供的貸款清償。

27 具體作法上，凱因斯設想的黃金方案類似一種單行道：各國可將黃金存進「國際清算銀行」，獲取更多班科；但這些黃金不可買回，不得以班科購買黃金。

28 凱因斯的核心思想是，全球貨幣體系如同一般銀行結算，將債務與資產軋平，

並如一般銀行進行（相當有限的）貨幣創造：國際清算銀行視需求印製班科，以結算國際貿易的赤字與盈餘，而此舉也將使實質經濟出現更多「真」貨幣。舉例來說：A國出超，在班科帳戶上擁有結存款，這些班科由國際清算銀行創造，而由於班科與A國通貨二者匯率固定，A國央行便能「印」更多該國通貨，以這些「真」貨幣支付出口商。但此舉並不會導致班科製造氾濫，因為無論貿易順差或逆差，兩者均會遭受懲罰利息制裁。凱因斯的目的不在使全球貨幣氾濫，而是希望提出一種具有彈性的體制，促使所有國家的貿易關係長期走向平衡。

29 美國的計畫係由畢業於哈佛大學的哈利・德克斯特・懷特（Harry Dexter White）擬定，他也是當時美國財政部長亨利・摩根索（Henry Morgenthau）的心腹之一；後來德克斯特・懷特固定提供情報給蘇聯之事才曝光。美國全國經濟研究所（National Bureau of Economic Research）曾經比較凱因斯與懷特兩人文件內容的差異，直到今天，這份比較依然相當有幫助：瑞德（J. H. Riddle），《英國與美國追求國際貨幣穩定的計畫》（*British and American Plans for International Currency Stabilization*, 1943）。

第八章

當今的主流觀點：
沒有資本主義也不是對策

　　凱因斯很快便寫成《就業、利息和貨幣的一般理論》。史密斯與馬克思為了他們的鉅著投注數十年的心血，接著花上好幾年的時間監督，確保自己的作品得到正確詮釋。凱因斯則不同，他在極短時間內便完成《就業、利息和貨幣的一般理論》，之後便無法再為此努力。1937年，凱因斯發生嚴重心肌梗塞，而隨後短短幾年的餘生中，則有其他議題等待他處理：先是第二次世界大戰，繼而是新的全球貨幣體系。

　　因此，凱因斯的主要作品就留待後世詮釋了。可惜的是，書中有多處內容令人深感困惑。雖然凱因斯正進行一椿「理論革命」，但他卻往往無法擺脫新古典經濟學的語言。因此，他在序言中也坦言：「困難不在新說本身，而在擺脫舊說。」在50歲之前，凱因斯自己就是新古典經濟學派人，因此他的新理論往往披著舊概念的外衣。

　　也因此，新古典經濟學派容易將《就業、利息和貨幣的一般理論》據為己有，並以自己的思維詮釋。而如此另作新解之所以這麼簡單，也是因為凱因斯在內容上迎合他的同行。他雖刻意以嘲諷向

他們挑釁，但另一方面，他擔任政策顧問為時夠久，深諳必須借助外交手段方能使人信服。因此，他在書中委婉地提出一項分工的建議：他的新模型僅適用於總體經濟層面，適合探討總需求與總投資；反之，若屬於微觀經濟學的範疇，探討個別的顧客與企業，則仍應以新古典經濟學為準。

凱因斯低估了這種戰略上讓步的危險，因為新古典經濟學派立即倒轉因果關係鏈，宣稱他們的微觀經濟學是「基礎」，並不斷拆解凱因斯總體經濟學的中心思想，直到它蕩然無存。

但新古典經濟學派這種虛假的勝利，原因不光是他們玩的理論花招，更因為現實發生了變化。二戰後出現的「經濟奇蹟」，與《就業、利息和貨幣的一般理論》誕生的不景氣年代看似毫無任何相似之處。

經濟學是一門社會科學，無法自外於它的環境。經濟理論傳達的不是自然科學的「真實」，而是也反映社會的氛圍與偏好。若想理解凱因斯何以遭到漠視與竄改，我們就必須先談談那段戰後歲月。

置身「經濟奇蹟」：新自由主義者策劃的凱旋遊行

二戰結束後，商品產量急增，「經濟奇蹟」的說法也隨之出現。在1950至1973年間，西歐國家的人均收入（Pro-Kopf-Einkommen）年增4.1%，在西德高達5%，在日本更勁揚至8.1%，唯獨美國經濟成長較緩，人均收入年增率僅2.5%，但這麼高的經濟成長率已屬相當罕見。[1]

經濟如此蓬勃發展，原因之一其實平淡無奇，在於戰爭造成的巨大損害有待修補。日本與西德的經濟成長率特別強勁，說穿了並

不是什麼「經濟奇蹟」，而是兩國絕大部分都遭受破壞。二戰期間，德國三分之一的房屋遭炸毀，鐵道與交通網，水、電與電話管線嚴重受損，還有上百萬名難民需要照顧；這些龐大的需求自然促成經濟大繁榮。

另一個同樣重要的因素是：全球各種發明在「回堵」多年後，終於找到運用的途徑了。自1914年起，人們研發出許多新產品，卻因兩次世界大戰與全球經濟危機，僅能少量，甚至沒有機會生產。如今所有科技成就都化身為商品，例如：（彩色）電視機、35釐米膠卷相機、吹風機、烤吐司機、各種塑膠、尼龍材料及電冰箱等。1946年後問世的全自動洗衣機，更成了全新舒適生活的象徵。此外，新發明還包括噴射機等，提供人們愈來愈廉價的飛行度假機會。而在十九世紀末汽車雖已問世，但直到此時，歐洲大多數的家庭才擁有私人汽車。西方世界陷入一片消費熱潮中，為充分就業提供20年的黃金歲月。

實質薪資的成長速度必須至少能趕上產能，才能促成大眾消費：這一次，不僅企業家，受薪階級也受惠於科技進步與經濟成長。充分就業迫使企業必須提高薪資以留住人才，德國的實質薪資在1950年至1970年間，每年成長7%。[2] 但持續攀升的人事費用不僅沒有使公司變窮，反而變得前所未有地富有。正因為受薪人員的消費需求遞增，產能才得以持續擴充。正如經濟學家海納‧弗拉斯貝克（Heiner Flassbeck）所言：「經濟奇蹟是一場薪資奇蹟」[3]。

企業之所以能暢通無阻地發展，是因為這段期間金融市場大都偃旗息鼓，金融衍生商品幾乎完全遭禁，而自從布列頓協定簽署後，金融投資人再也沒有機會操弄外匯，若想獲利，便只好投資企業。如此一來，企業貸款變得便宜，因此戰後的主流並非金融資本主義，[4]

而是實質資本主義。

就連當時的華爾街（Wall Street）也同樣交易清淡，每當企業想擴張，銀行雖能投資股票、債券，並稍微買賣這些證券，但整體上交易並不熱絡。：「1949年一整年，股票交易量只有兩億七千二百萬，還不到現在一個上午的交易量。」億萬富豪亨利・考夫曼（Henry Kaufman）回顧他從前在華爾街的日子時如是說。[5]

當時企業欣欣向榮，收入分配也是史上最為平均的。在北美洲與西歐都出現廣大、茁壯的中產階級。諾貝爾經濟學獎得主保羅・克魯曼生於1953年，他曾緬懷童年，回憶那個至少對白人而言享有平權的美國：「某些富商或遺產繼承人當然過得遠比一般美國人優渥，但……有錢人一週一次請清潔婦來打掃，夏天在歐洲度假。但這些有錢人也和一般人一樣，送孩子上公立學校，開自己的車上班。」[6]

眾所皆知，這段時光早已遠去，所有工業國再度出現貧富不均的現象，尤以德國為最：德國最富有的1%人口，擁有全國資產淨值30%的財富。在歐洲，除了奧地利，再無其他國家財富分配如此不均。[7]

但倘若因此以為戰後的年代是一片樂土，可就大錯特錯了。相較以往，多數人的日子雖好過多了，他們對政治卻沒有心懷感激，許多國民反而對政治不信任。而早早嗅到這種隱約的緊張關係者，或許莫過於後來的美國總統羅納德・雷根（Ronald Reagan）這位深諳權力之道的務實主義者。

雷根的生涯正好完美記錄社會氛圍的變化：雖然他以保守派共和黨員的身分登上權力高峰，一開始卻是左派民主黨人。當他還是好萊塢（Hollywood）的小演員時，他經常在派對上大肆讚揚羅斯福

的新政（New Deal），令其他賓客大感厭煩。[8]其他雷根的心愛議題還包括：工會權利、勞資協議的重要性及二戰老兵的生活保障等。[9]

政治上的大轉變姍姍來遲：後來雷根年歲過大，不適合再扮演英雄角色，於是在1954年接受通用電器公司（General Electric Company）聘任，從而發現自己的演說天分。因為他不僅需要在電視上推銷烤吐司機和爐具，每年還得拜訪該企業旗下所有139家工廠，並發表演說。通用電器公司希望取悅員工，讓他們有機會見識電影明星的風采。

在探訪工廠時，起初雷根依然以他在好萊塢派對上最拿手的談話內容為主：他大力宣揚「施予的喜悅」與「民主的優點」，但他隨即發現，「『大政府』（big government）的危險」這個主題更受歡迎。每當他談起政府「太大、太強又需索過多」時，聽眾們總在演講結束後踴躍向他索取簽名。如此這般，他在這段期間形成的立場，最終在1980年將他送進白宮：「政府無法解決我們的問題，政府本身就是個問題。」[10]

一如1950年代中期雷根在探訪工廠時的體悟，當時許多工人同樣認為政府只會造成干擾，「自由市場」才能令他們發財；由此可知，新自由主義很早便旗開得勝。

「新自由主義」一詞起於1938年，當時一群市場激進主義（Marktradikalismus）人士聚集在巴黎，共商該如何復興自由主義。1947年，弗里德里希・奧古斯特・馮・海耶克（Friedrich August von Hayek）重啟這項計畫，邀請36位志同道合的人士共聚於日內瓦湖（Genfer See）畔。這場會議係由美國極端保守的「威廉・沃爾克基金會」（William Volker Fund）贊助，於朝聖山附近（Mont Pèlerin）舉行，此後，人們便稱這個團體為「朝聖山學社」（Mon

Pèlerin Society）。該學社宣揚的宗旨為：使未來的世代相信「自由市場經濟」（freie Marktwirtschaft）的優點，反對凱因斯主義。

策略上，朝聖山學社的觀點與新古典經濟學派並無二致，但兩者的理論基礎則存在部分差異：海耶克並非從經濟人的理性立論，而堪稱最知名的新自由主義者米爾頓・傅利曼（Milton Friedman）對新古典經濟學派的一項批評，便是後者過度仰賴數學。不過，新古典經濟學派與新自由主義，兩者的政治觀點極為相似，因此在日常用語中往往以「新自由主義」稱呼這兩種方向。[11]

正當新自由主義準備大舉進攻全球之際，有個國家早就投降了——西德一開始便是自由主義當道。直到今天，許多德國人仍相信自己活在「社會市場經濟」（soziale Marktwirtschaft）下，但德國的情況並不單純。

為產業利益抬轎：路德維希・艾哈德

德國「經濟奇蹟」的代表人物便是路德維希・艾哈德（Ludwig Erhard），此人據稱是貨幣改革之父，他的《全民富裕》（*Wohlstand für alle*）據說是一部理論鉅著。在這則英雄傳奇中，艾哈德既是傑出的經濟學家，也是拯救德國於水火的政治家。[12]

這些評價無一正確。艾哈德在理論上既無建樹，也不是特別優秀的政治人物，他主要是精明的機會主義者與說客。艾哈德的職業生涯始於1928年紐倫堡（Nürnberg）的「德國製成品經濟觀察協會」（Institut für Wirtschaftsbeobachtung der deutschen Fertigware），他在那裡借助科學粉飾工業集團的利益，也在那裡安然逃過納粹魔掌。艾哈德的研究領域，主要是當時非常迫切的問題：如何將波蘭、法

國洛林（Lothringen）、奧地利等佔領區的經濟與第三帝國（Tausendjähriges Reich）整合。

　　直到戰後出現一個職缺需要有人替補時，艾哈德才開始飛黃騰達：1948年1月，時任英、美在德佔領區經濟局長的約翰尼斯·塞姆勒（Johannes Semler）批評美援食物是「雞飼料」，策略不當，因此遭到革職。

　　當時美國駐德國佔領區總司令盧修斯·杜比尼翁·克萊（Lucius Dubignon Clay）決定任派艾哈德，因為據聞艾哈德「品行極佳，而且喜談論經濟自由的議題」。克萊不希望再來一個令人捉摸不透的德國人，因此找上艾哈德；至少根據哈佛大學經濟學家高伯瑞的說法是如此，而高氏當時正在德國協助美國政府。[13]

　　1948年6月20日，貨幣改革正式生效時，艾哈德不過才任職五個月，就算他是眾人公認的貨幣理論家，也不可能在如此短的時間內擬定新德國馬克的計畫並執行。事實上，艾哈德在這個領域是個半吊子，他的職務對此也派不上用場，因為美國人早就將貨幣改革規劃妥當，[14]後來艾哈德卻恬不知恥地收割這些榮耀。

　　這場貨幣改革堪稱是德國的一則大神話：在此之前，商店都空蕩蕩地，隔天卻裝滿商品，櫥窗內突然冒出鍋具、牙刷或書籍等一般消費者好幾年來都見不到的商品，連福斯汽車（Volkswagen）都能在八天內交貨，價格則是5,300馬克。經濟史學家維爾納·阿貝斯豪澤（Werner Abelshauser）曾經揶揄道：「連母牛顯然都對貨幣改革作出正面反應，因為推行新馬克的第一週，供應的奶油便遠多於前一個星期。」[15]

　　在此之前經濟必須早已起跑，才能出現如今的豐饒景象。自1947年初起，商品產量便急增，到了1948年6月，產量已達戰前

的57%。[16]不過，當時企業家不想收取價值不再的國家馬克（Reichsmark），因此刻意壓貨，靜待新德國馬克問世。

由此觀之，當時的榮景只是一種「櫥窗效應」（Schaufenstereffekt），但這種效應卻發揮了莫大的心理效果：許多德國人真以為產業之能再度運作，純粹拜貨幣改革所賜，而艾哈德則樂於利用這種誤解，把自己塑造成德國經濟奇蹟的傑出工程師。

艾哈德厚顏無恥的行徑之所以如此離奇，不僅因為他與貨幣改革毫不相干，在當年夏天，他還做出一件錯誤決策：他幾乎解除所有價格約束，只有食物、租金與某些原物料價格訂有上限。結果通貨膨脹暴漲14%，受惠的僅有企業家，如今他們可以大幅抬高產品售價，但當時薪資卻不得調漲，此後數月依然由政府規定凍漲。[17]由此可知，艾哈德自始至終都在為產業利益抬轎。

回顧當年歷史，艾哈德居然能將自己吹捧為天才，委實令人不解。不過，此人確實具有一項天分：他能恬不知恥地吸引眾人目光，而且絲毫不會自我懷疑。高伯瑞曾經以揶揄的筆調，記述自己數十年後與艾哈德再次相遇的情景：「我與他僅有數面之緣，最後一次是在墨西哥市（Mexico City），就在他過世前一、兩年。當時我們二人都有演講，而他則問我，我何以認為有必要前往墨西哥市質疑他的真理。」[18]

這段插曲頗能體現艾哈德的為人：他自詡為大思想家，擁有「真理」，並且不斷向德國人傳播重要見地，而《全民富裕》更展現出他對自己的高估。這本書於1957年出版，至今仍然有人萬分崇敬地引用其中內容，彷彿那是一部重要的理論作品。[19]

實際上，這本書甚至不是由艾哈德親手撰寫，而是由朗格（Wolfram Langer）代筆。當時朗格領導《商業報》（*Handelsblatt*）

位於波昂的首都辦公室，但他也沒有花多少心血在這部作品上，許多內容只是將艾哈德的演說逐一列出。

《全民富裕》這個書名很容易令人以為艾哈德訴求某種社會衡平（sozialer Ausgleich），但這麼想可就大錯特錯了。艾哈德是個「秩序自由主義者」（Ordoliberaler），這是新自由主義的德國流派，他的宗旨是「富裕不求而自來」[20]。國家只需保障競爭，其他都不需要做，連再分配都沒有必要，因為市場本就本於競爭原則，市場本身便已具備社會福利屬性了。[21]艾哈德幾乎在每一頁都不忘謳歌競爭帶來的社會福祉，在此我謹引用幾段他的話為例：「競爭是達成並確保富裕的最有效手段。」[22]「透過競爭將可──真真切切地──使社會全體享受到進步與利潤。」[23]「『全民富裕』與『以競爭實現富裕』二者密不可分。」[24]斜體字的部分是艾哈德書中原有的設計，他對自己一再重複的話顯然沒有信心，因此借助字體變化，確保讀者能接收到他為競爭所傳播的福音。[25]

為求保障這種值得追求的競爭，艾哈德甚至特別設立德國聯邦反壟斷局（Bundeskartellamt），但該單位在當時便已成效不彰，拜耳、巴斯夫、福斯汽車、克虜伯或蒂森等大集團自然不受打擊，因為這些企業攸關數十萬個就業機會。因此，他有點拐彎抹角地表示不滿：「現代科技的發展再次促成某種程度的壟斷趨勢，對競爭條件的平等，無疑處處帶來負面影響。」[26]但這種認知並沒有形成任何具體作為，艾哈德依然無意思考，既然這些龍頭產業一律出現他所不樂見的「壟斷趨勢」，那麼他所倡導的「市場經濟」究竟還剩下什麼？

艾哈德自1949至1963年擔任德國經濟部長，之後擔任聯邦總理直到1966年，因此這位經濟學博士真心相信「經濟奇蹟」純粹源自競爭，這已經不只是個逗趣的說法了，何況這裡所說的「競爭」其實非

常有限。艾哈德的演講顯示，德國的秩序自由主義（Ordoliberalismus）者並不了解他們所生存的世界，他們不曾關心過真正存在的資本主義，反而退回到小商販彼此競爭的週末市集那種想像世界中。

全世界的新自由主義重要理論家在頌揚自由市場的優點時，都深知艾哈德對他們的重要性。他一再被吹捧為「德國經濟奇蹟之父」，就連米爾頓・傅利曼也寫道：「路德維希・艾哈德放任價格自行運作，取消所有對市場的干預，這些大膽決策為德國帶來了經濟奇蹟。」[27]

事實恰好相反：並非艾哈德創造了德國的經濟奇蹟，而是德國經濟成長如此強勁，連無知的經濟部長及總理都阻礙不了。

1960年代末，戰後的全球榮景終於劃下句點，戰爭的損害絕大部分已經弭平，過去數十年的科技發明如今也都成為商品，現在本該可以走向「正常」成長，結果卻爆發危機，布列頓森林協定的錯誤設計逐漸浮上檯面。

1973年大轉折：重啟金融賭場

第二次世界大戰後，美國成為戰勝國與超級強權，美元也躍升為主要貨幣。之前我們談到，所有西方貨幣都與美元掛勾，而美元與黃金的匯率固定，一金衡盎司黃金值35美元。

這種不具彈性的制度注定要失敗，因為黃金準備最終會造成比利時經濟學家羅伯特・特里芬（Robert Triffin）所說的困境；他於1958年首次說明此種情況，因此這種困境又稱為「特里芬困境」（Triffin-Dilemma）：經濟急速成長之際，為了進行國際貿易，美元需求日增，但美國的黃金儲備並未增加，致使黃金準備逐漸成為空談。

就此而言，黃金準備總有一天會崩潰。但自1965年起，美國大舉投入越戰，為了支付費用，美國政府便提高舉債、「印製」美元，黃金儲備與美元數量顯然不再相符，因此自1965年起出現多次「黃金危機」。到了1971年，美國總統尼克森終於片面宣布，其他國家不得再以他們的美元兌換黃金。[28]

歷經此次的「尼克森震撼」」（Nixon Shock）後，各國央行先是致力穩定匯率，事後大家才發現凱因斯早就知道的事實：黃金在國際貨幣體制中完全是多餘的，只要各國央行彼此合作便可。

偏偏缺少的正是這種合作，因為美國央行「聯邦儲備系統」（Federal Reserve System，簡稱「Fed」聯準會）態度消極且對於支持本國貨幣鮮少作為。聯準會本應升息以防止美元貶值，但如此一來將會對美國經濟造成壓力，因此匯率管理便直接轉嫁給歐洲各央行。

其中德國聯邦銀行（Deutsche Bundesbank）更須時時干預並買進美元，因為德國馬克儼然成了避險貨幣，無論投資人或投機客都非常清楚，總有一天布列頓森林協定的貨幣制度會崩潰，屆時美元勢將急速貶值，因此他們想儘快保障自己的錢財，將美元兌換成德國馬克。此舉持續推升德國馬克，迫使德國聯邦銀行不得不持續買進美元，以便將馬克匯率壓低。1973年2月12日，德國聯邦銀行終於受夠了，不再續買美元。此舉是個信號，美元因而暴跌，到了1979年，美元對德國馬克，價值已大貶一半。

起先，大家對美元的高速墜落只是聳聳肩，幾乎無人預見到自由的貨幣市場意味著哪些危險。當時歐洲的政治人物大都感到慶幸，認為終於可以擺脫布列頓森林協定的束縛，並且天真地以為，等到美元修正完成，外匯匯率終究會回穩。新自由主義的主要人物如米爾頓‧傅利曼等甚至更進一步，宣告大成長即將到來：「匯市的自

由市場經濟也將帶來『經濟奇蹟』。」[29]

可惜他完全搞錯了：匯市的自由化立刻使工業國家的景氣深陷衰退泥淖，演變成經濟史學家維爾納‧阿貝斯豪爾（Werner Abelshauer）所稱的「小型全球經濟危機」[30]。布列頓森林協定的崩潰引發連鎖反應，其後果至今我們仍然感受得到。

最先爆發的是1973年的「石油危機」。當時石油輸出國家不願坐視美元貶值使它們的實質財產受損。1971年一桶原油（159公升）價格僅將近二美元，美元若再貶值，原油幾乎就免費奉送，於是石油輸出國家祭出它們的同業壟斷權以推升油價，到了1980年，一桶原油價格便來到了歷史高點，超過35美元。[31]

工業國家原本認為原油價格將永遠低廉，因為它們依然抱持殖民國家的態度，認為發展中國家永遠只是弱小的原物料供應者，所以對原油飆漲的新情勢絲毫未做準備。結果戰後的經濟奇蹟急速畫下休止符：1975年，德國突然有一百多萬人失業。

儘管如此，西德的危機還算緩和，因為德國馬克對美元升值，部分彌補了油價飆漲的力道。反觀美國與英國，後果便嚴重多了。英美兩國貨幣大幅貶值，因此不只原油，所有進口商品都變貴。難怪新自由主義在英美大獲全勝並且執政：1979年柴契爾成為英國首相，1980年雷根成為美國總統。這兩個國家陷入薪資與物價螺旋，因為工會實施錯誤的政策，不理解此次通貨膨脹屬於「供給震撼」（Angebotsschock），石油輸出國家調漲油價，其他國家基本上無計可施。但工會反而採取階級鬥爭，要求提高薪資以平衡物價上揚，結果英國勞工成本部分每年上漲逾30%，美國則約10%。

結果造成嚴重通膨，部分甚至持續數年。美國物價於1974年上漲約12.3%，在第二次油價震撼後，於1979年再度飆漲將近13.3%。

英國情況更加嚴重，當地通膨在1975年高達驚人的25％。

　　如今回顧，當年工會堅持高薪資實屬不智之舉，此舉導致停滯性通貨膨脹（Stagflation，簡稱滯脹），亦即經濟不景氣之下的通膨，結果勞方無論在訴求或經濟上都無法如願。且讓我們再回到這些理論的競賽：滯脹似乎顯示經濟無法以總體經濟的方式調控，凱因斯顯然錯了，因此多數選民自然押寶新自由主義這個選項，寄望雷根與柴契爾能帶領經濟走上自由市場。實際上，這場危機完全不是由凱因斯的學說所造成。他不斷提出警告，認為薪資上漲力道如果強過經濟生產力，就會形成通膨。

　　此外，工會還欠缺經濟上的退場策略：通膨的百分比若達到二位數，就無法不正視。而可以預期的是，央行會大幅提高利率，而此舉的後果同樣很清楚，經濟將萎縮，失業率勁揚，工會權力則會減弱。工會促成對自己只會造成損害的貨幣政策，此舉無異是自掘墳墓。

　　1979年10月6日，華盛頓終於做出了反應：新任聯準會主席保羅・沃克（Paul Volcker）限縮貨幣供應，致使基本利率上揚到20％，通膨率果然如願下降，但美國也經歷了二戰後最嚴重的經濟危機。諷刺的是，當時美國總統雷根的措施堪稱沒有意識型態的包袱且實施了一種「富人凱因斯主義」（Keynesianismus für die Reichen），他調降最高收入者的稅率、增加軍事支出，並製造龐大的預算赤字。在這些政策中僅單方面嘉惠富人屬於新自由主義，其他做法依然是古典穩定政策。

　　儘管雷根為實體經濟的發展加上「避震器」，沃克的措施在全球金融史上卻是個轉捩點：從此投機變得比投資一般企業更加有利可圖。1980年開始，形成知名對沖基金經理人喬治・索羅斯（George

Soros）所稱的「超級泡沫」[32]。這顆泡沫至今尚未破滅，只是在2008年以來的金融危機中稍微釋出些許氣體。

當時雷根與柴契爾重啟金融賭場，因為兩者都是1976年諾貝爾經濟學獎得主傅利曼的追隨者，而二者也都盲目相信這位新自由主義先驅所說的話：只要政府不干預，便不可能出現嚴重的金融危機。只要各國央行控管好本國的貨幣供應量便已足夠，無需依照凱因斯的建議由各國央行進行國際合作，「市場」自會操控全球現金流量。

傅利曼自信滿滿，他自詡為導師，並視政府領導人為自己無知的學生。1978年他首次與柴契爾會面，當時後者尚未成為英國首相。事後，他在一封信中如此描述柴契爾：「她是個迷人又有意思的女士，至於她是否真的具備英國此刻迫切需要的能力，在我看來依然是個未知數。」[33]

米爾頓・傅利曼：對凱因斯的「反革命」

傅利曼一生都在激烈抨擊凱因斯的理論，但一開始他甚至是凱因斯的追隨者，要自1950年代起，傅利曼才開始對凱因斯重砲猛攻。若說凱因斯追求並完成一場「革命」，傅利曼則是展開一場「反革命」。

無論敵友都一致認為，傅利曼擁有煽動論戰所需的堅毅性格，例如新自由主義經濟學家馬克・史庫森（Mark Skousen）便曾熱切寫道：「他那富有攻擊性的狂熱……令他最適合與凱因斯的信徒抗爭。」[34]高伯瑞被視為是凱因斯的信徒，他經常受邀與傅利曼進行激辯，並曾以「毫無疑問自信滿滿」來形容他。[35]

傅利曼之得以晉身為新自由主義的全球思想領袖，原因之一是

他在戰友之間沒有競爭對手：其他市場激進主義的理論家要不是不具群眾魅力，便是徹底退出經濟學圈，其中弗里德里希·馮·海耶克更是黯然退出自己的陣營，轉戰政治哲學，並未對凱因斯提出有力批判。[36]

傅利曼熟諳凱因斯的作品，這些著述他早在學生時期便已讀過。1932年，傅利曼在芝加哥大學（University of Chicago）註冊入學，當時的課程包含凱因斯的《貨幣改革略論》（1923年）與《貨幣論》（1930年）。傅利曼勤作摘錄，光是《貨幣論》的筆記，篇幅便高達87頁。[37]

後來傅利曼在駁斥凱因斯的立論時，經常採用的策略是：他假定凱因斯的理論只能解釋起自1929年的全球經濟危機，下一步則是針對這次不景氣提出他自己的詮釋。[38]依據傅利曼的觀點，這次危機錯全在美國央行聯準會，因為聯準會未能迅速調降利率，也沒有拯救體質不良的銀行。傅利曼淡化證券交易的過度投機，也未探討金融投機客在崩盤前的高額貸款。[39]

傅利曼釋出的訊息是：失能的是國家，不是自由（金融）市場！是「無能」的政府使一個「小衰退」惡化成二十世紀最嚴重的經濟危機。[40]雖然當時的重要經濟史學家查爾斯·金德伯格立即對這種令人無言的詮釋提出駁斥，[41]但傅利曼卻全然無視這些批評。

他有自己的目的：他堅持貫徹「貨幣主義」（Monetarismus），此詞源自拉丁文「moneta」，意思是「錢幣」。正如「貨幣主義」的字面意義，該理論宣稱，唯有仰賴貨幣供應量，才得以避免通膨與危機，除此之外，幾乎凡事都該由「自由市場」調節。為了吸引大眾注意，傅利曼總愛宣揚，他的墓碑要寫上：「無論何時何地，通貨膨脹都是一種貨幣現象。」（Inflation is always and everywhere a monetary phenomenon.）[42]

並非每位經濟學家都贊同這種單一因素論點，譬如同為諾貝爾經濟學獎得主的羅伯‧梭羅（Robert Solow）曾語帶諷刺地表示：「無論什麼都會讓米爾頓想到貨幣供應。而無論什麼都會讓我想到性，但我不會將此寫進我的文章裡。」[43]

傅利曼再次主張貨幣市場的運作有如馬鈴薯市場這種古老的論點：若馬鈴薯很多，則馬鈴薯幾乎不具價值，價格也會下滑。一旦貨幣供應量過大，則貨幣單位同樣會失去價值，從而帶來通膨。[44]

乍看之下，這種解釋似乎頗有道理，卻與事實不符。1970年代物價上漲，原因不在貨幣供應量改變，在於油價飆漲以及工會爭取到高工資。由此可知，通膨這種實體經濟現象，並非由央行所造成；[45]但傅利曼的理論卻不顧這種事實。

政治上，傅利曼也同樣回歸十九世紀，極力主張極端自由放任政策，以配合他那老掉牙的經濟理論：他雖喜自稱「不是無政府主義者」，卻視國家為「夜警國家」，不干預經濟，僅「維持法律與秩序、界定產權的內容……強制執行合同、促進競爭……照顧精神病患與兒童。」[46]傅利曼並不關注真實的資本主義，他雖也使用「壟斷」一詞，但壟斷對他的「自由市場」理論卻沒有造成任何影響。

由此可知，傅利曼「駁斥」凱因斯的方法，是直接回到凱因斯之前的理論界，他的新觀點僅止於央行不再需要操控利率，應該直接調控貨幣供應量。但就連央行的這點職能，傅利曼也認為應當機械化：最好在聯準會擺上一部電腦，由電腦依據想要的成長，每年自動將貨幣供應量調升3%至5%。[47]

此法看似簡易，1979年聯準會主席保羅‧沃克試圖操控貨幣供應量時，但這招卻無效。因為傅利曼並未發現，是無法清楚規定何

謂貨幣。理論上,貨幣的定義雖簡單,即「用來購買商品與勞務的媒介」,但具體究竟是什麼意思?儲蓄合同、定期存款或貨幣市場基金等是否也是貨幣?

該如何明確裁定「貨幣供應量」,既然不清不楚,自然無法調控這種定義模糊的貨幣供應量。起初,聯準會主席沃克依然擁護貨幣主義,但在他數度重新規定貨幣供應量,貨幣供應量卻持續變動不定後,只好心力交瘁地放棄,重返古典貨幣政策,制定固定利率以減緩通膨,不再管具體的貨幣供應量。如今,全球央行都不再遵循貨幣主義了。[48]

貨幣主義遭到挫敗後依然留下後遺症。傅利曼「也許是二十世紀下半葉最具影響力的經濟學家」[49],尤其他在思想上的影響力,更促使1980年起,自由化的金融市場再次稱霸。

貨幣主義挫敗:金融市場卻欣欣向榮

傅利曼不斷呼籲西方政府施行彈性匯率,並允諾如此可享「經濟奇蹟」。而經濟奇蹟也確實出現——對金融業而言;凱因斯投機過的金融衍生商品重出江湖。

一旦允許匯價、利率與油價自由浮動,這種賭博便銳不可擋,因為如此一來,許多公司便得避險:德國的出口公司想知道,三個月後他們的美國客戶付款時,美元匯率如何;航空公司需要了解未來所需的飛機燃油的估價基礎;而彼此議定支付條款的企業,則希望有穩定的利率。[50]

金融衍生商品能提供眾所期待的安全性:期貨交易能事先規定在一定期間內,利率、原物料價格或匯率多高,履約期限通常是三

個月，而且僅收取小額費用。金融衍生商品原本是一種聰明的發明，可惜也最適合投機，因為其「槓桿效應」極大，只需少許資金便有機會獲得高額利潤。但反過來說，一旦失利，同樣可能蒙受巨大損失。

美國財經記者麥可・路易士（Michael Lewis）因此形容金融衍生商品是：「賭場裡的超級籌碼，價值一千美元，成本卻只要三美元；但在專業博弈界裡沒有堪與期權和期貨比擬的東西，因為真正的賭場會認為它們的風險過高。」[51]

政府才剛對金融衍生商品的業務放行，很快地，也就對其他領域統統放行了：自1982年起，股票買賣也變成一種期貨。儘管這種作法不具任何國民經濟意義，純粹是投機行為，但在人們相信金融市場具有高度智慧的年代，這絲毫無損其魅力。

金融衍生商品的交易金額大爆發，而事實上「爆發」一詞尚不足以描述這個市場的成長速度。且讓我們看看不久前的情況：2015年12月，金融衍生商品的場外交易，票面價值為493兆美元。[52]這與真正的公司真正交易的「避險」完全無關，因為2015年全球經濟表現僅約73兆美元。金融投機早已走上自己的路，與事實脫鉤。

如同所有賭博，金融衍生商品是種零和賽局，其中一方所贏的，便是另一方所輸的。但此種交易可不像在酒吧裡玩撲克遊戲，到了第二天早上事情就過去，沒有什麼嚴重後果。金融衍生商品的交易不同於其他零和賽局，是會回過頭來對實體經濟產生影響的。玩家的賭注會扭曲行情，使行情劇烈波動，無論是原物料、貨幣或利率，儘管真實世界中一切都未改變，所有的價格卻持續變動。套句德國銀行業的用語便是：「金融衍生商品提高了價格變動性。」

這種行情變動是全然非理性的，而且無人能預期，因此一般公

司被迫採取行動以對抗這種大幅波動。於是它們也會花佣金購買金融衍生商品，而這些佣金又再度流入銀行。就此而言，投資銀行不僅用自己的錢從事賭博事業，還利用實體經濟為了自保，以免受銀行製造的金融亂象波及，向實體經濟收取某種特別稅。

光靠金融衍生商品的業務，2015年美國的投資銀行便賺進了近228億美元，其中91％的交易都集中在四大銀行。[53]在這個世界上，投資銀行是唯一能操控自己的市場確保自己獲利的產業。光這一點便足以證明，「金融市場」並非真正的市場。

這種寄生型商業模式既可惡又昂貴，而標的物如果是食物，甚至可能危及人命。由於投機客週而復始地推升小麥與玉米價格，導致上百萬人死於飢餓。就此而言，若說金融衍生商品是殺人工具，一點也不為過。[54]

但爆炸性成長的不僅是金融衍生商品交易，還大幅推升股價與房地產「增值」。自1988年至2016年7月，德國DAX指數已經從1,000點飆漲到10,200點，漲幅超過十倍。但同一段時間，德國的經濟表現票面上只成長為兩倍。由此可見，股票行情乃是在虛擬世界中波動，與事實早已脫鉤。

假設這不是股票而是再普通不過的麵包：如果一個麵包起初賣一歐元，後來賣十歐元，大家便會說這是「高速通膨」；但如果股票或不動產突然變得過度昂貴，大家卻說這是一種「增值」。

事實上這是一顆巨大的投機泡沫，而這顆泡沫究竟多大我們也能清楚估算：1980年全球金融資產還與全球經濟表現大致相同，約為1.2：1，2007年兩者的比例便來到了4.4：1。[55]

必須不斷有新貨幣（透過新的信貸）投入金融體系，資產「價值」才可能提升。1950年，工業國家私人貸款總額約佔經濟表現

的50%，到了2006年卻高達170%。[56]

但至少這還是「真」信貸，自1980年起卻出現了新型態的借貸，銀行業開始彼此借貸，不需要「真正的」顧客，就能自行創造貨幣了。它們彼此肆無忌憚地「製造」自己投機事業所需的錢。2008年，大型投資銀行的資產負債表至少有一半來自各基金與銀行彼此互助的信貸業務。[57]

金融價值飆漲極端不健康，因為資產必須能夠帶來股息、租金或利息收益才具有真正價值，但這些都仰賴經濟表現提供。如果金融資產不斷上漲，每年的國民收入卻沒有相應成長，總有一天勢必崩潰。自2007年起便開始崩盤：華爾街與幾乎歐洲所有的大銀行相繼潰敗，必須國家出手相救。[58]

經濟學家不僅未能預見這次超級危機的到來，甚至相反：主流觀點深信經濟衰退的時代已經過去。諾貝爾經濟學獎得主羅伯特・盧卡斯（Robert Lucas）甚至在2003年得意宣布：「防止不景氣，這個核心問題已獲得解決……而且將持續數十年。」[59]

2005年，後來的聯準會主席班・柏南奇（Ben Bernanke）見到房價在兩年內飆漲25%，也未感到憂心，反而在美國國會報告中表示，這波通膨「主要反映出強勁的經濟基本面」[60]。

實際上，推升房價的並不是什麼「基本面」，而是放貸額度爆量達到空前未有的水平。2001年美國所有抵押貸款總額為5.3兆美元，2007年則成長為10.5兆。光看數字就夠驚人了，若與歷史資料相較，就更令人瞠目結舌：「短短六年內，美國家庭的抵押貸款債務的成長幾乎相當於我國兩百多年來的成長。」後來美國眾議院在評論這次金融危機時駭然表示。[61]

柏南奇與其他多數經濟學家都忽視了這座信貸大山，因為信貸

在他們的理論中根本沒有出現，他們反而設想金融市場總是「高率的」。金融危機之所以出現，這些經濟學家必須承擔莫大的責任。

錯誤理論代價高昂：金融危機損失以兆計

上一次的金融危機暴露了所謂的專家究竟有多天真，此一發現至今仍然令人震驚。[62]2006年，國際貨幣基金組織（International Monetary Fund，簡稱IMF）在一項研究中依然樂觀表示，「金融創新」「提升了金融系統的抵抗力」[63]。這裡所說的「金融創新」，是指金融衍生商品、信用違約交換（Kreditausfallversicherung）與證券化（Verbriefung）；一年後，這些創新便成了有毒的廢紙。

這些專家之所以全盤皆錯，是因為他們都擁抱錯誤的理論。他們深信，單一投資人總是「理性」，而金融市場也總是「高率」的。這些經濟學家支持一種激進的新古典經濟學，在貨幣主義挫敗後，此一學派約自1980年起盛行於世。

人們再度認為，國民經濟總是會趨向均衡，而此一理論有個相當長的名稱「動態隨機一般均衡模型」（Dynamic Stochastic General Equilibrium Models，縮寫DSGE）。此一模型探討的是之前一直困擾著里昂·瓦爾拉斯的問題：在每個家庭只關注自身效益之下，能出現一般均衡嗎？

二戰後，肯尼斯·阿羅（Kenneth Arrow）與傑拉德·德布魯（Gérard Debreu）兩位經濟學家提出一項無懈可擊的數學解方，但僅在嚴格的條件規範下才適用，例如消費者與生產者的行為皆須絕對理性，而且僅考慮極大化自己的經濟利益。換言之就是：尋常人等不在此列。

此外，任何商品都必須擁有完美的市場，而所有未來可能發生的事件，現在就得定出價格並予以避險。換言之就是：為了疾病、失業、離婚或計畫外出生的子女，每個家庭都必須購買許多種金融衍生商品；而我們都知道，世上沒有這樣的金融衍生商品。

此外，一切資訊都必須透明，每件事實都必須眾所皆知，而且每個家庭都必須掌握到這些訊息。換言之就是：每個消費者的知識都必須多過維基百科。最後，必須確保這是一種完美競爭，不可有壟斷的現象，規模報酬遞增的情況也必須排除。換言之就是：這是一個沒有大集團的世界。[64]

肯尼斯‧阿羅與傑拉德‧德布魯因此獲得諾貝爾獎——堪稱「實至名歸」。感謝他們兩人的分析，如今我們終於清楚，現實中的資本主義永遠不會趨向均衡！因為它不符，也無法符合這些條件。既然如此，經濟學家應該就此揮別虛構的均衡了吧？錯了！這是「外行人」才會有的想法。

經濟學的走向正好相反：「一般均衡」不僅經過「改良」，還升級為「總體經濟」。儘管「動態隨機一般均衡模型」中幾乎不見銀行與貸款的蹤跡，在金融危機之前，各國央行卻都採用這套模型。[65]如同之前的新古典主義，在這套模型中，貨幣同樣被降級成覆蓋實體經濟的「面紗」。這些央行自然無法察覺金融危機的魅影，因為在他們的理論中，他們早已將金融危機排除在外。

新古典經濟學派極力避免自己必須重返凱因斯的總體經濟學，因此犧牲事實。依據他們的觀點，凱因斯的理論存在一個嚴重錯誤：其中缺少微觀與總體層面的連結。凱因斯的理論中只有「總量」，亦即所有投資總額或一般儲蓄率才重要，單一家庭則無足輕重，只是全體統計中的一個小數字。

新古典經濟學派對此並不滿意，他們堅持一種「個體基礎」，認為總體經濟應該是各別部分的總和，因此致力開發一種能「個體基礎化」的總體經濟學，結果便是「一般均衡」。原則上任何失衡現象都必須予以排除，否則單一家庭反映總體經濟的論點便不適用。

如此推演出來的，是令外行人無言的第二種理論元素：「理性預期假說」（Theorie der rationalen Erwartungen）。盧卡斯與其戰友宣稱，一生中，人人無時無刻不在追求一己利益的極大化；此種論點甚至比乍聽之下更為極端。盧卡斯假設人類預知未來，舉例來說，十年後的事件，人們應該會如當前的事件那般清楚。

盧卡斯不得不走向這種激烈又荒謬的假設，因為對「動態隨機一般均衡模型」而言，人們「想要」理性還不夠，人們必須是客觀的。但唯有清楚預知未來，人們才可能客觀以待。[66]

「未來已知」，這當然是胡扯！曾經不小心被麵包刀割傷的人都很清楚，如果早知馬上會出意外，意外就不會發生；沒有人會故意割傷自己的手指。

撇開這種尋常不過的知識不談，光就盧卡斯的論點來看，也該出現令人驚奇的結果：譬如，若人人都能預知未來，證券交易的投機行為便不可能出現——股票行情有什麼可賭的？[67]

再說，人類也非理性動物，亞當·史密斯早就觀察到這一點，並以樂透彩為例，給予「理性預期假說」有力的一擊。玩樂透是能準確估算未來的少見例子，我們不費吹灰之力就知道，玩樂透彩輸的可能性極大。但儘管絕大多數的玩家都會賠錢，卻無法阻擋他們碰運氣。正如史密斯驚訝寫道：「從樂透如此廣受歡迎我們可知，中獎率往往被人高估。」[68]

如今，行為經濟學也舉出眾多例證，說明「理性」並非人類具

備的特質。既然如此，我們似乎可認定，「理性預期理論」應該就此滅亡；然而，情況同樣相反，這個理論反而被推演到了荒謬的極至。

因為新古典經濟學最大的問題出現在我們意想不到之處，在它的「基礎」，亦即消費者與生產者。該學派認為單一家庭的研究無足輕重，他們的目標在探求國民經濟的整體狀況；但如此一來，就必須求取所有消費者的總和，必須「合計」他們的效益計算。

但是，以一個簡單的例子就能說明這是不可能的：A消費者其實愛吃香蕉勝於餅乾，但若B消費者也購買香蕉，香蕉便會漲價，[69]於是對A消費者而言，買餅乾，不買香蕉或許更能優化自己的整體效益。[70]想像一下，這種過程涉及數十億人進行的數以兆計的購買決定；想要求取總合，難如登天。[71]

因此，新古典經濟學派研發一種模型，以規避這個理論問題。他們將總體經濟縮減到單一範型人物身上。這個模型有如《魯賓遜漂流記》（*Robinson Crusoe*）：全球經濟完全建構在單一消費者身上，而這個消費者同時也是唯一的生產者，[72]即使「星期五」也不得踏上這座島嶼，因為人數超過一人，這種理論便應付不來。不僅如此，這位魯賓遜還不是常人，他長生不死，因為一旦消費年齡改變，新古典經濟學派的理論就無法以模型呈現。此外，這位魯賓遜一生只生產一種商品，因為商品一旦超過兩項，新古典經濟學的理論便會亂成一團。

因此，新古典經濟學理論世界裡的生活非常怪誕：長生不死的孤獨消費者消費所有的商品，而這些商品是在單一工廠生產的單一產品；這間工廠由這單一的消費者所擁有，而他同時是工廠的唯一員工。[73]銀行、信貸以至貨幣等，在這個模型中都是多餘的。

這種虛構的情況與資本主義完全無涉，諾貝爾經濟學獎得主羅納德‧寇斯（Ronald Coase）在1992年曾經挖苦說，新古典經濟學只能用來分析「在森林邊緣以莓果、堅果交易」的「獨行俠」。[74]

新古典經濟學派將他們的「獨行俠」美其名為「具代表性的代理人」（repräsentative Agenten），曾有一名聰明的學生對此提問：「這個具代表性的代理人究竟代表誰或者是什麼？」[75]這個問題沒有解答。新古典經濟學派雖宣稱，不同家庭的不同需求將彼此相互抵消，因此僅就單一「具代表性的消費者」出發是可行的。但這純粹只是一種「套套邏輯」：「微觀基礎」（Mikrofundierung）必須證明的，在總體經濟學的均衡中已經當成前提。

「動態隨機一般均衡模型」雖荒謬，卻廣獲各國央行採用，導致金融督管相當散漫。因為這種虛構的魯賓遜故事似乎證明，銀行與信貸對總體系並不重要。

如此則就總體經濟學觀之，問題似已解決；而就微觀經濟學觀之，則金融市場無疑能永遠高效運作；而此種論點也透過某種同樣高度離奇的理論──「效率市場假說」（Efficient Market Hypothesis）──獲得「證明」。

此一假說利用三種假設，證明金融市場永遠是對的，而且隨時反應股票與債券的「真」價值。首先，投資人是理性的；其次，若投資人不理性也無妨，因為他們的不理性決定會彼此抵消，整體市場終將回歸理性。第三，若市場真的變得不理性，一定會有投資人迅速發現股票與債券偏離「真」價值，並做出相應的「下注」，市場於是再度迅速趨近真價值。[76]

在這個美好的虛擬世界中，人們對未來和現在同樣了解；投資人不會跟著「羊群」跑，也不會因為信貸源源不絕地流入這個體系，

而將投機泡沫越吹越大。這些經濟學家根本無法想像會有金融危機出現，因為他們的理論將金融危機完全排除在外。

結果人人盲目相信市場效率，這種現象如此荒謬，連經濟學家都編了笑話，其中一則如下：「一位經濟學家和一名友人在街道上行走，突然間，他們發現人行道上有張百元美鈔。經濟學家說：『算了——這張百元美鈔要是真鈔，早就被人撿走了。』」[77]

若非災情如此慘重，這其實還挺好笑的。但金融危機代價極其高昂，全球損失金額動輒高以兆計。[78]其中，強力要求金融市場自由化的經濟學家也脫不了關係，因為他們盲信「理性預期理論」；而盧卡斯的一段話更完美揭露這幫人的傲慢。他在危機之前說過：「我認為，凱因斯身為經濟學家對目前的影響幾乎等同於零；在過去五十年來則等於零。凱因斯並非特別優秀的經濟學家，他對這門學科的發展，貢獻微乎其微。」[79]有些人就是錯得這麼離譜。

危機過後又是新的危機

雖然主流經濟學家製造了這場危機，但他們卻無法提出解釋，更無法提供對策；80年來的研究到頭來幾乎只是白忙一場。

由於新古典經濟學派人士苦無對策，各國政府於是再度向凱因斯取經：為銀行紓困、推動刺激景氣方案並執行鉅額「赤字支出」，而這些紓困措施確實也收到極大成效，得以避免1929年的長期不景氣。

這次雖避免了嚴重危機，在智識上卻付出代價：新古典經濟學派可以毋須反思自己的挫敗，在短暫錯愕之後，主流思潮又重整旗鼓，繼續堅持原來的那一套，例如班·柏南奇便曾自信表示：「我

認為，主張整個學科必須重新思考，這種要求太過誇張了。我的理由是，西方國家的金融危機是經濟管控與經濟管理失利，但不是經濟學失利。」[80]

柏南奇似乎相信，「經濟管控」發生於真空中，而且理論對於如何監督銀行業毫無影響。此說如果為真，我們就不需要經濟學了。

事實恰好相反：正因新古典經濟學派死守他們的陳舊理論，金融市場才沒有多大的變革。金融危機過後至今，雖然頒布了內容多達數千頁的新規定，卻沒有啟動金融體系的核心調整螺旋。[81] 金融衍生商品的交易幾乎照舊進行，而且如同我們之前所示，交易金額依然高達493兆美元，看來危機過後又是一場危機。

由於資本主義並沒有出現在主流經濟學主張的理論中，使得資本主義的發展完全不經管控。這種理論中沒有大集團，沒有產能，沒有信貸——也沒有貨幣。85%的經濟學家都隸屬新古典經濟學派，[82] 他們將再度面臨失敗，並造成金額數以兆計的損失。

註釋

1　張夏準，《拚經濟：一本國民指南》（*Economics: The User's Guide*），第79頁。

2　海納・弗拉斯貝克，《二十一世紀市場經濟》（*Die Marktwirtschaft im 21. Jahrhundert*），第43頁。

3　同前註，第42頁。

4　參見考史蒂凡・舒爾邁斯特（Stephan Schulmeister），《大危機四起：歐洲「新政」》（*Mitten in der großen Krise. Ein »New Deal« für Europa*）。

5　參見赫爾曼，《資本的世界史》，原文第181頁以下。

6　保羅・克魯曼，〈美國惡夢〉（Der amerikanische Alptraum），《時代週報》，（*Die Zeit*），2008年10月13日。

7　平等總會（Der Paritätische Gesamtverband），《貧富不均：規模、原因與後果》（*Ungleichheit: Ausmaß, Ursachen und Konsequenzen*）。2016年度評估報告，第4頁。

8 佩姬‧努南（Peggy Noonan），《個性當道的年代：羅納德‧雷根傳記》（*When Character Was King: A Story of Ronald Reagan*），第66頁。

9 同前註，第54頁。

10 同前註，第80頁以下。努南對雷根絲毫不加批判，因此她對雷根的描述相當可信。她在白宮為雷根服務兩年，並在雷根的傳記中將他塑造成英雄，因此她絲毫無意批評雷根的機會主義，反而將他思想上的轉折視為一種覺醒。

11 關於新自由主義的詳細發展，可參考斯特德曼‧瓊斯（Stedman Jones），《宇宙主宰》（*Masters of the Universe*）。

12 另請參考烏麗克‧赫爾曼，〈一名德國英雄〉（Ein deutscher Held），《日報》，2013年5月3日。

13 高伯瑞，《我們時代的生活》（*A Life in Our Times*），第251頁以下。

14 德國貨幣改革乃由一名德國人與兩名美國人擬定，其中格哈斯‧孔爾姆（Gerhard Colm）於1933年移民美國；其餘二人則是雷蒙德‧W‧戈德史密斯（Raymond W. Goldsmith）與約瑟夫‧道奇（Joseph Dodge）。

15 阿貝斯豪澤，《德國經濟史：自1945年至今》（*Deutsche Wirtschaftsgeschichte. Von 1945 bis zur Gegenwart*），第126頁。

16 同前註，圖表6，第107頁。

17 同前註，第128-129頁。

18 高伯瑞，《我們時代的生活》，第253頁。

19 德國左派政治人物莎拉‧瓦根克內希特（Sahra Wagenknecht）甚至也是艾哈德的擁護者，她為《商業報》撰寫的文章，標題便是「莫忘路德維希‧艾哈德！」（Denkt an Ludwig Erhard!），2013年12月9日。

20 重要的秩序自由主義者亞歷山大‧呂斯托夫（Alexander Rüstow）與威廉‧洛卜克（Wilhelm Röpke）很快便退出「朝聖山學社」，因為連他們都認為美國的新自由主義者過度激進。後者訴求完全放任市場運作，但呂斯托夫與洛卜克卻認為，唯有在國家干涉並施行「秩序政策」（Ordnungspolitik，指維護和保障經濟生活的法律與機制）的前提下，競爭才得以存在。另請參考斯特德曼‧瓊斯，《宇宙主宰》，第121頁以下。

21 儘管艾哈德主張競爭，康拉德‧阿登納（Konrad Adenauer）執政時施行的卻是社會政策，其中最廣為人知的是1957年的年金改革（Rentenreform），至今仍有許多人以為這項改革是一種再分配政策，其實只是在受薪階級之中重新組合，由工作的世代支付年金給退休者。因此，年金改革是利用抬高薪資支付的。假使康拉德政府果真執行再分配政策，則其政策也深受保守觀念影響：其中臭名

昭著的便是 1958 年施行的「夫妻納稅分割法」（Ehegattensplitting）及補助「專職家庭主婦式婚姻」（Hausfrauenehe）的政策。

22 艾哈德，《全民富裕》，第15頁。

23 同前註，第16頁。

24 同前註，第17頁。

25 另請參考赫爾曼，《資本的世界史》，原文第65頁以下。

26 艾哈德，《全民富裕》，第200頁。

27 傅利曼為德文版第一版撰寫的前言。收錄於傅利曼，《資本主義與自由》（Capitalism and Freedom），第23頁。

28 這段與後續幾段內容皆援引赫爾曼，《資本的世界史》，第184頁以下。

29 傅利曼，《資本主義與自由》，第23頁。

30 阿貝斯豪爾，《德國經濟史：自1945年至今》，第392頁。

31 油價大幅上漲不僅基於經濟考量，還包含了政治因素：1973年的贖罪日戰爭（Jom-Kippur Krieg）使得石油輸出國家組織（Organization of the Petroleum Exporting Countries，簡稱OPEC）宣布對西方國家實施原油禁運，1979年出現「第二次石油危機」，因為伊朗的伊斯蘭革命使原油少了一個重要的供應國。

32 索羅斯，《索羅斯帶你走出金融危機》（The New Paradigm for Financial Markets），第93頁以下

33 援引查爾斯·摩爾（Charles Moore），《瑪格麗特·柴契爾授權傳記》（Margaret Thatcher: The Authorized Biography），第351頁。

34 史庫森，《三大經濟學家：亞當·史密斯、卡爾·馬克思與約翰·梅納德·凱因斯》，第192頁。

35 高伯瑞，《經濟史：以古鑑今》，第271頁。

36 參見史庫森，《三大經濟學家：亞當·史密斯、卡爾·馬克思與約翰·梅納德·凱因斯》，第192頁。1944年，海耶克發表《通往奴役之路》（A Road to Serfdom，德文書名：Der Weg zur Knechtschaft），成為全球暢銷書，就連許多新自由主義者都認為這本書太過極端：任何型態的國家管控都被等同於法西斯主義與社會主義。

37 藍尼·艾伯斯坦（Lanny Ebenstein），《米爾頓·傅利曼傳》（Milton Friedman: A Biography），第24頁。

38 這種策略性布局見1967年傅利曼在美國經濟學會（American Economic Association）年會的演說。參見傅利曼，《貨幣政策之作用》（The Role of Monetary Policy）。收錄於《美國經濟評論》（American Economic Review），1968

年3月，第1-17頁。

39 早在1957年，傅利曼便以他的《消費函數理論》（*The Theory of the Consumption Function*）對凱因斯展開第一波攻擊。他借助統計數據，證明在解釋家庭消費行為時，不僅目前的終生收入，預期的終生收入也非常重要。有別於凱因斯的假設，凱因斯無意借助實證數據論證他的《就業、利息和貨幣的一般理論》。然而，傅利曼首度抨擊其實是個空包彈，一是他對消費統計數字的詮釋頗具爭議；更重要的原因是，這些數據具體而言如何導致家庭的一般消費行為，在凱因斯的理論中並不重要，它著重的是，有儲蓄，而且儲蓄習慣相對穩定，而這是傅利曼也無法反駁的。後來傅利曼還發展出更多對凱因斯理論的批評，例如他對所謂「菲利普斯曲線」（Phillips-Kurve）的攻擊便相當著名。這些爭論無關乎凱因斯的原作，而是由其追隨者的詮釋激起的，在此我就不多作說明了。

40 關於此論點的詳細內容請參考米爾頓・傅利曼、安娜・雅各布森・施瓦茨（Anna Jacobson Schwartz）合著的《美國貨幣史1867-1960》（*A Monetary History of the US, 1867-1960,* 1963）第七章。但傅利曼還將其論點寫成較通俗的版本，參見傅利曼，《資本主義與自由》，第69頁以下。

41 參見金德伯格，《蕭條中的世界1929-1939》（*The World in Depression, 1929-1939*），第17-18頁。

42 艾伯斯坦，《米爾頓・傅利曼傳》，第233頁。不過，2006年傅利曼過世後並未採用這樣的碑文，而是將骨灰撒在舊金山灣（San Francisco Bay）。

43 援引約翰・奎金（John Quiggin），《殭屍經濟學：借屍還魂的謬誤經濟思想及其成因》（*Zombie Economics. How Dead Ideas Still Walk Among Us*），第81頁。

44 傅利曼採用新古典主義者艾文・費雪（1867-1947）的「費雪交換方程式」（Quantitätsgleichung）：$M \times V = P \times T$。亦即：貨幣供應量（M）乘以貨幣流通速度（Umlaufgeschwindigkeit，V）＝物價水平（P）乘以各類商品的交易總量（T）。從傅利曼根本無視費雪的債務通縮理論（參見本書第七章註19），可知他是如何選擇性對待其他經濟學家的理論。費雪認為，在全球危機之際，許多企業及金融投資人往往過度負債；此一觀點正好反駁傅利曼認為不景氣的罪魁禍首全在美國央行的論點。

45 實際機制與傅利曼的假設正好相反：先是通膨上揚，繼而貨幣供應量增加；而這也是實質經濟所導致：物價上揚，機器與原物料就會變貴，企業家若想投資，則需更高額度的貸款，但每筆貸款都是一種貨幣擴張：貸款規模會隨通膨加大，貨幣供應量亦然。

46 傅利曼，《資本主義與自由》，第59頁。

47 傅利曼，〈市場先生〉（Mr. Market）。收錄於《胡佛文摘》（*Hoover Digest*），
1999年第一期。

48 傅利曼的影響在英國延續較久，但自1985年起，連柴契爾都認清貨幣主義並不
可行：布勞格，《經濟學方法論》，第200頁。貨幣供應量是整體關係鏈的最
後一環，並非起點，因此無法進行定量調控。利率調控情況也相同：如果哪國
央行升息以減緩通膨，目的不在調整貨幣供應量，而是直接針對實體經濟。利
率高則信貸昂貴，結果幾乎無人投資，於是失業率增加，薪資停滯，因此物價
不會再上漲。貨幣供應量要到最後才會下降：等到不再放款，貨幣供應量便會
縮小。

49 高伯瑞，《經濟史：以古鑑今》，第271頁。

50 這段內容以及接下來的段落：赫爾曼，《資本的世界史》，原文第193-194頁。

51 路易士，《老千騙局》（*Liar's Poker*），第191頁。

52 此時金融衍生商品的交易額已高得驚人，但之前價值還更高，最高點落在2013
年，當時其名義價值高達632.6兆美元。透過對銀行業的監管，金融衍生商品的
交易稍微受到限制，但依然過熱。參見國際清算銀行（Bank für Internationalen
Zahlungsausgleich），《評論季刊》（*Quarterly Review*），2016年6月，第1與第
10頁。

53 美國貨幣監理署（Comptroller of the Currency）；《美國銀行交易與金融衍生商
品活動季度報告》（*OCC's Quarterly Report on Bank Trading and Derivatives Activities*），
2015年第四季，第3、5頁。

54 銀行界經常以金融衍生商品無法永遠扭曲糧價為自己辯解，認為最終的依據還
是小麥或玉米的實體供應。長期來看，期貨市場確實會配合「基本面」走，但
可能需時數月，這對長期忍受飢餓的人來說往往太長了。

55 張夏準，《拚經濟：一本國民指南》，第299頁。

56 阿代爾·特納（Adair Turner），《債務和魔鬼：貨幣、信貸和修復全球金融》
（*Between Debt and the Devil. Money, Credit and Fixing Global Finance*），第1頁。

57 同前註，第24-25頁。

58 此處我們無法深入說明金融危機的具體經過，有興趣的讀者可參考：赫爾曼，
《資本的世界史》，原文第199頁以下。

59 羅伯特·盧卡斯，〈總體經濟的優先性〉（Macroeconomic Priorities），收錄於《美
國經濟評論》（2003年3月），第1-14頁。本處見第1頁。

60 引用張夏準，《拚經濟：一本國民指南》，第301頁。

61 美利堅合眾國，《金融危機調查報告》（*The Financial Crisis Inquiry Report*），第

11頁。

62 只有少數局外人曾經警告，金融危機將再次發生。在主流思潮的批判者中，現今最為人知的是海曼・明斯基（Hyman Minsky, 1919-1996），但明斯基生前並未受到世人注意。明斯基以凱因斯的理論為基礎，但他不同於多數的凱因斯詮釋者，他立刻了解，凱因斯發展了一套金融資本主義理論〔參見明斯基，《約翰・梅納德・凱因斯》（*John Maynard Keynes*）〕。明斯基提出深入的金融市場心理學以補充凱因斯的論點，他認為有三個階段：危機過後，投資人有警戒心，會特別謹慎，只借貸他們有能力償還的額度。等到經濟穩定發展，隨即來到第二階段：投機似乎划算，金融投資人賭行情會持續上揚，因此借入他們無力償還的額度，僅能支付利息。最後則是第三階段「老鼠會」（Schneeballsystem）體系：投資人僅能利用新借貸支付舊債利息。此時崩盤已無可避免，整個循環於是從頭開始。

63 援引特納，《債務和魔鬼：貨幣、信貸和修復全球金融》，第XI頁。

64 參見丹尼・羅德里克（Dani Rodrik），《經濟學規則》（*Economic Rules. Why Economics Works, When It Fails, and How To Tell The Difference*），第50-51頁。

65 馬汀・沃夫（Martin Wolf），《面對轉變與衝擊的年代：全球金融大師馬汀・沃夫寫給下一次經濟危機的備忘錄》（*The Shifts and the Shocks. What We'veLearned – and Have Still to Learn – from the Financial Crisis*），第197頁；特納，《債務和魔鬼：貨幣、信貸和修復全球金融》，第28頁以下。

66 「舊」新古典經濟學派並未考慮到未來，因此，盧卡斯較之更前進一步。瓦爾拉斯假設理性行為是可能的，凱因斯則批評前者漠視了未來原則上的不確定性。盧卡斯更極端：他並非漠視未來是未知的，而是直接否定〔斯蒂夫・基恩（Steve Keen），《經濟學的真相》（*Debunking Economics: The Naked Emperor Dethroned?*），第247頁〕。

67 海涅、赫爾，《經濟學：微觀與宏觀經濟學的範式取向介紹》，第354頁。

68 史密斯，《國富論》，第104-105頁。

69 新古典經濟學派認為銷路增則邊際成本增，從而推升價格。他們需要這種與現實脫節的假設，否則完美的競爭便不存在（另請參考本書第五章）。

70 基恩，《經濟學的真相》，第43-44頁。對生產者的估算也會面臨同樣的問題，義大利經濟學家皮耶羅・斯拉法早在1926年便已指出。

71 大衛・李嘉圖便已發現，從主觀效益出發將走進理論的死胡同。200多年前，他便在其主要作品結尾表示：「種類不同的必需品與享用品是無法比較的。使用價值無法用任何已知的標準加以衡量，不同的人對它有不同的估價。」（《政

治經濟學及賦稅原理》，第292頁）

72 新古典經濟學派人士老愛取笑馬克思的剩餘價值理論，此舉並不公允：馬克思若如新古典經濟學派所稱，主張單一商品世界，則他立刻就能解決「轉形問題」。因為有採用不同程度的技術生產出來的各種商品，才會出現轉形問題。

73 援引基恩，《經濟學的真相》，第256-257頁。

74 援引張夏準，《拚經濟：一本國民指南》，第127頁。

75 援引菲利普‧米洛斯基（Philip Mirowski），《從不要浪費一場嚴重危機：新自由主義是如何度過金融崩潰的》（*Never Let a Serious Crisis Go to Waste. How Neoliberalism Survived the Financial Meltdown*），第279頁。

76 特納，《債務和魔鬼：貨幣、信貸和修復全球金融》，第37-38頁。

77 引述自米洛斯基，《從不要浪費一場嚴重危機：新自由主義是如何度過金融崩潰的》，第264頁。

78 光是在德國，金融危機導致的國家負債便增加將近20%，約為4,000億歐元；而對銀行業的直接援助，最後約為500億歐元。但更昂貴的是稅收損失、刺激景氣方案與援助失業人士等的間接費用。這種情況也遍及全球：平均算來，西方國家「只」需投入3%的國內生產毛額以拯救銀行業，但國家負債平均卻增加了34%。（特納，《債務和魔鬼：貨幣、信貸和修復全球金融》，第3頁）

79 引述自米洛斯基，《從不要浪費一場嚴重危機：新自由主義是如何度過金融崩潰的》，第178頁。

80 同前註，第188頁。

81 另請參考沃夫，《面對轉變與衝擊的年代：全球金融大師馬汀‧沃夫寫給下一次經濟危機的備忘錄》，第191-192頁。

82 基恩，《經濟學的真相》，第8頁。

第九章
我們可以從史密斯、馬克思與凱因斯學到什麼？

　　經濟學不是自然科學，也許這種說法聽來了無新意，但新古典經濟學派自十九世紀起便試圖將自己的理論當作物理學出售，就中又以傅利曼最具代表性。傅利曼在他的諾貝爾獎得獎演說中宣告：經濟預測儘管有時會出錯，錯誤卻不比物理、生物、醫學或氣象學頻繁。[1]

　　這種觀點令人訝異又荒誕不經，但新古典經濟學派愛以自然科學自居，此舉具有某種功用：如此能清除討厭的「權力」議題。於是突然之間，「何以少數人富有而多數人貧窮」這種政治問題便不再存在，這種不平等於是躍升為他們宣稱的自然法則，是不容改變的。[2]

　　如此一來，「人」被化約成一顆孤獨繞行自己軌道的原子。「社會這個東西是不存在的。」（There is no such thing as society.），曾任英國首相的瑪格麗特·柴契爾以這句極具爭議的名言，完美詮釋了這種假象。

　　依據柴契爾與新古典經濟學派的論調，那麼倫敦這種城市等於住著870萬名各自在孤島生活的魯賓遜。然而，資本主義是整體社

會複雜的互動，無法以這種孤狼模型理解。

　　因此，經濟學若想創造以事實為依據的論點，就必須回到史密斯、馬克思與凱因斯。但我們不當重蹈新古典經濟學派的覆轍，執意尋求「真理」。資本主義不斷變化，其視角與議題也持續改變，每個世代都需要發展屬於自己的經濟學。儘管如此，史密斯、馬克思與凱因斯總是能給予我們莫大的啟發。

　　既然談到了微觀經濟：新古典經濟學派認為價格取決於「邊際成本」與「邊際產量」，這種觀點並不正確；至於史密斯的「加法論點」認為價格乃成本加上利潤率則是對的，這正是今天多數企業的情況。根據近來針對經理人所做的意見調查顯示：受訪者的作法是，先估算成本再加上利潤率。[3]

　　企業當然有數不盡的手法可以欺騙顧客，這些策略在供企業管理階層參考的書中應有盡有，但這些「價格聖經」也可以不談邊際效用、邊際成本或邊際產量。[4]由此可見，新古典經濟學派是如何躲在虛構的世界中，與企業實務如何脫節。

　　新古典經濟學派顯然遠離現實，因此自始至終都沒能理解企業管理是怎麼回事。[5]然而，這種謬誤的價格理論依然在他處留下巨大傷害，特別在薪資政策中，這種傷害更是清楚可見。

　　新古典經濟學派影響極大，並且在指導國家部門的專家圈中佔了莫大優勢，他們不斷警告各國政府，受薪人員的薪資必須符合「邊際產量」。換言之：一旦出現失業便須調降薪資，因為失業顯示企業員工太貴。這雖是一種典型的循環論證，在熱烈激辯中卻沒有人發現這一點，而且政治人物大都不知道，新古典經濟學派乃是建構在一種名為魯賓遜的假象上。

　　此外，新古典經濟學派的循環論證也顯示在，此一學派從未主

張大幅提高薪資。這派人士無視現實，總是表示薪資過高，力主「工資克制」（Lohnzurückhaltung），認為基本工資的規定極其危險。

這種論調至少存在一種立即可見的矛盾：新古典經濟學派人士雖熱中分析德東女性美髮師的「邊際產量」，卻從不曾將這種理論運用在自己身上，他們從來沒有問過，一名死抱某種帶來嚴重金融危機，導致數以兆計損失的經濟學教授，他的「邊際產量」究竟有多高。如果世界真的依照他們的理論運作，所有該派專家早就因為「邊際產量」遠低於「零」而遭到解雇了。

事實上，薪資的形成與他們的想法截然不同：薪資水準並非取決於單一勞動者的「邊際產量」，而是由整體國民經濟的技術水平決定的。經濟表現愈高，各別勞動者的薪資便愈高。南韓經濟學者張夏準以兩名公車司機為例，清楚描繪這種作用：斯溫住在瑞典，拉姆住在印度，兩人都駕駛公車載送乘客，他們的「生產力」相同，但斯溫的薪資卻將近拉姆的50倍。[6]

股神華倫・巴菲特（Warren Buffett）深知，若不是他出生在美國，他就賺不到高達數十億美元的身價：「我個人認為，我的收入有一大部分要感謝這個社會。假使把我放到孟加拉或是祕魯，很快大家就會發現，在一個不合適的環境中，我的天分何其沒有價值，這麼一來，即使過了30年，我依然在為存活而辛苦奮鬥。」[7]

新自由主義人士雖然喜歡引述亞當・史密斯的言論，卻從未理解分工原理的結果：人人都是團隊的一份子，個人的成就必須仰賴他人的貢獻，因此僅能極其有限度地個別計算。在資本主義社會裡，成功者的成功是由眾多的人促成的。因此，我們也無法以科學方法決定，相較於經理人的報酬，秘書小姐的薪水該多高。這是權力的問題，而「權力」正是新自由主義人士所懼談的。

在此舉一件事為例：近來德國DAX指數成分股的經理人，所得是一般員工的50倍，[8]但要說他們一人可以創造50名員工的績效，也未免太令人難以置信了。

凱因斯認為，為了了解何以出現失業而緊盯「就業市場」，其實並無意義；他說的沒錯。就業率高低是由其他因素，由金融市場決定的。投資人決定了投資「真」企業的「真」投資是否划算——是雇用勞動力有利可圖，抑或投資金融衍生商品、債券、股票與不動產獲利更高。

但若想了解金融市場的自我邏輯，就必須像凱因斯一樣，就總體經濟面，從而就總量思考，如此我們才能立即注意到，儘管全球年經濟產量只有73兆，為了以貨幣進行風險交易，每日都有四兆美元繞行全球，這如果不是投機，什麼才是投機？

反之，新古典經濟學派根本見不到這些投機行為，他們死抱著自己的微觀經濟學，只關注個別的金融衍生商品。他們認定「金融市場」是形塑正常價格的真市場，但他們顯然錯了：當馬鈴薯變得太貴時，顧客寧可改買麵條；但股票價格上揚時，投資人並不會少買，反而會買進更多；當行情上漲時，投機客反而一窩蜂搶進，以免錯過「反彈」（Rallye）的好時機。對單一金融投資人而言，即使羊群一窩蜂地衝向錯誤的方向，但跟著羊群走也總是理性的抉擇。

必須堵住草地的柵門，才能阻擋金融投資「羊群」。凱因斯為了爭取實施理想的全球貨幣體系，最終奉獻了生命，這決非偶然。他深知，唯有禁止外匯投機，資本主義才能暢行無阻。凱因斯的體系歷久彌新，因為他的「班科」與美元或黃金都不相勾連，恰足以避免造成布列頓森林協定失敗的缺失。

不過，採行固定匯率時，國際貿易必須保持平衡，不得有某些

國家持續出口順差，而其他國家又對貿易逆差毫不在意。因此，班科規定無論對順差或逆差國都施以懲罰性利息。

可惜在引進歐元時，未能採行凱因斯的明智構想。其實對歐洲貨幣聯盟而言，無論是持續順差或逆差，都更應施以懲罰，因為若採行的是班科，無論哪個國家過度出口或進口，各國央行還能重新議定匯率，但歐元會員國全使用同一貨幣，顯然無法這麼做。

如今，歐元區幾乎無法運作，德國累積了巨額出超，希臘或西班牙等國則累積可觀的外債。如果從一開始就明定出超或入超都須嚴懲，便可避免這種失衡。

直到今天，許多德國人依然以德國每年創造的巨額出超為傲，但這種出超之所以可能，是因為其他國家出現入超。此外，債務國永遠無法償還其負債，因此這種出超毫無價值，不過只是銀行電腦上虛幻的數字罷了。

從希臘的例子我們清楚：此刻希臘正陷入德國因為賠款，自1919年起難以脫身的困境。當時凱因斯直指這個核心問題：必須支付外債利息的國家，需要出口盈餘；可惜希臘欠缺的正是出口盈餘。因此，免除歐元危機國的債務有其意義，何況這些錢本來就拿不回來。[9]

歐元區之所以無法運作，是因為它也犯了新古典經濟學派的錯誤，認為單一國家的運作猶如企業，而廣受喜愛的口號「競爭力」（Wettbewerbsfähigkeit），更凸顯這個荒謬的誤解，誤以為個別企業必須至少能同競爭對手一樣，壓低成本生產方能生存；同理，國家也必須儘可能低價銷售以累積出超盈餘，方能通過「競爭」。因此，德國自1996年起便壓低實質薪資，將產品售價壓得比其他歐洲國家更低。

但不同於一般企業，國與國之間並非競爭關係。今天的新古典

經濟學派所犯的錯誤正是亞當‧史密斯針對重商主義者所作的針砭：他們制定使鄰國貧困，「以鄰為壑」（beggarthy-neighbour）的政策。

正如同史密斯的理解，這種國家之間的競爭是行不通的：如果其他國家沒錢進口商品，出口國的產品要銷往何處？資本主義國家只能同富共榮，而非彼此對立。

因此，歐元區若想存活，德國便迫切需要揮別巨額的出口盈餘。許多德國民眾一聽到這種消息便深恐會失去財富，但這種恐懼其實建立在一種誤解之上。實際上，同時是「進口冠軍」的國家，也能穩坐「出口冠軍」的寶座。[10]重要的是，國際貿易必須達成平衡，各國才能共同成長。

要成為「進口冠軍」，德國就必須大幅調升本國薪資。此舉帶來的福音是：如果德國受薪階級多賺，則歐洲各地也能人人富有，包括德國企業。這種典型的雙贏局面是新古典經濟學派所無法理解的，因為他們離不開單一企業的視角。

新古典經濟學派對國際貿易所知極為有限：在他們眼中，國際貿易不過是商品自由買賣，四處肆虐的金融衍生商品投機事業、海外信貸及外債等同樣遭到漠視。儘管新古典經濟學派的自由貿易概念非常狹隘，各國卻想利用這種縮水版的觀點拯救世界。新古典經濟學派將自由貿易宣傳成重要的成長引擎，怪不得目前約有110個國家忙著磋商22種區域貿易協定。

新古典經濟學派不經任何批判便假定自由貿易效率極高，而每本教科書都照抄李嘉圖的比較利益理論。這套模型在數學上確實無可挑剔，但正如凱因斯所言，唯有各方面都充分就業時，這種漂亮的模型才有用。

此外，李嘉圖所在的時代只有小型公司，他怎樣也料想不到，

全球200個跨國性康采恩便創造了全球10%的經濟產量；而據估，50%的全球貿易已不再是國與國之間的經濟活動，而是在跨國性的大集團內部進行。[11]

由此可知，典型的自由貿易與盛行完美競爭的「自由市場」同樣稀有。事實上，全球經濟大都如馬克思與恩格斯率先發現的，係由大集團主導，但這種集中化過程並不是惡棍資本家的陰謀，而是競爭帶來的矛盾：正是競爭原則導致最終僅存寡頭壟斷，因為想在競爭中存活，各家企業都被迫不斷提高效率、增加產量，但市場總有飽和的一天，最後只有少數巨頭才能存活下來。

就此而言，不同於新古典經濟學派的論點，「權力」這個議題是不容忽視的。我們必須了解，經濟是由大集團與金融市場主導，為了制衡前者，國家便不可或缺。但國家不僅是排除資本主義危害的修理廠，沒有國家，資本主義便無從發展──原因之一是企業家不易產生創新的點子。

新古典經濟學派雖然樂意相信，重大發明都是天才的個人貢獻，但這種想法並非實情，研究是集體的力量，而且大都由國家贊助。義裔美籍經濟學家瑪麗安娜‧馬祖卡托（Mariana Mazzucato）不久前進行一項研究，探討新產品如谷歌、智慧型手機或複雜的癌症治療技術等科技發明是如何誕生的，結論是：其中必要的知識都起於國家實驗室，私人企業不過「只是」將這些創新組合成暢銷商品。例如史蒂芬‧賈伯斯（Steve Jobs）便特別擅長將政府的知識轉化為新產品，並將利潤私有化。[12]

由此可知，新古典經濟學派所嚮往的完美市場並不存在。這樣也好，如果馬克思永遠是對的，那就不需要其他經濟理論了。

我們永遠無法明白資本主義的意涵，而各種互相競爭的詮釋也

將不斷推陳出新，但任何理論都不該老套到，將資本主義降級成連信貸都不存在，虛構的以物易物經濟。

資本主義不僅糾結複雜，而且相當矛盾，史密斯、馬克思與凱因斯對此都非常清楚：資本主義是一種永不止息的變動過程，它向來不穩定，總是在繁榮與危機之間擺盪。財富本身不存在，只有不斷投入運用才存在；收入並非必然，必須不斷投資，才能創造收入。儲蓄對個人有用，對社會整體卻會帶來危險，因為這麼一來需求就不足了。企業之間存在競爭，直到競爭消失，只剩下大集團為止。儘管存在市場，資本主義卻非「市場經濟」。機器只是協助我們的工具，但科技創新卻定義並改變了真實。資本主義帶來巨大財富，但與此同時也擴大了貧富差距。平時大家豐衣足食，但一旦危機出現，富裕卻可能瞬間轉為貧困。貨幣「無中生有」卻非微不足道，而是權力要素，因為投機事榨乾並壓垮實體經濟。資本主義看似是國家的反面，但沒有國家，資本主義就無可依存。

資本主義是人類創造出來的唯一一個動態社會體系，經濟學應該好好研究它，而不是將它逐出自己的理論。

註釋

1　傅利曼，《通貨膨脹與失業》（*Inflation and Unemployment*），第267-268頁。傅利曼將經濟學上的錯誤預測比作維爾納‧海森堡（Werner Heisenberg）的「測不準原理」（Unschärferelation）。這種比較委實荒腔走板，而傅利曼居然無恥到在諾貝爾獎頒獎典禮上說出這種話，實在令人無言。測不準原理屬於量子力學，它解釋的一種現象是，微粒子的位置與動量不可能同時測得。第一、這種不確定性能精確解釋；第二、它能在實體世界中準確預測。一顆球的飛行軌跡是可以精確計算的，而這兩點經濟學都付之闕如：經濟學既無法做出精準預測，事後也無法說明結果何以與預想的不同；恰好相反，原則上未來是不確定的。

2　不久前英國經濟學家東尼·阿特金森（Tony Atkinson）檢閱一些重要的經濟學教科書，發現了一個普遍的現象：雖然這些書在後面的章節提到收入分配，卻未曾在為經濟學核心論點進行總結時提及。〔阿特金森，《扭轉貧富不均》（*Inequality. What Can Be Done?*），第15頁〕。

3　Joan Robinson（Joan Robinson），《經濟哲學》（*Economic Philosophy*），第41-42頁；基恩，《經濟學的真相》，第124頁。另可參考赫爾曼·西蒙（Hermann Simon），《定價策略：關於價格我們必須知道的一切》（*Preisheiten. Alles was Sieüber Preise wissen müssen*），第59頁以下論「成本加成定價法」（Kostenplus-Methode）。

4　赫爾曼·西蒙的代表作《定價策略：關於價格我們必須知道的一切》堪稱是全球重要的「價格顧問」，但在本書中並未出現「邊際成本」一詞。（參見索引，第284頁以下）。此外，西蒙這部作品也清楚顯示，即使是操控轉售價格的專家也不懂在國民經濟中，貨幣是如何運作的──他亟欲重新採用金本位制。

5　為了避免微觀經濟學與企業管理學二者混淆，謹在此略作說明：微觀經濟學是國民經濟學的一部分，主要在研究所有家庭與企業的特定行為，試圖從中求得其規律性。反之，企業管理學的目標非常具體，在探討該如何領導企業，著重管理技巧、信用融資型態、現金流量規劃等。

6　張夏準，《資本主義沒告訴你的23件事》（*23 Things They Don't Tell You About Capitalism*），第23-24頁。

7　同前註，第30頁。

8　德國私人投資者協會（Deutsche Schutzvereinigung für Wertpapierbesitz，縮寫 DSW），引述自德國新聞社（Deutsche Presse Agentur，縮寫DPA），2016年7月7日。

9　最優雅的解決之道是，歐洲央行至少收購部分危機國不堪負荷的債務。此舉只是在清除舊債，因此不會帶來通膨。

10　弗拉斯貝克，《二十一世紀市場經濟》，第17-18頁。

11　自由貿易對擁有高科技水準的工業國更加有利，請參考赫爾曼，《自由貿易：強權者的方案》（*Freihandel – Projekt der Mächtigen*）及張夏準，《過河拆橋》（*Kicking Away the Ladder*）。

12　參見馬祖卡托，《創業國家：揭穿公共與私營部門的神話》（*The Entrepreneutrial State. Debunking Public vs. Private Sector Myths*）

第九章

Abelshauser, Werner, *Deutsche Wirtschaftsgeschichte. Von 1945 bis zur Gegenwart* (Beck 2011)

Allen, Robert C., *Global Economic History. A Very Short Introduction* (Oxford University Press 2011)

Allen, Robert C., *The British Industrial Revolution in Global Perspective* (Cambridge University Press 2009)

Ambrosi, Marlene, *Jenny Marx. Ihr Leben mit Karl Marx* (Weyand 2015) Aristoteles, *Nikomachische Ethik* (Reclam 1969)

Atkinson, Anthony B., *Inequality. What Can Be Done?* (Harvard University Press 2015)

Bach, Stefan / Andreas Thiemann, Hohes Aufkommenspotential bei Wiederbelebung der Vermögenssteuer. In: *DIW-Wochenbericht* 4/2016, S. 79–89

Bagehot, Walter, Adam Smith as a Person, 1876. In: *The Works of Walter Bagehot, Volume III* (Hartford 1891), S. 269–306

Bank für Internationalen Zahlungsausgleich, *Quarterly Review*, Juni 2016 Beckert, Sven, *King Cotton. Eine Globalgeschichte des Kapitalismus* (Beck 2014)

Bernstein, Eduard, *Die Voraussetzungen des Sozialismus und die Aufgaben der Sozialdemokratie*, 1899 (rororo 1969)

Berry, Christopher J. / Maria Pia Paganelli / Craig Smith (Eds.), *The Oxford Handbook of Adam Smith* (Oxford University Press 2013)

Blanchard, Olivier, *Macroeconomics*. Fifth Edition (Pearson 2009)

Blaug, Mark, *Economic Theory in Retrospect*. Second Edition (Heinemann 1968) Blaug, Mark, *The Methodology of Economics. Or How Economists Explain*. Second Edition (Cambridge University Press 1992)

Blomert, Reinhard, *John Maynard Keynes* (rororo 2007)

Blomert, Reinhard, *Adam Smiths Reise nach Frankreich oder die Entstehung der Nationalökonomie* (Die Andere Bibliothek 2012)

Bodsch, Ingrid (Hg.), *Dr. Karl Marx. Vom Studium zur Promotion – Bonn, Berlin, Jena* (Stadtmuseum Bonn 2012)

Braunberger, Gerald, *Keynes für jedermann. Die Renaissance des Krisenökonomen* (Frankfurter Allgemeine Buch 2012)

Broadberry, Stephen / Kevin H. Rourke (Eds.), *The Cambridge Economic History of Modern Europe, Volume I: 1700–1870* (Cambridge University Press 2010)

Bröckers, Mathias / Stefan Reinecke (Hg.), Christian Semler, *Kein Kommunismus ist auch keine Lösung* (taz.die tageszeitung 2013)

Bürger, Hans / Kurt W. Rothschild, *Wie Wirtschaft die Welt bewegt. Die großen ökonomischen Modelle auf dem Prüfstand* (Lesethek 2009)

Chang, Ha-Joon, *Kicking Away The Ladder. Development Strategy in Historical Perspective* (Anthem Press 2003)

Chang, Ha-Joon, *23 Things They Don't Tell You about Capitalism* (Penguin 2011)

Chang, Ha-Joon, *Economics: The User's Guide* (Penguin 2014)

Clark, Christopher, *Iron Kingdom. The Rise and Downfall of Prussia 1600–1947* (Penguin 2007)

Comptroller of the Currency, *OCC's Quarterly Report on Bank Trading and Derivatives Activities*, Fourth Quarter 2015 (Washington 2016)

Darwin, John, *Unfinished Empire. The Global Expansion of Britain* (Penguin 2013)

Davenport-Hines, Richard, *Universal Man. The Lives of John Maynard Keynes* (Basic Books 2015)

Eagleton, Terry, *Why Marx Was Right* (Yale University Press 2011)

Ebenstein, Lanny, *Milton Friedman: A Biography* (Palgrave Macmillan 2007)

Ehnts, Dirk, *Geld und Kredit: eine €-päische Perspektive* (metropolis 2015)

Engels, Friedrich, Briefe aus dem Wuppertal, 1839. In: *Karl Marx / Friedrich Engels – Werke,* MEW, Band 1 (Dietz 1976), S. 413–432

Engels, Friedrich, Umrisse zu einer Kritik an der Nationalökonomie, 1844. In: MEW, Band 1 (Dietz 1976), S. 499–524

Engels, Friedrich, Die Lage der arbeitenden Klasse in England. Nach eigner Anschauung und authentischen Quellen, 1845. In: MEW, Band 2 (Dietz 1976), S. 225–506

Engels, Friedrich, Grundsätze des Kommunismus, 1847. In: MEW, Band 4 (Dietz

1974), S. 361–380

Engels, Friedrich, *Herrn Eugen Dührings Umwälzung der Wissenschaft (»Anti-Dühring«)*, 1878 (Dietz 1948)

Engels, Friedrich, Die Entwicklung des Sozialismus von der Utopie zur Wissenschaft, 1882. In: MEW, Band 19 (Dietz 1962), S. 189–228

Engels, Friedrich, *Ludwig Feuerbach und der Ausgang der klassischen deutschen Philosophie*, 1886. In: MEW, Band 21 (Dietz 1962), S. 291–307

Erhard, Ludwig, *Wohlstand für alle* (1957) (Anaconda 2009)

Fellmeth, Ulrich, *Pecunia non olet. Die Wirtschaft der antiken Welt* (Wissenschaftli-che Buchgesellschaft 2008)

Finlay, Moses I., *The Ancient Economy*. Second Edition (Penguin 1985)

Fisher, Irving, The Debt-Deflation Theory of the Great Depression. In: *Econometrica* 1933, S. 337–357

Flassbeck, Heiner, *Die Marktwirtschaft im 21. Jahrhundert* (Westend 2011)

Friedman, Milton, *Kapitalismus und Freiheit,* 1962 (Eichborn 2002)

riedman, Milton, Mr. Market. In: *Hoover Digest* 1999, Nr. 1

Friedman, Milton, The Role of Monetary Policy. In: *The American Economic Review,* März 1968, S. 1–17

Friedman, Milton, *Inflation and Unemployment, Nobel Memorial Lecture*, 1976, http://www.lexissecuritiesmosaic.com/gateway/sec/speech/1976_friedman-lecture.pdf

Galbraith, John Kenneth, *A Life in Our Times* (Houghton Mifflin 1981)

Galbraith, John Kenneth, *A History of Economics. The Past as the Present* (Hamish Hamilton 1987)

Galbraith, John Kenneth, *The Affluent Society, 1958*. Updated and with a New Introduction by the Author (Penguin 1999)

Haakonssen, Knud (Ed.), *The Cambridge Companion to Adam Smith* (Cambridge University Press 2006)

Habib, Irfan, *Indian Economy Under Early British Rule 1757–1857* (Tulika Books 2013)

Hansen, Alvin H., *A Guide to Keynes* (McGraw-Hill 1953)

Harrod, Roy, *The Life of John Maynard Keynes* (Norton 1951)

Harvey, David, *A Companion to Marx's Capital* (Verso 2010)

Heilbroner, Robert L., *The Worldly Philosophers. The Lives, Times, and Ideas of the Great Economic Thinkers* (Touchstone 1999)

Heine, Michael / Hansjörg Herr, *Volkswirtschaftslehre. Paradigmenorientierte Einführung in die Mikro- und Makroökonomie.* 4. Auflage (Oldenbourg 2013)

Herrmann, Ulrike, *Hurra, wir dürfen zahlen. Der Selbstbetrug der Mittelschicht* (Pi-per 2012)

Herrmann, Ulrike, *Freihandel – Projekt der Mächtigen* (Rosa-Luxemburg-Stiftung 2014)

Herrmann, Ulrike, *Der Sieg des Kapitals. Wie der Reichtum in die Welt kam: Die Geschichte von Wachstum, Geld und Krisen* (Piper 2015)

Herrmann, Ulrike, Über das Ende des Kapitalismus. In: *Le Monde diplomatique*, April 2015, S. 3

Hicks, J. R., Mr. Keynes and the »Classics«. A Suggested Interpretation. In: *Econometrica*, Vol. 5, 1937, S. 147–159

Hobsbawm, Eric, *The Age of Revolution 1789–1848* (Abacus 2010)

Hobsbawm, Eric, *The Age of Empire 1875–1914* (Abacus 1994)

Hobsbawm, Eric J. (Ed.), *The History of Marxism. Volume I: Marxism in Marx's Day* (Harvester Press 1982)

Hobsbawm, Eric J., *How to Change the World: Marx and Marxism 1840–2011* (Little, Brown 2011)

Hont, Istvan / Michael Ignatieff (Eds.), *Wealth and Virtue. The Shaping of Political Economy in the Scottish Enlightenment* (Cambridge University Press 1983)

Horn, Gustav A., *Wirtschaftliche Krisen bewältigen. Neue Erkenntnisse aus den jüngsten Krisen* (Springer Gabler 2016)

Hume, David, *Essays,* 1752 (Liberty Fund 1985)

Hume, David, *My Own Life,* 18.4.1776, http://socserv2.socsci.mcmaster.ca/econ/ugcm/3ll3/hume/humelife

Hundert, E. G., *The Enlightenment's Fable. Bernard Mandeville and the Discovery of Society* (Cambridge University Press 1994)

Hunt, Tristram, *The Frock-Coated Communist: The Life and Times of the Original Champagne Socialist* (Penguin 2010)

Jameson, Fredric, *Representing Capital. A Reading of Volume One* (Verso 2011)

Jones, Owen, *The Establishment. And How They Get Away With It* (Allan Lane 2014)

Kahn, Richard F., *The Making of Keynes' General Theory* (Cambridge University Press 1984)

Kahneman, Daniel, *Thinking, Fast and Slow* (Penguin 2011)

Kaufmann, Stephan / Ingo Stützle, *Kapitalismus: Die ersten 200 Jahre. Thomas Pi-*

kettys »Das *Kapital im 21. Jahrhundert*« – *Einführung, Debatte, Kritik* (Bertz + Fischer 2014)

Keen, Steve, *Debunking Economics: The Naked Emperor Dethroned?* Revised and Expanded Edition (Zed Books 2011)

Keynes, John Maynard, *Indian Currency and Finance*, 1913

Keynes, John Maynard, *The Economic Consequences of the Peace*, 1919 (Digireads 2011)

Keynes, John Maynard, *A Tract on Monetary Reform*, 1923 (BN Publishing 2008)

Keynes, John Maynard / Hubert D. Henderson, *Can Lloyd George do it? An Examination of the Liberal Pledge*, 1929

Keynes, John Maynard, *Essays in Persuasion*, 1931 (Norton 1963)

Keynes, John Maynard, *The General Theory of Employment, Interest and Money*,1936 (BN Publishing 2008)

Keynes, John Maynard, The General Theory of Employment. In: *The Quarterly Journal of Economics*, 1937, S. 209–223

Keynes, John Maynard, The Keynes Plan, 1942. In: J. Keith Horsefeld (Ed.), *The International Monetary Fund 1945–1965. Twenty Years of International Monetary Cooperation, Volume III: Documents* (IMF 1969), S. 3–18

Kindleberger, Charles P., *Die Weltwirtschaftskrise 1929–1939* (dtv 1973)

Kindleberger, Charles P., *A Financial History of Western Europe*. Second Edition (Ox-ford University Press 1993)

King, John E., *David Ricardo* (Palgrave Macmillan 2013) Kisch, Egon Erwin, *Karl Marx in Karlsbad* (Aufbau 1983)

Kliem, Manfred, *Karl Marx und die Berliner Universität 1836 bis 1841* (Beiträge zur Geschichte der Humboldt-Universität zu Berlin 1988)

Knieriem, Michael (Hg.), *Die Herkunft des Friedrich Engels. Briefe aus der Verwandtschaft 1791–1847* (Schriften aus dem Karl-Marx-Haus Trier 1991)

Körner, Klaus, *Karl Marx* (dtv 2008)

Koo, Richard C., *The Holy Grail of Macroeconomics. Lessons from Japan's Great Recession*. Revised and Updated (Wiley 2009)

Koo, Richard C., The World in Balance Sheet Recession. Causes, Cure, and Politics. In: *Real-World Economics Review 58*

Kraus, Hans-Christof, *Englische Verfassung und politisches Denken im Ancien Régime 1689–1789* (Oldenbourg 2006)

Krugman, Paul, *Introduction to The General Theory of Employment, Interest and Mo-*

ney, by John Maynard Keynes, http://www.pkarchive.org/economy/General
TheoryKeynesIntro.html, ursprünglich veröffentlicht am 3.7.2006

Krugman, Paul, *The Conscience of a Liberal* (Norton 2007)

Kurz, Heinz D., *Geschichte des ökonomischen Denkens* (Beck 2013)

Kurz, Heinz D. / Neri Salvadori , *The Elgar Companion to David Ricardo* (Elgar Publishing 2015)

Kurz, Heinz D. / Richard Sturn, *Schumpeter für jedermann. Von der Rastlosigkeit des Kapitalismus* (Frankfurter Allgemeine Buch 2012)

Kurz, Heinz D. / Richard Sturn, *Adam Smith für jedermann. Pionier der modernen Ökonomie* (Frankfurter Allgemeine Buch 2013)

Lepenies, Philipp, *Die Macht der einen Zahl. Eine politische Geschichte des Bruttoinlandsprodukts* (edition suhrkamp 2013)

Lewis, Michael, *Liar's Poker. Two Cities, True Greed: Playing the Money Markets* (Coronet 1989)

Limmroth, Anne, *Jenny Marx. Die Biographie* (Dietz 2014) Linß, Vera, *Die wichtigsten Wirtschaftsdenker* (Marix 2014)

Lucas, Robert E., Macroeconomic Priorities. In: *American Economic Review*, März 2003, S. 1–14

Mandeville, Bernard, *The Fable of the Bees: or Private Vices, Public Benefits*. Erweiterte Erstausgabe 1723 (J. Wood 1772)

Marx, Karl, Zur Kritik der Hegelschen Rechtsphilosophie. Einleitung, 1844. In: MEW, Band 1 (Dietz 1976), S. 378–391

Marx, Karl / Friedrich Engels, Manifest der Kommunistischen Partei, 1848. In: MEW, Band 4 (Dietz 1959), S. 459–493

Marx, Karl, *Der achtzehnte Brumaire des Louis Bonaparte 1852*. Mit Kommentar von Hauke Brunkhorst (Suhrkamp 2007)

Marx, Karl, Zur Kritik der Politischen Ökonomie. Vorwort, 1859. In: MEW, Band 13 (Dietz 1961), S. 7–11

Marx, Karl / Friedrich Engels, *Briefe* über »*Das Kapital*« (Dietz 1954)

Marx, Karl, *Das Kapital*, Band I, 1867. In: MEW, Band 23 (Dietz 1962)

Materna, Ingo / Wolfgang Ribbe (Hg.), *Brandenburgische Geschichte* (Akademie Verlag 1995)

Mazzucata, Mariana, *The Entrepreneurial State. Debunking Public vs. Private Sector Myths* (Anthem Press 2014)

McCraw, Thomas K., *Prophet of Innovation: Joseph Schumpeter and Creative Destruc-*

tion (Harvard University Press 2009)

Meek, Ronald L. (Ed.), *Precursors of Adam Smith 1750–1775* (Dent 1973)

Minsky, Hyman, *John Maynard Keynes*, 1975 (McGraw Hill 2008)

Minsky, Hyman, *Can It Happen Again? A Reprise* (Bard College 1982)

Mirowski, Philip, *Never Let a Serious Crisis Go to Waste. How Neoliberalism Survived the Financial Meltdown* (Verso 2014)

Misik, Robert, *Marx verstehen* (Anaconda 2012)

Moggridge, Donald E., *Maynard Keynes. An Economist's Biography* (Routledge 1992)

Monroe, Arthur Eli (Ed.), *Early Economic Thought. Selected Writings from Aristotle to Hume* (Dover 1951)

Moore, Charles, Margaret Thatcher. *The Authorized Biography*. Volume I: *Not For Turning* (Allen Lane 2013)

Nasar, Sylvia, *Grand Pursuit. The Story of the People Who Made Modern Economics* (Fourth Estate 2011)

Noonan, Peggy, *When Character Was King: A Story of Ronald Reagan* (Penguin 2001)

Pasinetti, Luigi L., *Keynes and the Cambridge Keynesians. A »Revolution in Economics« to be Accomplished* (Cambridge University Press 2007)

Phillipson, Nicholas, *Adam Smith. An Enlightened Life* (Penguin 2011)

Piketty, Thomas, *Capital in the Twenty First Century* (Harvard University Press 2014)

Quiggin, John, *Zombie Economics. How Dead Ideas Still Walk Among Us* (Princeton University Press 2010)

Ricardo, David, *The Principles of Political Economy and Taxation,* 1821 (Dent 1911)

Riddle, J. H., *British and American Plans for International Currency Stabilization. Chapter I: Features of the Plans* (US National Bureau of Economic Research 1943), S. 1–21

Roberts, Richard, *Saving the City. The Great Financial Crisis of 1914* (Oxford University Press 2013)

Robinson, Joan, *Economic Philosophy* (Penguin 1964)

Rodrik, Dani, *Economic Rules. Why Economics Works, When It Fails, and How To Tell The Difference* (Oxford University Press 2015)

Ross, Ian S., *The Life of Adam Smith.* Second Edition (Oxford University Press 2010)

Schremmer, Eckart, *Steuern und Staatsfinanzen während der Industrialisierung Eu-ropas: England, Frankreich, Preußen und das Deutsche Reich 1800 bis 1914* (Springer 1994)

Schulmeister, Stephan, *Mitten in der großen Krise. Ein »New Deal« für Europa* (Picus

2010)

Schumpeter, Joseph A., *The History of Economic Development*, 1911 (Transaction Publishers 1983)

Schumpeter, Joseph A., *Capitalism, Socialism and Democracy*, 1942 (Harper 2008)

Simon, Hermann, *Preisheiten. Alles, was Sie über Preise wissen müssen* (Campus 2013)

Sinclair, John (Ed.), *The Statistical Account of Scotland 1791–1799, Volume X: Fife* (EP Publishing 1978)

Skidelsky, Robert, *John Maynard Keynes, 1883–1946: Economist. Philosopher. Statesman* (Penguin 2003)

Skidelsky, Robert, *Keynes. A Very Short Introduction* (Oxford University Press 2010)

Skousen, Mark, *The Big Three in Economics: Adam Smith, Karl Marx and John Maynard Keynes* (Routledge 2007)

Smith, Adam, *An Inquiry into the Nature and Causes of the Wealth of Nations*, 1776 (Oxford University Press 2008)

Smith, Adam, *Letter to William Strahan*, 9.11.1776, http://www.ourcivilisation.com/smartboard/shop/smitha/humedead.htm

Soros, George, *Das Ende der Finanzmärkte – und deren Zukunft. Die heutige Finanzkrise und was sie bedeutet* (FinanzBuch Verlag 2008)

Sprenger, Bernd, *Das Geld der Deutschen. Geldgeschichte Deutschlands von den Anfängen bis zur Gegenwart* (Schöningh 1991)

Sraffa, Piero, The Laws of Returns Under Competitive Conditions. In: *The Economic Journal*, 1926, S. 535–550

Sraffa, Piero, Introduction to Ricardo's Principles. In: Sraffa, Piero (Ed.), *The Works and Correspondence of David Ricardo, Volume I* (Cambridge University Press 1951), S. XIII–LXV

Statistisches Bundesamt, *Bildung und Kultur, Personal an Hochschulen 2014*, Fachserie 11, Reihe 4.4. (Wiesbaden 2015)

Statistisches Bundesamt, *Statistisches Jahrbuch 2015* (Wiesbaden 2016)

Stedman Jones, Daniel, *Masters of the Universe. Hayek, Friedman, and the Birth of Neoliberal Politics* (Princeton University Press 2012)

Stelter, Daniel, *Die Schulden im 21. Jahrhundert. Was ist drin, was ist dran und was fehlt in Thomas Pikettys »Das Kapital im 21. Jahrhundert«* (Frankfurter Allgemeine Buch 2014)

Stewart, Dugald, *Account of the Life and Writings of Adam Smith LL.D.*, 1793, http://socserv2.socsci.mcmaster.ca/econ/ugcm/3ll3/smith/dugald

Teusch, Ulrich, *Jenny Marx. Die rote Baronesse* (Rotbuch 2011)

Tooze, Adam, *The Deluge. The Great War and the Remaking of Global Order* (Penguin 2015)

Tucholsky, Kurt, *Kurzer Abriss der Nationalökonomie*, 1931, http://www.textlog.de/tucholsky-nationaloekonomie.html

Turner, Adair, *Between Debt and the Devil. Money, Credit and Fixing Global Finance* (Princeton University Press 2016)

United States of America, *The Financial Crisis Inquiry Report. Final Report of the National Commission on the Causes of the Financial and Economic Crisis in the United States* (Washington 2011)

Wapshott, Nicholas, *Keynes – Hayek. The Clash That Defined Modern Economics* (Norton 2012)

Wehler, Hans-Ulrich, *Deutsche Gesellschaftsgeschichte.* Zweiter Band: *1815–1845/49* (Beck 1987)

Weischedel, Wilhelm, *Die philosophische Hintertreppe. 34 große Philosophen in All-tag und Denken* (dtv 1975)

Wolf, Martin, *The Shifts and the Shocks. What We've Learned – and Have Still to Learn – from the Financial Crisis* (Allen Lane 2014)

國家圖書館出版品預行編目(CIP)資料

除了資本主義,我們有更好的方法解決當前的經濟危機嗎?：我們可以從史密斯、馬克斯和凱因斯學到什麼? / 烏麗克.赫爾曼(Ulrike Herrmann)作；賴雅靜譯. -- 初版. -- 新北市：遠足文化, 2020.07
　　面；　公分. -- (歷史.跨越；14)
譯自：Kein Kapitalismus ist auch keine Lösung : die Krise der heutigen Ökonomie oder Was wir von Smith, Marx und Keynes lernen können
ISBN 978-986-508-067-9(平裝)

1.經濟學 2.經濟理論 3.資本主義
550　　　　　　　　　　　　　　　　　　　　　　　　　　　　109008119

特別聲明：
有關本書中的言論內容，
不代表本公司／出版集團的立場及意見，
由作者自行承擔文責

遠足文化

讀者回函

歷史 · 跨域 14

除了資本主義，我們有更好的方法解決當前的經濟危機嗎？
我們可以從史密斯、馬克思和凱因斯學到什麼？

作者 · 烏麗克 · 赫爾曼（Ulrike Herrmann） ｜ 譯者 · 賴雅靜 ｜ 責任編輯 · 龍傑娣 ｜ 編輯協力 · 胡慧如 ｜ 校對 · 楊俶儻 ｜ 封面設計 · 許晉維 ｜ 出版 · 遠足文化事業股份有限公司 · 第二編輯部 ｜ 社長 · 郭重興 ｜ 總編輯 · 龍傑娣 ｜ 發行人兼出版總監 · 曾大福 ｜ 發行 · 遠足文化事業股份有限公司 ｜ 電話 · 02-22181417 ｜ 傳真 · 02-86672166 ｜ 客服專線 · 0800-221-029 ｜ E-Mail · service@bookrep.com.tw ｜ 官方網站 · http://www.bookrep.com.tw ｜ 法律顧問 · 華洋國際專利商標事務所 · 蘇文生律師 ｜ 印刷 · 崎威彩藝有限公司 ｜ 排版 · 菩薩蠻數位文化有限公司 ｜ 初版 · 2020年7月 ｜ 初版二刷 · 2021年5月 ｜ 定價 · 450元 ｜ ISBN · 978-986-508-067-9
版權所有 · 翻印必究 ｜ 本書如有缺頁、破損、裝訂錯誤，請寄回更換